Dans la Google du loup

Du même auteur

Documents

Les Cheminots, génération TGV, Critérion, 1991.
Les Nouveaux Condottieres, dix capitalistes des années Mitterrand, Calmann-Lévy, 1992.
Le Prix de l'incompétence, Denoël, 2000.
Relire Le Prince *de Machiavel*, Economica, 2000.
Les Enfants-puce, comment Internet et les jeux vidéo fabriquent les adultes de demain, avec Gabriel Grésillon, Denoël, 2003.
Les Ressuscités, avec Eric Meyer, Flammarion, 2004 ; J'ai lu, 2006.
Ils se croyaient les meilleurs, histoire des grandes erreurs de management, Denoël, 2016.

Romans

Les Chroniques de l'ingénieur Norton, confidences d'un Américain à Paris, Belfond, 1997.
Dix minutes après l'amour, Flammarion, 2002 ; J'ai lu, 2004.
Le Plus Beau Métier du monde, avec Eric Meyer, Flammarion, 2004.
La Porte dérobée, avec Eric Meyer, Robert Laffont, 2007 ; Pocket, 2009.
Dix minutes avant l'amour, Robert Laffont, 2008.
Les Fils de Ramsès, avec Eric Meyer, Lattès, 2010.
J'ai bien aimé le soir aussi, avec Pierre Maurienne, Denoël, 2013.
Alexis ou la Vie aventureuse du comte de Tocqueville, Robert Laffont, 2015.

Christine Kerdellant

Dans la Google du loup

Découvrez le monde que Google nous prépare

PLON
www.plon.fr

12, avenue d'Italie
75013 Paris
Tél. : 01 44 16 09 00
Fax : 01 44 16 09 01
www.plon.fr

ISBN : 978-2-259-24878-5

Pour Pierre-Alexandre
Afin que 1984 *n'évoque jamais pour lui qu'un passé inconnu*
Et que le meilleur des mondes ne soit jamais le sien.

« Science sans conscience n'est que ruine de l'âme. »
François Rabelais, *Gargantua*.

Introduction

« Google sera inclus dans le cerveau des gens. Vous aurez un implant, et quand vous penserez à quelque chose, il vous donnera automatiquement la réponse. »

Larry Page, cofondateur de Google, lors d'un entretien avec le journaliste américain Steven Levy, en 2004.

« Si vous faites des choses que vous voulez pas que les autres sachent, peut-être devriez-vous simplement ne pas les faire. »

Eric Schmidt, P-DG de Google, à CNBC, décembre 2009.

« Nous voulons que Google soit la troisième moitié de votre cerveau. »

Sergey Brin, cofondateur de Google, lors d'une conférence aux Etats-Unis, septembre 2010.

« Nous savons où vous êtes. Nous savons où vous étiez. Nous savons plus ou moins ce que vous pensez. »

Eric Schmidt, lors d'un colloque à Berlin, octobre 2010.

1

La fin de la vie privée

Google vous connaît mieux que vous-même (et cela peut faire mal)

Un rayon jaune et oblique du soleil couchant entra par la fenêtre et tomba sur l'oreiller. Il ferma les yeux. Le soleil sur son visage et le corps lisse qui touchait le sien lui donnaient une sensation puissante, reposante, de confiance. Il était en sécurité.

Julia se réveilla, se frotta les yeux et s'appuya sur un coude pour regarder sa montre connectée. Dire que c'était parce qu'elle ne la portait pas, un jour de meeting annuel de leur boîte, qu'ils s'étaient rencontrés : Winston, qui avait en horreur la notion de quantified self, *était venu vers elle, son verre à la main, en constatant qu'elle portait une montre bijou à l'ancienne. Il lui avait dit : « Il y a cinq cents personnes ici, mais je crois que nous sommes les seuls, vous et moi, à penser qu'un être humain, ce sont des qualités, pas des quantités… » La méprise était totale : Julia portait ce jour-là son bracelet connecté à la cheville, et elle n'avait même pas compris son jeu de mots. Mais peu importait : entre eux, l'amour était né au premier regard.*

— Waouh ! 20 h 30, déjà. J'aurais préféré ne pas m'endormir.

— Je ne t'ai pas quittée des yeux pendant que tu dormais. Vingt minutes tout au plus. Tu étais belle, je n'avais pas envie de te réveiller.

Julia rosit légèrement. Elle secoua la tête, faisant voler sa tignasse de cheveux bouclés.

— Tu veux une bière, Winston ?

— J'ai faim, surtout. Je commande des pizzas ?

— Cool. Tu me prends une calzone ouverte, amore mio *?*

La jeune femme bondit hors du lit et se glissa, pieds nus, jusqu'à la cuisine. En chemin, elle jeta un nouveau coup d'œil sur sa montre, qu'elle avait gardée pendant qu'ils faisaient l'amour : son rythme cardiaque était monté à 175 pulsations minute ! Au moins 150 calories perdues. Elle faillit faire un détour par la salle de bains et la balance connectée pour vérifier, puis renonça. Elle avait mérité sa bière.

Elle ouvrit le réfrigérateur connecté et tendit la main vers le compartiment à boissons alcoolisées à identification biométrique. Le tiroir résista. Coincé. Les bières étaient là, à portée de main, mais impossible de les saisir sans casser la vitre. Elle glissa ses doigts sous la paroi. C'était la première fois que son réfrigérateur lui jouait un tour. Tous ses indicateurs de santé étaient au vert et elle avait le droit de manger ce qu'elle voulait, sans excès évidemment. Le compartiment à boissons non alcoolisées, lui, s'ouvrit sans difficulté.

— Va pour le jus d'orange, soupira-t-elle.

Elle jeta un coup d'œil sur l'emballage. « Jus d'orange sanguine multivitaminé / Spécial femmes enceintes ». Etrange. Elle ne se rappelait pas avoir commandé cette marque. Sans doute une erreur du distributeur. Pourtant, il n'y avait plus d'erreur, depuis que la chaîne s'était offert un entrepôt entièrement robotisé.

Julia prit deux canettes de soda et retourna dans la chambre. Elle se figea sur le pas la porte. Un doute affreux venait de lui traverser l'esprit.

Winston, appuyé contre la fenêtre ouverte, semblait s'impatienter au téléphone.

— Non, inutile d'actualiser ma fiche, il n'y a rien de nouveau.

Julia s'approcha, les deux verres à la main. D'où elle était, elle entendait la voix aiguë de la télévendeuse.

— J'ai bien compris, monsieur Smith. Mais comme vous m'appelez du domicile de mademoiselle Julia Andressen, assistante marketing chez Minver SA, j'ai besoin du code de sa porte d'entrée si vous voulez être livré en vingt minutes, comme nous le garantissons.

— Le code est 8743. Maintenant, je voudrais commander deux pizzas spicy, moyennes. Avec un œuf sur chacune.

— Vous voulez dire des pizzas au peperoni ?

— Exactement.

— Cela me semble peu indiqué. Ou alors, une seule, pour vous, une petite. Et sans œuf.

— Vous n'avez plus d'œufs ? Et seulement de quoi fabriquer une petite pizza ?

— Non, nous les confectionnons à la demande.

— Alors pourquoi ?

Winston s'énervait. Julia se balançait d'un pied sur l'autre.

— Puisque vous insistez… Je vois que mademoiselle Julia Andressen a été soignée il y a quinze jours pour une crise hémorroïdaire, et que les plats pimentés ne lui sont pas recommandés. Si elle veut vraiment une pizza au peperoni, elle devra signer au livreur une décharge, puis s'arranger avec son assurance santé, car toutes nos ventes sont enregistrées sur le système centralisé. Quant à vous, monsieur Smith, vous venez d'avoir quarante ans, et votre taux de cholestérol est limite. Si vous mangez des œufs…

Winston coupa net.

— Je vois.

Le matin même, il n'avait pas pu se faire cuire de bacon. Impossible de le sortir du réfrigérateur.

— Je vous mets deux pizzas végétariennes, moyennes ? reprit la télévendeuse. Mlle Andressen consulte les recettes véganes sur le site Marmite.org, cela lui plaira.

— Merci, marmonna-t-il en raccrochant.

Julia alla s'asseoir sur le lit, le dos calé par un oreiller, son soda à la main. Winston n'avait pas osé demander à la télévendeuse si la pizzéria livrait des bouteilles de chianti. Il descendrait en acheter à l'épicerie et réglerait en liquide. Il regrettait de s'être énervé au téléphone. Au fond, cette fille ne faisait que son travail. Et si elle le dénonçait à sa femme ?

Penser à Catherine provoqua en lui un élan de gratitude envers Julia, si jolie, si gaie, si jeune. Ils avaient huit ans d'écart : il était né en 1984, elle en 1992. C'était à la fois peu et énorme. Lui avait vécu pendant dix ans dans un monde sans portable et sans Internet, et s'en souvenait précisément. Elle, en revanche, n'en avait aucun souvenir, c'était une « millenium ». Il retourna s'asseoir sur le lit et caressa les hanches de la jeune femme.

— Ma chérie...

Julia ne réagit pas. Le stress montait en elle. Il n'y avait pas que le réfrigérateur qui la croyait enceinte, elle s'en souvenait maintenant. Son objectif de consommation d'eau avait brutalement augmenté sur sa Vessyl. La tasse connectée capable de faire la différence entre un Pepsi et un Coca savait exactement ce qu'elle devait boire pour être en forme. Mais Julia ne s'était pas inquiétée, elle avait cru qu'il fallait compenser les fortes températures de l'été.

Peu importait d'ailleurs : elle ne pouvait pas être enceinte. Winston utilisait des préservatifs rapportés d'Espagne, où il existait encore des distributeurs non connectés, qui ne vous *obligeaient pas à payer par carte ou à utiliser la* touch ID. *De surcroît, elle portait depuis deux mois un stérilet électronique. Et Winston était en voyage la semaine où avait eu lieu son ovulation – son agenda Now était formel. Certes, elle avait profité de l'absence de Winston pour sortir avec Béa, et elles avaient passé la soirée chez un drôle de type – un ami d'amis, propriétaire d'un immense appartement avenue d'Iéna, qui pendait sa crémaillère.*

Elles ne connaissaient même pas son nom, mais elles étaient restées jusqu'à 3 heures du matin. Il leur avait proposé de prendre un dernier verre au salon, mais au moment où elles s'asseyaient sur le canapé, tandis qu'il leur servait du champagne, le dossier s'était brusquement affaissé, et le sofa transformé en lit. En même temps, la lumière était devenue violette, les enceintes Bose s'étaient mises à diffuser « Make Love To Me » *de Luke James, et un parfum d'encens s'était échappé des bougies électroniques posées sur la table basse. Le lit devait être équipé de capteurs qui avaient détecté, au poids, que son propriétaire n'était pas rentré seul… Une appli genre « Coup d'un soir » avait déclenché le processus. Il ne manquait plus que le préservatif surgissant de dessous l'oreiller.*

Elles s'étaient enfuies, en proie au fou rire, tandis que le type s'égosillait :

— Mais enfin, vous êtes célibataires ! Béa, au moins, reste avec moi !

Devant l'entrée, Béa avait pointé la minuscule caméra :

— Reconnaissance faciale. Il savait tout de nous. Nom, prénom, profession, tableau de chasse… Il savait que j'avais quitté mon mec la semaine dernière et que le tien n'était pas à Paris.

— A force de tout raconter sur Facebook et Big G+… Et lui, tu sais qui c'était ?

— Négatif. J'ai oublié de le photographier. On twitte tout ça ?

Non, elle ne pouvait vraiment pas être enceinte. De quel algorithme stupide venait cette idée saugrenue ? Forcément, comme elle avait abandonné la pilule depuis deux mois, ses toilettes connectées avaient remarqué une modification hormonale. Mais de là à imaginer une grossesse en cours et à alerter le réfrigérateur… A moins que ce ne soit sa balance connectée qui avait repéré une subtile modification de sa masse graisseuse ? Les trois étaient peut-être de mèche. Mais non, quelle idiote, elle n'était pas enceinte. Elle savait quand la fin de son cycle approchait, elle le sentait.

Si les objets connectés se mettaient à raconter n'importe quoi, où allait-on ? Ils étaient là pour rendre le monde meilleur. Santé, sécurité, longévité : ils avaient permis des progrès énormes. Mais parfois, ils allaient trop loin. Finalement, elle ne commanderait pas ce maillot de bain bardé de capteurs qu'elle avait repéré sur Big G Shopping et qui était livrable en une heure par drone. Après tout, les années précédentes, personne ne l'avait prévenue de l'arrivée probable des coups de soleil, et elle n'en avait pas eu. Winston avait raison : il fallait se battre contre la dépendance.

Sa montre connectée se mit à biper : son stress montait, son rythme cardiaque s'accélérait, le coach virtuel lui recommandait une pause méditation. Mais ce n'était pas le moment, alors qu'elle se trouvait avec Winston, ils passaient si peu de temps ensemble ! Ils iraient sûrement en week-end à Vérone le mois prochain. Trois grandes journées tous les deux. D'ordinaire, ils ne se voyaient qu'un soir par semaine, lorsque sa femme dînait chez sa sœur. A Paris, elle avait toujours l'impression de lui voler du temps.

Elle se blottit contre son amant qui se rallongea à son tour. Dommage qu'ils n'aient pas le temps de refaire l'amour avant l'arrivée du livreur, cela l'aurait calmée. Dix minutes après un orgasme, son rythme cardiaque battait toujours des records de lenteur.

— Je me demande si Catherine a des soupçons, lança soudain Winston.

— Ta femme te fait confiance.

— Oui, mais il y a des limites. Si la pizzéria est au courant, tout le monde est au courant.

— Pas forcément.

Julia ne disait pas le fond de sa pensée : si Catherine ne savait pas, c'est qu'elle ne voulait pas savoir.

— Elle ne m'a pas demandé de mettre un tracker sur mon téléphone portable, comme pour les enfants.

— Mais il lui suffirait d'aller sur…

Julia se tut, consciente d'avancer en terrain miné. Mieux valait lui laisser ses illusions. Winston était terrorisé à l'idée de divorcer et de perdre ses enfants. Leur histoire, depuis six mois, constituait un énorme risque. Dans la société de transparence instaurée par Big G et les autres, tout le monde savait tout sur tout le monde.

Il eut envie de confier à Julia les petits soucis qu'il avait au bureau, avec son big boss. Elle l'aiderait à relativiser. Leur histoire n'était pas une banale coucherie. Leur passion continuait de croître alors qu'ils avaient dépassé depuis longtemps la « phase du thé » (« Vous aussi, vous prenez du thé le matin ? C'est incroyable ! »). Elle savait tout de lui : l'histoire de son père, citoyen britannique, cadre sur un ferry qui traversait la Manche, tombé amoureux d'une jeune fille à Cherbourg et resté en France depuis ; celle de sa mère, Normande pure souche, fille et petite-fille d'agriculteurs, devenue postière dans la bourgade aristocratique de Valognes. Ils l'avaient appelé Winston non pas à cause du 1984 *de George Orwell, mais en hommage à Churchill. Fils unique, il avait été choyé. Julia, elle, avait eu moins de chance : ses parents avaient disparu dans un accident de voiture, et elle avait été élevée par son oncle et sa tante, des marchands de journaux rennais qui avaient vu leur gagne-pain disparaître et s'étaient reconvertis dans la boulangerie – un autre « métier de chien » dont elle n'avait pas voulu. Exilés à Paris, leurs origines provinciales les avaient rapprochés.*

Winston était profondément attaché à Julia, mais il ne concevait pas de divorcer tant que Gini et Jonathan n'étaient pas majeurs. Catherine n'était pas au courant de sa liaison, elle était tellement candide face aux nouvelles technologies. Lorsqu'ils avaient été noyés de publicités pour les vélos d'intérieur, la semaine précédente, elle n'avait pas compris que c'était parce qu'elle avait proposé, dans un mail envoyé à sa sœur, qu'elles offrent ensemble un rameur à leur père pour son anniversaire.

Il prenait bien garde de ne jamais conserver de messages de Julia dans son smartphone. Mais l'autre jour, dans la voiture, au milieu d'un embouteillage, il avait demandé à Catherine de trouver un parcours plus rapide. Elle avait pris le téléphone de Winston pour aller sur Big G Maps parce qu'elle ne trouvait pas le sien. Un message de son opérateur téléphonique avait surgi, qu'elle avait lu à voix haute : « Tiens ! "Préparez votre voyage à Vérone. Prix des communications, prix des SMS, etc."… Tu pars à Vérone ? » Il avait haussé les épaules et pris un air détaché, en fulminant intérieurement. Comment son opérateur pouvait-il savoir ? La décision n'était même pas prise ! Les billets même pas achetés ! Avec le recul, il en avait des sueurs froides.

La décontraction de Catherine, en revanche, était rassurante : elle ne se doutait de rien. Pourtant, ils faisaient de moins en moins l'amour. Moins d'une fois par mois… Leur assureur allait s'inquiéter pour leur santé. Ou pour leur couple. Le bracelet connecté de Catherine les dénoncerait. Sa sœur le lui avait offert pour son anniversaire, alors elle n'osait pas l'enlever, même si elle ne le consultait jamais.

— Ce n'est pas la première fois que tu veux quitter ton job, soupira Julia. Je ne sais pas quoi te dire. As-tu posé la question à Big G ?

— Je sais ce qu'il va me répondre. Il va aller voir sur les réseaux sociaux tout ce que les gens disent sur Minver SA, recenser les propositions que j'ai reçues sur LinkedIn, vérifier qu'elles correspondent à mon profil, screener les mails grognons que j'ai pu envoyer ici ou là à des copains chaque fois que j'ai été privé d'augmentation… et il va me dire que je dois partir. Et notre cher P-DG va le savoir, d'une manière ou d'une autre. Et je n'aurai plus le choix : il faudra que je parte.

— Tu ne crois pas que Minver SA va devoir faire un plan social de toute façon ?

— Minver SA est une filiale de Mingroup, et des salariés ont commencé à se plaindre de Mingroup sur les réseaux sociaux – ils disent qu'ils n'ont pas eu d'augmentation depuis trois ans, qu'il n'y a plus que des cochonneries à la cantine… Il y a eu deux ou trois départs aussi.

— Et alors ?

— Si les fournisseurs prennent ces racontars au pied de la lettre, ils vont demander à être payés comptant, les banques vont couper les crédits, et l'entreprise va se retrouver en difficulté, alors qu'elle a un gros contrat dans le pipe.

— Tu vas encore me dire que c'est l'effet pervers du pouvoir prédictif de Big G ?

— Pouvoir prédictif, tu parles ! Pouvoir accélérateur, plutôt. Ce sont des prophéties autoréalisatrices. La boîte n'aura même plus la capacité de rebondir si elle signe ce gros contrat avec l'Iran : elle ne pourra pas financer la mise en production ! De nos jours, plus personne ne peut se sortir d'une mauvaise passe.

Il y a deux ou trois ans encore, pensa Winston, les citoyens auraient jugé cette transparence insoutenable. Elle s'était imposée peu à peu, sans violence, sans débat, et maintenant ils l'acceptaient, comme une fatalité.

Son père lui avait raconté qu'en 1992, lorsqu'il voyait les premiers happy few téléphoner dans la rue avec de gros GSM, il se moquait d'eux : fallait-il avoir des choses importantes à raconter pour ne pas attendre d'être rentré chez soi ! Cinq ans plus tard, tout le monde parlait à voix haute dans la rue, oreillettes dans les oreilles : vivre sans mobile était devenu impossible. Votre femme ou votre patron s'affolait lorsque vous ne le rappeliez pas dans la demi-heure. Aujourd'hui, il se passait la même chose pour la connexion universelle contrôlée par Big G. Etait-il le seul à ne pouvoir endurer cette transparence ? A ne pas supporter d'être traqué jour et nuit par ses propres objets ? Il refusait d'apprendre à vivre avec l'idée que tout le monde savait tout de lui.

Pourtant, ils avaient été prévenus. Il se souvenait encore de la fameuse phrase du patron de Big G : « Si vous faites des choses que vous voulez pas que les autres sachent, peut-être devriez-vous simplement ne pas les faire. » Trop peu de gens, en France, s'en étaient émus. Sans doute les autres croyaient-ils qu'ils n'avaient rien à cacher.

Chacun possède ses petits secrets, ils s'en étaient rendu compte plus tard. Personne n'a envie que son voisin voie sa feuille d'impôts ou son bulletin de salaire. Chacun garde pour lui, ou ses intimes, l'essentiel de ses pensées, de ses sentiments, ses défauts, son vote politiquement incorrect. Aujourd'hui, tout pouvait être étalé au grand jour.

— Ce qui est le plus gênant, au fond, marmonna-t-il, c'est de ne plus avoir le choix entre l'autorisé et l'interdit. Entre le bien et le mal.

Julia sursauta.

— Pourquoi dis-tu cela ? Tu as envie de me faire du mal ?

— Non, mais je pensais... Les interdits sont différents selon les pays : ici, en France, l'adultère n'a rien d'illégal, mais en Arabie Saoudite il est passible de la peine de mort. Imagine que les interdits évoluent ? Que ce qui est autorisé aujourd'hui soit interdit demain, et que la décision du législateur soit rétroactive ? Tous nos actes sont consignés quelque part, tout peut resurgir...

Toujours blottie contre lui, Julia lui caressait la poitrine machinalement. Elle pensait à autre chose.

— Allez, passe-moi ta tablette, finit-il par lâcher, pour la faire sourire. Je vais te montrer ce petit hôtel que j'ai repéré, près de la piazza delle Erbe.

La jeune femme saisit l'appareil posé sur la table de chevet et l'alluma. Tout à l'heure, juste avant l'arrivée de Winston, elle avait actualisé sa page sur les réseaux sociaux ; chez Minver SA, les employés étaient souvent jugés sur leur capacité à participer à la communauté et à se montrer impliqués même en dehors des heures de travail. Elle avait alors découvert, dans ses notifications, la nouvelle du jour, postée par sa collègue Sandra : Kevin, le chef des achats de Minmour, une autre filiale de Mingroup, venait d'être relaxé après trois jours de garde à vue.

Pauvre Kevin. Lorsque sa femme l'avait quitté, une semaine plus tôt, il était si désespéré qu'il avait passé un week-end à ruminer sa vengeance. Il avait fait sur Big G les requêtes les plus folles : « Comment saboter les freins d'une voiture », « empoisonner sans laisser de trace », « les meilleures armes avec silencieux »... Il n'avait jamais eu l'intention de passer à l'acte, évidemment, et quand les flics étaient venus le chercher, le lundi soir, il entamait une psychanalyse en ligne, avait commandé des antidépresseurs en Thaïlande et se renseignait sur le suicide assisté. Mais il avait été arrêté.

— Tu as vu, Kevin a été relâché, dit-elle. Ce n'est pas trop tôt. C'est le plus sympa du cinquième étage !

— Méfie-toi, ma chérie, les plus sociables sont souvent les plus dangereux. En tout cas Kevin a eu de la chance de ressortir si vite. Comme il n'y a plus de vrais criminels, les velléitaires sont de mieux en mieux repérés par la police.

— Mais c'est une bonne chose, n'est-ce pas ?

Winston se souvint de ce film, Minority Report, *où Steven Spielberg avait mis en scène des « Pré-Cog » pour prédire les assassinats. Aujourd'hui, on n'avait pas besoin d'humains trafiqués pour servir de voyantes : les Big Data prédisaient les lieux et les heures des méfaits, parfois même leurs auteurs, pour peu qu'il existe une liste de gens « fichés » vivant à proximité. Et il y avait aussi la surveillance individuelle généralisée à partir de mots-clefs. Evidemment, une fois sur deux, les éléments découverts étaient mal interprétés. Et pour cause : on pariait sur la culpabilité et non sur l'innocence du citoyen.*

Winston avait rencontré un jeune journaliste, Syme, chez la sœur de Catherine. Il enquêtait sur les djihadistes français et avait réussi à prendre contact avec plusieurs islamistes radicaux après des semaines de recherche sur Internet. Avant la parution de son article, il était parti passer quinze jours à New York en ne prenant qu'un aller simple parce que son père vivait là-bas et payait le billet retour. Peu de temps avant son départ, il avait souscrit une assurance-vie parce que sa fiancée et lui venaient d'acheter un studio et qu'il craignait qu'elle se retrouve incapable de payer les mensualités s'il lui arrivait quelque chose. Avec tous ces terroristes qui rôdaient… Mais à peine avait-il posé le pied sur le sol américain qu'il s'était fait arrêter : avec des numéros de djihadistes dans son téléphone, un aller simple pour NY et une assurance-vie toute neuve, la NSA avait imaginé qu'il planifiait un attentat. Bilan : un mois de prison préventive. Le temps de faire les vérifications d'usage.

Le chef des achats de Minmour, lui, n'enquêtait pas sur les djihadistes, et il semblait parfaitement inoffensif.

— Je trouve quand même étonnant que ton Kevin ait été mis en garde à vue, pensa Winston à voix haute.

— Ils voulaient protéger sa femme, non ?

— Sauf à être un imbécile fini, il savait bien que le simple fait de taper sur Big G les mots armes, saboter, ou empoisonner le ferait repérer !

— Tu veux dire que cette recherche prouve son innocence ?

— Evidemment. Comme cet ami de mes parents qui a été arrêté parce qu'il avait tapé « nitrate d'ammonium ».

— Pour acheter des explosifs ?

— Le nitrate d'ammonium est un engrais agricole, et le bonhomme était agriculteur ! Désormais, avec les caméras, les GPS, les capteurs partout, même les individus dangereux ne dépassent plus le stade des (mauvaises) intentions.

Winston était remonté contre les effets pervers des modèles prédictifs. Au collège, par exemple, les décrocheurs étaient repérés bien avant qu'un redoublement soit évoqué. Clément, un camarade de Jonathan qui vivait dans une cité, et qui avait pourtant la moyenne dans toutes les matières, s'était vu interdire les entraînements de foot avant même le conseil de classe du premier trimestre ! Ses parents n'avaient pas osé protester. Depuis, le gosse était si malheureux que ses résultats scolaires s'en ressentaient. Il était cassé. À douze ans. C'était encore ce qu'on appelait une prophétie autoréalisatrice.

Avant d'avoir eu le temps d'ouvrir Big G pour taper « hôtels Vérone », Winston aperçut les publicités sur le côté de l'écran : la « poussette du futur », puis, un peu plus bas, « le guide de la grossesse » sur Amazon. Il ouvrit de grands yeux.

— Qu'est-ce qui se passe, mon amour ? Tu es enceinte ?

— Pas du tout ! Mais mon ordi et mon frigo en sont convaincus. Et ma caméra Dropcam a dû se rendre compte qu'il n'y avait pas de poussette ni de guide sur la grossesse dans mon appartement.

Elle lui raconta sa mésaventure avec le compartiment à bière, et le jus d'orange spécial grossesse qu'on lui avait livré le matin même. Elle conclut avec un haussement d'épaules :

— De toute façon, d'ici quelques jours, la preuve sera faite.

La sonnette de l'entrée retentit. Le livreur. Mais Winston n'avait plus faim. Il regarda Julia passer une robe en hâte et courir vers l'entrée. Une heure plus tôt encore, savoir qu'elle ne portait rien dessous l'aurait excité.

Il saisit son pantalon et l'enfila en regardant par la fenêtre deux oiseaux se bécoter sur l'arbre en face. Julia revint et lui tendit une part de pizza, qu'il grignota debout, l'air contrarié.

Il savait qu'il avait tort d'insister, mais cette histoire de poussette le perturbait.

— Tu n'es pas enceinte, tu es sûre ?

— Mais enfin, c'est moi qui sais ! cria-t-elle.

Winston recula, à demi convaincu par sa véhémence. La voix de Julia baissa d'un ton :

— Alors tu fais confiance à Big G, à mon frigo et à mon ordi, mais pas à moi ?

— Si, bien sûr, mais…
— Mais tu te dis qu'il n'y a pas de fumée sans feu.

Il ne sert à rien de se battre contre les évidences, pensa Winston. Il espérait sincèrement que Julia ne fût pas enceinte, mais si elle l'était – après tout, les algorithmes ne savaient pas mentir –, il la pousserait à recourir à la médecine. Seul souci : comment faire en sorte que personne ne le sache ?

— Tu peux refermer la fenêtre ? demanda Julia en frissonnant.

— Il fait 22 degrés ! Nous sommes fin juin ! C'est bizarre que tu frissonnes…

La jeune femme fronça à nouveau les sourcils et Winston changea de sujet :

— Ne me dis pas que Big G a prévu l'arrivée d'une épidémie de grippe pour demain ? lança-t-il ironiquement.

— Très drôle ! Je sais bien qu'ils se sont plantés grave l'année dernière, mais cet hiver, on a su, au jour près, le moment où l'épidémie atteindrait le 15e arrondissement. Mon voisin de bureau a même été identifié parmi les gens les plus susceptibles de tomber malades, et la boîte lui a demandé de rester chez lui pendant trois jours, par précaution.

Winston eut envie de rétorquer que cela ne l'avait pas empêchée, elle, de l'attraper, cette grippe. Mais il se tut. Julia faisait partie de l'immense majorité de citoyens qui voulaient voir le verre à moitié plein, et qui faisaient confiance à Big G. Elle avait été gênée par ce qu'elle avait entendu au téléphone tout à l'heure, mais elle ne se rebellait pas. Elle avait déjà oublié. Winston pensa perfidement que si son frigo et sa balance connectés la martyrisaient injustement avec cette histoire de bébé, elle changerait peut-être d'avis. Mais ce n'était même pas certain, tant la transparence obligatoire faisait partie de sa vie.

Il jeta un coup d'œil sur sa montre, une vieille Swatch qu'il conservait par provocation : 22 heures. Il aurait mieux fait de rentrer chez lui. La jeune femme n'essaya pas de le retenir. La poussette avait cassé l'ambiance. Une inquiétude diffuse rôdait autour d'eux.

Winston décida de rentrer à pied. Son appartement dans le 14e arrondissement n'était qu'à un quart d'heure de celui de Julia. Il marchait d'un bon pas, en regardant son téléphone à tout bout de champ, craignant maintenant que Catherine ne lui envoie un message. Il contournait les abribus en détournant le regard ; il ne supportait plus la publicité ciblée sur ses propres envies – le dernier modèle de Tesla et les extenseurs de muscles pelviens. Heureusement qu'à cette heure tardive personne ne passait devant les panneaux au même moment que lui. Les prédictions avérées et les jugements définitifs le mettaient de plus en plus mal à l'aise. Il rêvait moins de transgression que de liberté de transgresser.

Il pensa à son beau-frère O'Brien, qui avait revendu sa start-up de caméras miniatures connectées. Lui n'avait jamais accepté la disparition de sa vie privée – un comble. Multimillionnaire, il avait désormais les moyens de s'offrir le luxe suprême : la vie sans Big G. Il passait ses week-ends sur une île des Bahamas où l'on ne pouvait accéder qu'en hélicoptère. C'était, à sa connaissance, le seul endroit du monde où Internet ne fonctionnait pas. Même les ballons et les satellites de Big G, qui couvraient désormais toute la planète, ne l'atteignaient pas. Certains prétendaient que c'était parce que l'un des fondateurs de Big G y avait fait construire un pied-à-terre. O'Brien ne se lassait pas de raconter à son beau-frère à quel point c'était excitant de manger à volonté du gras, du salé ou du sucré, de prendre une vraie cuite jusqu'au petit matin ou d'avoir des rapports sexuels extravagants, sans risque d'être dénoncé par sa bague ou son miroir connecté. Plus personne pour rendre le monde transparent-donc-meilleur. Ou l'inverse.

Winston tapa le code de sa porte d'entrée et appela l'ascenseur. Sa femme l'attendait dans l'entrée, en pyjama. Son cœur s'arrêta de battre.

— Ah, te voilà enfin ! Je viens d'aller chercher Gini à l'anniversaire de sa copine. Tu sais ce qu'ils lui ont fait ?

Quelle chance, Catherine avait d'autres soucis en tête.

— Qui, ils ? lâcha-t-il en essayant de s'intéresser aux nouveaux déboires de sa fille, qui les collectionnait.

— Son petit ami. Celui dont le père travaille chez Big G.

— Et alors ?

— Il a fait faire un 360. Pas seulement pour elle, d'ailleurs, mais pour le trio des inséparables : Serena dont c'était l'anniversaire, Philippine et Gini. Une surprise, qu'il a dit. Tout ce qu'il y a à savoir sur notre fille a défilé sur un écran. Ses allergies, son tour de poitrine, ses petits amis, ses mauvaises notes, ses règles douloureuses, ses diarrhées à répétition quand elle était bébé. Ses efforts vains pour avoir le thigh gap. *Et même les doutes que tu as eus sur ta paternité parce qu'elle est née avant terme et qu'elle aurait pu être conçue avant qu'on se connaisse.*

— Mais on ne le lui avait jamais dit ! C'est immonde !

— Il paraît que ses copains hurlaient de rire. Elle a tenu le choc là-bas... mais dans la voiture, avec moi, elle a craqué.

— Où est-elle ?

— Elle s'est enfermée dans sa chambre, dans le noir. Sa Big G TV a dû voir qu'elle était en larmes, je crois qu'elle lui passe Intouchables.

Winston soupira. Les enfants avaient voulu des mini-caméras vidéo dans leur chambre, comme leurs copains ; il n'avait pas pu s'y opposer longtemps. Résultat, l'algorithme avait dû analyser les joues rouges, la tête baissée, les larmes… La Big G TV avait dû lancer spontanément un film comique pour la consoler. A moins que la caméra ait échangé avec le thermostat qui, lui, avait noté que quelqu'un était présent dans la pièce mais n'avait pas allumé la lumière ? Ou avec sa montre qui enregistrait sûrement des battements de cœur anarchiques… Ou les trois à la fois. En tout cas, le petit copain qui l'avait martyrisée devait être parfaitement au courant de son état maintenant.

— Tu ne crois pas que ce serait à nous de la consoler ? s'inquiéta Winston.

Les caméras connectées ne remplaçaient pas seulement les baby-sitters, pour les enfants en bas âge. Ils maternaient aussi les adolescents. Les objets de la vie quotidienne voyaient des choses que les parents ne voyaient pas.

— La télé la consolera mieux, trancha Catherine.

— Un jour, c'est sûr, elle nous le reprochera.

Après le départ de Winston, Julia avait essayé de dormir, mais cette histoire de grossesse l'avait tenue éveillée jusqu'à 3 heures du matin. Elle allait avoir mauvaise mine au réveil. Cela tombait mal : à 9 heures, elle rencontrait le directeur du marketing pour la reconduction de son CDD. Heureusement, elle était confiante : une de ses copines de la DRH lui avait confié qu'il proposerait sa transformation en CDI.

— Mais chut ! Je ne t'ai rien dit. Il t'en parlera lundi.

Lorsqu'elle entra dans son bureau, elle trouva le visage du directeur plus fermé qu'à l'ordinaire. Au moment où elle s'asseyait, elle eut le sentiment désagréable qu'il regardait son ventre et ses seins avec insistance. Non, ce n'était pas possible. Les caprices de son frigo n'allaient pas la rendre parano.

— Vous allez bien, Julia ? demanda-t-il d'un air inquiet, en guise d'entrée en matière.

— Tout à fait bien, répondit-elle avec un grand sourire.

Il soupira.

— Ecoutez, je n'irai pas par quatre chemins. Je n'ai pas de bonnes nouvelles. Votre CDD ne va pas être reconduit.

La phrase lui fit l'effet d'un coup de poing à l'estomac. Mais le choc venait de l'intérieur, pas de l'extérieur de son ventre.

— Je... je suis un peu étonnée. Votre adjoint m'a dit vendredi que j'avais donné toute satisfaction depuis deux ans et que la reconduction ne poserait pas de problème...

— C'était son point de vue.

— Ce n'est pas le vôtre ? Puis-je vous demander pourquoi ?

Elle n'avait jamais travaillé en direct avec cet homme. Il ne pouvait pas connaître sa valeur professionnelle. D'ailleurs, son silence démontrait son absence d'arguments. Il regarda par la fenêtre, avant de revenir vers elle.

— Nous n'avons pas à justifier ce genre de décision, vous le savez bien.

Elle lut de la gêne dans ses yeux. Ou un reproche tacite. Elle tenta le tout pour le tout :

— Si vous croyez que je suis enceinte, c'est faux ! C'est une erreur de mon réfrigérateur ! Dans quelques jours vous verrez que...

Il l'interrompit d'un geste de la main.

— Voyons, Julia, qui vous parle de grossesse ? Je vous en prie. Minver SA ne pratique aucune discrimination, surtout à l'égard des femmes enceintes. Simplement je souhaite... organiser différemment le service marketing. Croyez bien que je suis désolé.

Il se leva pour signifier que l'entretien était terminé et accompagna la jeune femme jusqu'à la porte. Une main sur la poignée, il ajouta en souriant :

— Revenez nous voir l'an prochain, peut-être y aura-t-il un poste à pourvoir ?

Consternée, Julia sortit de la pièce en oubliant de dire au revoir. Elle croisa la secrétaire du patron qui lui fit un petit signe complice, assorti d'un coup d'œil à hauteur de ses hanches. La jeune femme grimaça sans répondre et se précipita dans la rue. Elle avait envie de hurler. Sa montre bipa, recommandant une séance de méditation. Elle l'éteignit rageusement. Elle éteignit aussi son téléphone, elle ne voulait pas être localisée.

Elle marcha jusqu'à la place de l'Etoile, puis s'assit sur le banc d'un abribus. Aussitôt, le panneau connecté lui envoya une publicité pour les Smart Diapers, des couches-culottes avec capteur intégré, 100 % hypoallergéniques. Des couches-culottes ! Mais comment savaient-ils ? Elle avait éteint son téléphone, désactivé le GPS, coupé tout ce qui la reliait au réseau ! Levant la tête pour prendre le ciel à témoin, elle comprit soudain : reconnaissance faciale. Paris était désormais équipé de centaines de caméras capables d'identifier les individus. La Mairie de Paris rappelait régulièrement qu'elles avaient permis de réduire de près de 90 % le nombre d'agressions sur les personnes physiques.

— Elles sont top, lui souffla soudain sa voisine, une jeune femme encombrée d'une poussette double, en se penchant sur elle.

— Pardon ?

— Oui, les couches, là ! Je les ai essayées. Elles vous disent quand il faut changer le bébé. Elles mesurent aussi son hydratation et sa santé rénale. C'est très pratique, vous verrez. Surtout lorsqu'on a des jumeaux.

Devant la mère de famille abasourdie, Julia éclata en sanglots, la tête entre les mains.

*

Bienvenue dans un monde transparent ! Celui de Big Brother Inc., *alias* Google. Le personnage du roman de George Orwell *1984*, le fameux Big Brother, chef du « Parti » de l'Etat d'Oceania, surveillait les citoyens en temps réel grâce à des télécrans installés à leurs domiciles. Google a hérité de ce surnom aux Etats-Unis parce qu'il fait exactement la même chose. Orwell ne s'est trompé que de date.

La mission de Google, telle qu'il la définit lui-même, est pourtant noble, voire exaltante : « Organiser toute la connaissance du monde et la rendre accessible à tous. » Google s'est construit comme une bibliothèque universelle, où tout le savoir de la planète, toutes les informations disponibles doivent être accessibles gratuitement. Ce qui ne l'empêche pas de gagner beaucoup, beaucoup d'argent. Son secret (de polichinelle) : la publicité sur mesure qui accompagne les informations qu'il nous livre. Car si Google sait tout, ou presque tout, de la fission nucléaire, des poèmes de Boris Vian ou des méfaits de Daech, il sait aussi tout, ou presque tout, de vous et moi. Tandis qu'il nous donne ce que nous cherchons, c'est nous qu'il vend.

Google est le champion de la publicité programmatique. Autrement dit, la réclame personnalisée, adaptée à nos goûts et nos besoins en temps réel. Le mécanisme est simple : chaque fois que nous effectuons une recherche sur Google et que nous cliquons sur un lien, il s'écoule 120 millisecondes entre le moment où l'on déclenche l'action et l'ouverture de la page souhaitée. Pendant cette fraction de seconde, notre profil est synthétisé : âge, sexe, statut marital, nombre d'enfants, catégorie socioprofessionnelle, adresse, mais aussi passions, loisirs, sites favoris, achats en ligne, nature des envies récentes (doudoune, réfrigérateur, chaussures ?). L'endroit où nous avons l'intention de partir en vacances, évidemment. Nos maladies, peut-être : si nous souffrons d'hypertension, si nous dormons bien. La « fiche » virtuelle indique sûrement si l'on fait du sport, lequel, à quel rythme. Et, bien sûr, nos habitudes alimentaires. La « fiche » s'allonge sans cesse.

Toutes ces informations, nous les avons données à Google en de multiples occasions : en remplissant un questionnaire d'achat en ligne, en configurant un compte, en envoyant des messages à des amis, ou simplement en faisant une recherche. Voire en nous déplaçant, avec les données de localisation. Ou en utilisant Google Maps. Google sait tout ce que nous faisons en ligne, mais aussi presque tout ce que nous faisons dans la vraie vie. Ces données « non structurées » sont maintenant rassemblées et exploitées.

Notre profil est sans cesse mis aux enchères

Notre profil est mis aux enchères en temps réel. Quelle marque, parmi toutes celles qui font une campagne de publicité à cet instant précis, est prête à payer le plus pour nous toucher ? Ce spécialiste du sport, qui sait que toute la famille a besoin de nouvelles chaussures pour courir ? Ce voyagiste, qui propose en ce moment des réductions sur les séjours famille en Tunisie ? Google nous routera automatiquement la publicité de l'annonceur le mieux-disant. Pas question d'envoyer une promo pour un rouge à lèvres ou des Pampers à un prof retraité dont les enfants ont quitté le nid depuis belle lurette, mais qui vient d'acheter un ordinateur et envisage un week-end à Rome. En revanche, il sera sûrement intéressé par des logiciels ou un séjour à Madrid hors saison. Ce sont ces annonces-là qui s'afficheront sur son écran, près du contenu qu'il aura vraiment sollicité.

Vous pouvez trouver formidable de voir Google répondre à vos plus chers désirs avant même de les avoir formulés. Mais vous pouvez aussi trouver gênant que tout se retrouve en place publique. même si vous n'avez rien, ou rien de grave, à cacher.

Le moteur n'invente rien et ne nous « vole » rien. Il se contente de collecter et de donner du sens à tout ce qu'il a récolté sur toutes les sources à sa disposition : le contenu de nos mails pour ceux qui ont une boîte Gmail (1 milliard de personnes sur la planète !), nos recherches sur le moteur de recherche Google, notre historique de navigation sur le Web pour ceux qui utilisent Google Chrome, les images que l'on sauvegarde dans Google Photos, notre goût pour certains types de vidéos visionnés dans YouTube, l'heure de notre réveil ou l'actualisation de notre profil sur Facebook si notre téléphone portable est équipé d'Android (système d'exploitation pour mobiles, offert aux constructeurs par Google), nos déplacements retracés dans Google Maps (utilisé lui aussi par 1 milliard d'êtres humains !), notre emploi du temps grâce à l'assistant personnel basé sur la reconnaissance vocale Google Now, le contenu de nos fichiers partagés *via* Google Docs, le détail des notes que nous prenons lors des réunions avec Google Drive, nos achats chez les commerçants avec le paiement sans contact Android Pay… Google nous suit à la trace sans besoin de GPS. Et chaque nouveau service accroît la connaissance intime qu'il a de chacun de nous, puisque sa mémoire est infinie.

Si, quand vous lisez un article qui vous intéresse sur un blog, vous découvrez sur votre écran des publicités pour un week-end à New York, c'est peut-être parce que vous êtes passé par Google pour aller visiter le site du MoMA et que vous avez été victime d'un mouchard (un cookie). Si l'on vous propose un rameur, c'est sans doute parce que vous avez promis dans un mail à votre fils étudiant en Belgique que vous alliez vous remettre au sport. Bien sûr, l'intelligence artificielle commet parfois des gaffes : les lecteurs d'un article gore du *New York Post* racontant la découverte d'un corps démembré, emballé dans un sac-poubelle, ont reçu au même moment une publicité pour des sacs en plastique… Et, plus gênant encore, des milliers de jeunes femmes ont maudit Google, quand, dans leur openspace, après avoir lancé une vidéo sur YouTube, elles ont dû subir, devant leurs collègues avides de révélations, une publicité pour les tests de grossesse ClearBlue.

Le plus étonnant (et vertigineux) est que Google dessine ce profil tout en répondant à votre recherche et à des milliers d'autres en même temps. Il ne lui faut qu'une fraction de seconde pour cibler les quelques mots que vous recherchez, au milieu de dizaines de milliards de pages.

La plus belle réussite entrepreneuriale du XXIe siècle

Que de chemin parcouru depuis cette nuit de 1996 au cours de laquelle l'étudiant Larry Page s'est réveillé avec l'idée de PageRank ! Avant la naissance de Google, ce sont les moteurs AltaVista ou Lycos qui nous assistaient dans nos recherches sur le Web. Ils listaient les sites et en donnaient les adresses, mais donnaient ces résultats en vrac.

Larry Page comprend cette nuit-là que le nombre de liens menant vers un site en mesure l'importance, un peu comme le nombre de citations d'un article scientifique dans d'autres articles de chercheurs. Avec Sergey Brin, son collègue de thèse, il écrit donc le programme PageRank. « Page » comme Larry… ou comme les pages du Web que les deux garçons hiérarchisent.

Pour que leur moteur puisse travailler, ils doivent d'abord télécharger les centaines de millions de pages que compte déjà le Web à cette époque. Pour cela, ils ont besoin de centaines d'ordinateurs, et comme ils n'envisagent pas de créer leur entreprise, ils proposent leur idée à trois sociétés qui doivent aujourd'hui se mordre les doigts de ne pas l'avoir acceptée : DEC (*Digital Equipment Corporation*), Excite et Yahoo ! Finalement, ils trouveront eux-mêmes un million de dollars grâce au cofondateur d'Oracle, puis à des amis parmi lesquels Jeff Bezos, le fondateur d'Amazon – qui, lui, se mord sans doute les doigts d'avoir aidé les deux jeunes prodiges, car ils sont désormais concurrents *via* Google Shopping (si vous cherchez quelque chose à acheter en ligne, vous le faites le plus souvent sur Amazon). Avec l'argent levé en Bourse, ils financent l'achat de centaines d'ordinateurs pour rechercher et classer des informations.

Très vite, ils ne se contentent pas de trier l'information produite par les autres : ils génèrent eux-mêmes de l'information. D'abord, en décidant de numériser notre univers. Google Street View visualisera les rues de la planète, Google Earth ses bâtiments vus du ciel, Google Car les données de circulation. Google Books, qui voulait numériser tous les livres du monde, a en revanche échoué. Lancé en septembre 2004, ce programme a numérisé 10 millions d'ouvrages, sans se poser la question de leur statut juridique, le droit des auteurs. Une numérisation sauvage, en somme. Il s'est ensuite heurté au patron de la Bibliothèque nationale de France, aux éditeurs et aux ayants droit, et il a reculé.

Faites un test : voyez tout ce que sait Google à votre sujet

Si Google vous offre tout cela gratuitement, en échange de vos données personnelles, ce n'est pas pour vous faire chanter. Mais imaginons que ces données tombent entre les mains de quelqu'un qui veuille vous nuire ; ou bien qu'un hackeur s'introduise dans le système pour s'attaquer à une personne précise, une entreprise, ou une catégorie de population. Il se trouvera aussitôt à la tête d'une mine d'or.

Faites un test pour vous en rendre compte. Si vous utilisez Gmail, troisième service de messagerie en France, utilisez l'application Immersion développée par les chercheurs du MIT. Elle vous dessinera une carte de vos interactions avec vos correspondants : le nombre d'e-mails échangés, de contacts, la temporalité des communications (ce qu'on appelle des « métadonnées »). Ainsi sont identifiés tous vos cercles relationnels : famille, entreprise, école, milieu médical. Avec la date de démarrage de chaque correspondance, on connaît la date de votre rencontre ou de votre début de contrat, les lieux où vous avez travaillé, étudié, vécu, combien de temps et avec qui… Bref, on peut reconstituer toute votre vie. Plus question de raconter des histoires dans un CV ou d'être inexact à la marge : tout est réellement transparent.

Si vous possédez un smartphone et que vous utilisez Gmail et Google Chrome, toutes vos données (identité, carnet d'adresses, photos…) sont déjà synchronisées sur les serveurs principaux. Lorsque vous installez une application sur un smartphone sous Android, celle-ci vous demande explicitement l'accès aux éléments personnels, et ensuite, elle se sert tranquillement. Vous êtes probablement géolocalisé en permanence, parce que vous voulez recevoir la météo et bon nombre d'applications ; là encore, Google est leader avec Google Maps.

Si vous voulez vérifier qu'il sait décidément tout de vous, allez sur l'option Location History. Vous y consulterez votre historique de déplacement et vous verrez ainsi, sur une carte, vos trajets, donc exactement où vous étiez et à quel moment de la journée. Pratique pour les conjoints jaloux... mais pas seulement.

Les réseaux sociaux, cet écosystème exhibitionniste où vous révélez votre intimité – et au sein duquel Google+ n'est, pour une fois, qu'un challenger, derrière Facebook –, accroissent sa connaissance qualitative de vous. Il sait ce que vous aimez (vos « likes »), votre statut, les langues que vous parlez bien et les livres que vous avez lus, et, à nouveau, vos relations : impossible de cacher, même dix ans après la rupture, cette personne qui a joué un rôle dans votre vie, quand et pendant combien de temps. Si un de vos anciens flirts est condamné pour pédophilie ou fraude fiscale, s'il devient meurtrier en série ou acteur de porno, il faudra l'assumer. Les algorithmes des réseaux sociaux peuvent discerner des choses qui échapperont à vos proches : ils savent avant eux que vous entamez une relation intime, par exemple. Et même des choses qui vous échappent à vous : il peut comprendre, à la charge émotionnelle inhabituelle présente dans vos messages, que vous êtes en train de tomber amoureux, avant même que vous ne vous l'avouiez.

Ce sont vos recherches qui vous trahissent le plus

Mais ce sont vos recherches sur le moteur Google qui vous trahissent le plus car elles sont toutes enregistrées, depuis des années, dans ses énormes fermes de serveurs.

Aucune de vos passions, aucun de vos achats, aucune de vos villégiatures ou de votre consultation de sites roses ne lui a échappé. Y compris vos velléités d'arrêter de fumer et de vous mettre au régime. Google pourrait dénoncer votre absence de volonté et l'historique de vos égarements mieux que votre conjoint. Il connaît aussi vos horaires et votre rythme de travail : quand vous êtes actif sur les réseaux sociaux, ou que vous tapez « météo à Deauville », difficile de prouver que vous étiez en plein travail.

Qui peut garantir que Google, un jour, ne vendra pas votre passé pour une poignée d'euros à votre futur employeur ou à la personne avec laquelle vous rêvez de vivre ? En théorie, rien ne le lui interdit : les données que nous lui fournissons, volontairement ou non, lui appartiennent. Cela fait partie de ses conditions générales. Dans son obsession de transparence, Google trouvera normal que le futur époux veuille tout savoir de la personne dont il va partager le destin. Le droit à la rédemption, celui de recommencer sa vie à zéro, ne fait pas partie de la philosophie de Sergey Brin et Larry Page, même s'ils militent, en affaires, pour le droit à l'erreur.

Même sans vendre votre profil, Google peut exploiter vos données de multiples façons. Il peut utiliser vos photos dans son Top 10 des femmes les plus sexy, ou vos propos dans son Top 50 des réflexions les plus stupides.

Et ne croyez pas qu'en effaçant l'historique de vos navigations vous les annihiliez vraiment : elles ne sont plus associées à votre compte, sur votre ordinateur, mais Google peut les ressortir quand il veut. Il a d'ailleurs d'autres moyens de suivre vos pérégrinations sur le Web grâce à son navigateur Chrome et aux cookies. Le cookie est un petit programme placé dans votre ordinateur par un site que vous visitez. Un mouchard, en somme. Sans déposer eux-mêmes de cookies, mais prévenus par d'autres, des sites tiers peuvent également être avertis de votre navigation. Faites le test en installant dans le navigateur le module « disconnect ». Il vous permet de visualiser à chaque visite le nombre de sites avertis de votre présence.

Google peut croiser tous ces jeux de données. Même s'il n'en prenait que trois – recherches Internet, géolocalisation et e-mails –, il serait capable de brosser un portrait très précis de chaque individu, de ses amours et de ses loisirs, de son travail et de ses pratiques religieuses, de ses réseaux personnels à ses opinions politiques.

Google peut même connaître la fréquence de vos rapports sexuels

Google a réussi à bâtir un empire grâce à la centralisation des données. Sa logique a consisté à accumuler et proposer toujours plus de contenu pour capter le temps disponible des internautes puis des possesseurs de téléphones portables, et donc leurs données personnelles, afin, on l'a vu, de leur envoyer des publicités très ciblées. Les objets connectés, dont les ventes s'envolent depuis 2015, vont lui permettre de passer la démultipliée et de se rapprocher un peu plus de son but ultime : être l'interface unique entre les citoyens et le monde. Il a conçu lui-même, avec Levi's, des tissus connectés qui deviendront des vestes ou des chemises capables de déclencher le GPS ou la musique par simple frôlement du doigt sur la manche. Un jour, les fibres conductrices seront si petites qu'on ne pourra ni les voir ni les sentir dans ses habits : plus besoin de cacher des micros dans les murs ou sous les tables.

Le glouton numérique a été le premier en 2015 à proposer un système d'exploitation universel pour l'Internet des objets, Brillo. Ce dernier devrait être aux objets connectés ce que Windows a été aux ordinateurs dans les années 1980-1990 : la technologie de rupture, celle qui permet la diffusion dans le grand public d'une innovation révolutionnaire.

Google est déjà, avec Apple, le premier collecteur mondial des données recueillies à notre sujet par tous ces gadgets qui pénètrent notre intimité. Pas étonnant : les vrais gagnants d'une ruée vers l'or ont toujours été les marchands de pelles. Grâce aux montres, aux mugs, aux balances, aux miroirs ou aux sextoys connectés, Google pourra connaître, ou connaît déjà, vos indicateurs de santé, il sait combien de pas vous effectuez chaque jour, si vous dormez bien, il connaît la fréquence de vos rapports sexuels, voire vos pratiques et vos performances. Monsieur, si vous utilisez des sous-vêtements connectés, il saura quand vous caressez votre partenaire à distance. Et si, au corps à corps, vous êtes moins flambant, il vous conseillera de petits cônes d'origine néerlandaise destinés à améliorer vos muscles pelviens : en entraînant ces muscles et en enregistrant vos scores, le cône connecté « assure le maintien, la qualité et le contrôle des érections et des orgasmes ».

La première entreprise du monde saura ou sait déjà, grâce aux couches connectées, si votre bébé est correctement hydraté ou, *via* les piluliers connectés, si votre grand-mère dont la mémoire déraille n'a pas oublié ses médicaments. Les maisons de retraite, elles, n'échapperont pas à cette appli made in Japan qui, à partir de capteurs ventraux, analyse le travail des intestins du pensionnaire et prévient l'infirmière dix minutes avant qu'il « ne soit trop tard ».

Et si ce suivi intime vous fait monter la moutarde au nez, pas d'affolement : un casque connecté enverra des ondes à votre cerveau afin de changer vos humeurs. Il a été mis au point par des chercheurs en neurologie américains.

En régulant l'angoisse, le casque peut aussi améliorer l'état de santé des personnes atteintes de dépression. Toutes les données sur leur maladie et leur guérison progressive seront évidemment disponibles « quelque part ».

Google pourra savoir tout ce qui se passe dans votre maison

Notre goinfre digital est insatiable ; tout cela ne lui suffit pas. En 2014, il s'est offert Nest, un fabricant de thermostats et de détecteurs de fumée « intelligents » et design, fondé par un ancien d'Apple, Tony Fadell. Au prix fort : 3,2 milliards de dollars. Google s'est aussi payé Dropcam, un spécialiste des caméras de surveillance sophistiquées pour les particuliers. Il va sans dire que Brillo, le système d'exploitation pour l'Internet des objets, est compatible avec Works with Nest, la plate-forme développée par Nest, et qui permet, elle aussi, à des équipements d'environnements divers de dialoguer entre eux. Brillo sera compatible avec les smartphones équipés d'Android, mais aussi avec les iPhones. Autant dire que Google a pris un temps d'avance sur Microsoft et les autres...

Aujourd'hui déjà, avec les thermostats connectés, vous pouvez, de votre bureau, augmenter la température de votre domicile grâce à votre smartphone ; mais Google House ira beaucoup plus loin. La femme de ménage a jeté un mégot dans la poubelle, une fumée s'en dégage ? Une alerte vous préviendra aussitôt. Vous êtes en voyage d'affaires, vous craignez que votre jeune épouse ne reçoive en cachette ce maître nageur dont vous êtes jaloux ? Les caméras branchées sur l'entrée du garage, le salon et la chambre à coucher vous permettront de vérifier que tout va bien. La serrure connectée pourra même demander à la Nest caméra d'enregistrer un extrait vidéo quand une personne tentera d'ouvrir la porte.

Google saura tout ce qui se passe chez vous. Il connaîtra vos habitudes et les monnayera auprès des fournisseurs d'énergie. Il apprendra vos routines, saura lequel de vos enfants rentre tard le samedi soir, et chauffera sa chambre au bon moment. Il vous proposera un nouveau téléviseur si le vôtre tombe en panne, ou une moquette si vous avez glissé sur le carrelage du salon. Et si votre femme rentre du bureau en pleurs, le logiciel de reconnaissance faciale détectera son humeur et déclenchera le premier volet d'une série romantique sur la télé de la cuisine... avant de lui proposer d'acheter les épisodes suivants. Le ciblage publicitaire sera optimisable à l'infini.

Impossible de tout évoquer, la liste serait trop longue. Google a ainsi créé fin 2015 une start-up dédiée à l'amélioration de la vie urbaine, Sidewalk Labs (« Laboratoire urbain »). Son ambition ? Résoudre les problèmes des transports collectifs, du logement et – excusez du peu – du coût de la vie. Sa solution ? Connecter la ville. La firme a commencé par acquérir des sociétés spécialisées en déploiement du wi-fi dans les métropoles, puis elle a quadrillé New York de dix mille stations wi-fi gratuites. Coût total : 200 millions de dollars. Qui seront, un jour, compensées au centuple par les recettes : des milliers d'internautes connectés en plein centre-ville, autant de consommateurs à envoyer dans les magasins voisins...

Le quadrillage des villes constitue un pas supplémentaire vers le règne de la transparence permanente, car celui qui maîtrise les données numériques peut tout voir et tout entendre. La ville hyper-connectée, présente de surcroît, pour l'utilisateur, un risque accru de se faire « hacker » :

la propagation de virus prenant le contrôle des appareils est grandement facilitée.

Si Google est gratuit, c'est parce que le produit, c'est vous

« Si Google est gratuit, c'est parce que le produit, c'est vous » : la formule a fait florès, et Google ne peut la démentir. Encore une fois, c'est bien nous qu'il vend, ou plus précisément la possibilité de nous contacter individuellement, directement et instantanément.

« Nous sommes devenus les serfs des géants du Web », affirme l'auteur américain Bruce Schneier. Les entreprises sont comme les seigneurs féodaux et nous sommes leurs vassaux, leurs paysans et parfois leurs serfs. Nous travaillons sur leurs terres en produisant des données qu'ils vendent pour leur profit. « Certains ont fait allégeance à Google, d'autres à Apple, ajoute-t-il. Peu importe. Il est de plus en plus difficile d'éviter le serment d'allégeance à au moins l'un d'entre eux. »

La contrepartie de la gratuité des produits du géant numérique est notre soumission : l'acceptation des conditions que fixe Google. Cette approbation tacite que Google sache tout de nous. La connaissance intime qu'il possède de chacun d'entre nous a pourtant de quoi effrayer. Mais pour la majorité des citoyens, aujourd'hui, les avantages l'emportent largement sur les inconvénients. Donc même les plus avertis d'entre nous, ceux qui sont conscients du danger, continuent de laisser Google collecter leurs données, ce qui encourage les moins avertis à le faire.

Pourtant, il est possible de lui échapper. Car même s'il est archi-dominant, Google n'est pas un monopole. Il est seulement hégémonique ! Sortir de son emprise est, certes, un peu fastidieux. Surtout quand on fait partie du milliard de citoyens qui utilisent un smartphone sous Android, le système d'exploitation de Google. Samsung, Huawei, Alcatel ou Sony Ericsson sont de ceux-là... Mais il est possible d'utiliser Yahoo ! ou Orange comme messagerie à la place de Gmail ; Qwant comme moteur de recherche au lieu de Google ; Firefox en guise de navigateur à la place de Chrome ; Here en tant qu'outil de navigation, plutôt que Maps ; Word comme logiciel de bureautique, au lieu de Drive ; Flickr comme site de partage de photos au lieu de Picasa ; Siri ou Hound comme assistant personnel au lieu de Google Now ; Samsung Pay comme système de paiement sans contact au lieu d'Android Pay ; et, bien sûr, un iPhone plutôt qu'un smartphone sous Android... ce qui, dans ce dernier cas, revient à échanger le joug de Google pour celui d'Apple. Tout cela demande un effort minimal, quand nous sommes paresseux. Et les services de Google sont si pratiques !

Par facilité et par habitude, plus de 9 internautes sur 10, dans l'Hexagone, passent par Google pour effectuer leurs recherches sur Internet. Pourtant, le moteur français Qwant propose grosso modo le même service tout aussi gratuitement et sans collecter vos données – par construction. Il ne place pas de mouchards (les « cookies ») pour tracer vos comportements en ligne. Si Qwant se finance aussi par la publicité, celle ci n'est visible qu'en cliquant sur l'onglet « shopping ».

Pour Google, au contraire, l'accès à l'information devrait être inconditionnel : il aimerait remplacer l'utilisation privée et la protection des données par une transparence totale et un accès parfaitement libre. Et tant pis si c'est au détriment de l'intimité de chacun, si chaque citoyen se retrouve ainsi déshabillé et traqué. Pour Eric Schmidt, longtemps P-DG de Google, aujourd'hui président exécutif d'Alphabet, la holding de Google, cette surveillance omniprésente est simplement une caractéristique du XXIe siècle : « Si vous passez beaucoup de temps en ligne, les ordinateurs collectent beaucoup d'informations sur vous. Ce n'est pas une décision de Google, c'est une décision sociétale. » Le moteur de recherche utilise donc des produits et des services gratuits pour appâter les internautes… avant de les « profiler ». Ce qui est vrai sur les ordinateurs l'est autant sur le téléphone portable : Google fait même cadeau de son logiciel pour mobiles Android à tous les constructeurs de téléphones portables afin de recueillir le maximum de données.

Seule façon de ne pas être dénoncé : ne rien faire de gênant

Les défenseurs de Google répètent qu'il n'y a rien à craindre de la surveillance numérique lorsqu'on mène une vie transparente. Ceux qui la craignent sont forcément des criminels, comme l'a laissé entendre Eric Schmidt dans la plus célèbre de ses déclarations : « Si vous faites des choses que vous voulez pas que les autres sachent, peut-être devriez-vous simplement ne pas les faire. » Une phrase qui répond étrangement aux injonctions de Big Brother dans *1984* : « Ceux qui n'ont rien à cacher n'ont rien à craindre. » En réalité, tout le monde a quelque chose à cacher. Comme le disait le cardinal de Richelieu : « Donnez-moi deux lignes de la main d'un homme, et j'y trouverai de quoi suffire à sa condamnation. »

La vie privée, avant d'être une définition juridique, est une constante humaine : nous gardons pour nous l'essentiel de nos pensées, de nos souvenirs et de nos sentiments.

Il n'y a pas de « je » sans conscience intérieure, donc sans pensées scellées en soi. La vie en société suppose par ailleurs que l'on se garde de proférer certaines critiques dont la franchise ferait souffrir. Et l'on ne montre souvent les défauts de sa personnalité qu'à sa famille, pour ne pas se mettre professionnellement en danger. Avez-vous envie que vos collègues de bureau connaissent votre salaire ? Le montant de vos impôts ? Votre dossier médical ? Bien sûr, si vous répondez à ces questions par l'affirmative, si vous n'avez pas le moindre secret de famille ou pratique sexuelle originale, si chacun de vos mots est pesé et que chacun de vos gestes peut être raconté à votre patron, vos enfants ou vos voisins, si vous ne critiquez jamais le gouvernement, ne revendiquez rien, ne flirtez pas avec vos collègues, et s'il n'y a aucun risque que quelqu'un vous veuille du mal, alors vous ne risquez rien à donner à Google le droit de regard sur les moindres détails de votre vie privée. Pourtant, vous reconnaîtrez qu'il y a des secrets qui doivent être gardés : ce gros contrat en cours de négociation et qui ne sera pas signé si votre concurrent l'apprend…

N'avoir rien à cacher ne signifie pas vouloir tout dire. Ne pas faire ce qui est interdit ne suffit donc pas, d'autant que les interdits dépendent du contexte : si, en Occident, on peut tromper son conjoint sans encourir d'autre châtiment que le remords ou le divorce, il est des pays où l'adultère conduit à la lapidation. Quant à l'homosexualité, elle est encore, parfois, passible de la peine de mort.

Enfin, les interdits eux-mêmes évoluent : si Internet avait existé dans les années 60 et 70, on pourrait aujourd'hui réécouter des propos qui seraient jugés « pédophiles » émanant de personnalités bien connues. Ils seraient alors condamnés. Pourtant, rien n'interdisait ces propos à l'époque. Qui dit que les informations sur les « pétards » ou les « cuites » entre étudiants ne serviront pas demain à les faire accuser de pratiques répréhensibles ? Ou que ce garçon que votre fille fréquente ne deviendra pas un terroriste qui fera porter le soupçon sur tous ceux qui l'ont fréquenté ? Quand les traces que nous laissons sur le Web ne nous paraissent pas suffisamment dignes d'intérêt pour être effacées, nous commettons l'erreur de ne pas penser à demain, où tout sera peut-être différent. Nous donnons sans cesse notre accord pour l'utilisation de nos données personnelles (en signant sans les lire des conditions générales interminables), mais qui sait quelles utilisations en seront faites dans le futur ? Si elles sont gênantes, il sera trop tard.

Et surtout, pourquoi ne pas admettre que nous mentons tous, au moins deux ou trois fois par jour ? Pour ne pas perdre la face, fuir une confrontation ou simplement paraître plus cordial… La vie sociale comme la vie privée sont remplies de cachotteries.

Les premiers ratés du Big Data

Que Google sache tout de nous ne gêne pour l'heure pas grand monde. Il y a bien eu quelques épouses qui ont compris que leur mari les trompait à cause des publicités qu'il recevait, mais les incidents liés à l'exploitation du Big Data (c'est-à-dire de ces masses de données sur les consommateurs) restent encore rares.

Les entreprises qui exploitent les masses de données recueillies sur leur clientèle se trahissent parfois, comme le montrent deux célèbres exemples américains : le distributeur OfficeMax a ainsi envoyé un jour des coupons de réduction à un client, Mike Seay, dans une enveloppe où il était indiqué, à côté de son adresse, « *Daughter Killed in Car Crash* » (« Fille tuée dans un accident de voiture »). Effectivement, sa fille était morte un an plus tôt sur la route. Nul ne sait pourquoi cette information personnelle avait été consignée dans le profil du client…

Plus lourd de conséquences, début 2012, le distributeur Target a révélé la grossesse d'une lycéenne à son père, alors qu'elle la dissimulait, en lui envoyant des coupons de réduction pour l'achat d'un berceau et de vêtements de bébé ! Après avoir collecté pendant des années des informations sur ses clientes grâce aux cartes de fidélité, Target est en effet capable de lister les produits que les futures mères achètent à chaque stade de la grossesse (test de grossesse, savon sans additif, coton à démaquiller incolore, etc.) A l'inverse, il sait aussi qu'une femme qui achète l'un de ces produits a toutes les chances d'être enceinte. En retraçant son historique d'achat, l'algorithme peut prédire quasiment au jour près la date de l'accouchement ! Conclusion : si vous voulez garder secrète une maladie ou une grossesse, évitez les recherches liées à ce sujet sur Google, n'en dites rien par mail à votre meilleure amie, et payez vos achats en liquide. Autrement dit, ayez le comportement d'un dealer de drogue.

Les pratiques évoluent à grande vitesse. Certaines compagnies d'assurances achètent des données sur vous, provenant de vos objets connectés ou de vos relevés de cartes de crédit, même si elles ne les exploitent pas encore. A l'instar des banques, elles veulent connaître votre consommation d'alcool, les médicaments que vous prenez ou les restaurants que vous fréquentez. Gare à vous si vous achetez tous les jours un cornet de frites au McDo… Apprenez à dépenser sainement ! Car si vous ne faites pas partie des clients modèles, vous risquez un jour d'être pénalisé : vous paierez des fortunes en assurances, vous ne décrocherez pas le prêt dont vous avez besoin pour installer la chambre d'enfants dans le grenier, vous ne serez pas recruté pour le job de vos rêves – et vous ne saurez peut-être jamais pourquoi.

Seule rébellion à ce jour : l'affaire des Google Glass

Il serait faux d'imaginer que les intentions de Google n'ont jamais gêné personne. Google a reçu un sérieux avertissement en 2014-2015. La rébellion contre les Google Glass, les lunettes connectées, qui a conduit la firme à les retirer du marché américain où elles étaient officiellement en expérimentation grandeur nature – au coût de 1 500 dollars pour les « testeurs » –, a prouvé qu'il existait des limites à ce que les citoyens peuvent accepter, à condition qu'ils en sentent concrètement les conséquences.

Les Google Glass proposaient les mêmes services que votre smartphone – surf sur Internet, GPS, prise de photos, etc. – avec un mini-écran et une caméra au-dessus de l'œil. Amusantes pour ceux qui les portaient, les lunettes high tech ont vite irrité ceux qui n'en portaient pas. Ils se sentaient espionnés, et pour cause : l'utilisateur des Google Glass peut reconnaître les personnes qu'il rencontre grâce au logiciel de reconnaissance faciale, et recevoir toutes les informations la concernant. Fini l'anonymat dans la foule ! Il peut aussi la photographier ou la filmer à son insu. Le couple illégitime tranquillement assis dans un restaurant ou flirtant dans un jardin public peut, quelques secondes plus tard, se retrouver affiché sur les réseaux sociaux sans s'être aperçu de rien !

Google, pour une fois, a reculé. L'altercation de Haight-Ashbury, à San Francisco, l'a fait réfléchir. Une jeune femme entrée dans un bar avec ses lunettes en fonctionnement (elle filmait donc tout ce qui l'entourait) et qui refusait de les enlever s'est fait tirer dessus, à la deuxième sommation. A Seattle, un café était devenu un lieu d'affrontement entre pro et anti. Sa page sur Facebook, baptisée « Stop the Cyborgs », proposait de télécharger des affiches anti-Google Glass. Préoccupés par le risque de multiplication des incidents, les dirigeants de Google ont publié une charte de bonne conduite, restée sans effet : l'hostilité à l'égard des porteurs de Google Glass – vite surnommés les *glasshole*, un dérivé de *hasshole*, « trou du c... » – a continué d'augmenter.

Début 2015, Google a donc retiré les lunettes connectées du marché. Mais la firme développera d'autres solutions pour rendre la recherche sur Internet et les autres services plus faciles, intuitifs et discrets qu'avec un smartphone : on parle d'intégration du dispositif sur des lunettes traditionnelles, mais surtout de lentilles de contact intra-oculaires connectées, sortes d'implants rétiniens capables de prendre des photos, et pour lesquels Google a déjà déposé un brevet en 2016 (voir chapitre 2).

Les Google Glass ont été la première victime de « l'effet Snowden », du nom de cet ancien consultant de la NSA (National Security Agency, le grand service d'écoutes américain) qui a révélé au monde l'existence de Prism, le programme de surveillance de masse mis en place par les services secrets de la première puissance du monde. « Les Google Glass ont suscité trop d'attention, trop tôt », explique Astro Teller, le directeur du Google X, le laboratoire de recherche de la firme. Google reviendra donc avec un outil moins visible, ou directement intégré dans l'œil... Et le concept de vie privée, un des droits fondamentaux de la personne humaine, déjà mis à mal, aura définitivement vécu. Orwell, dans ses pires délires de créateur, n'aurait pas osé imaginer cette surveillance absolue, totalitaire, que déploie peu à peu le géant de la technologie, sous prétexte de « *make the world a better place* », de « faire du monde un lieu plus agréable », bref, de rendre le monde meilleur.

Big Brother, c'est Google + la NSA

Le Big Brother de Mountain View mériterait moins son surnom s'il n'y avait, à ses côtés, d'autres acteurs qui ont besoin d'utiliser les données collectées : la NSA, donc, aux Etats-Unis, et, ailleurs, les services de renseignements dépendant des gouvernements. En juin 2013, Edward Snowden a raconté les agissements de la NSA dans le cadre de Prism : l'enregistrement des conversations téléphoniques de pays entiers et la surveillance des e-mails et des forums, mais aussi et surtout l'aspiration des données personnelles des internautes détenues par Apple, Facebook, Yahoo !, Microsoft et, bien sûr, par le premier aspirateur d'entre eux, Google. Les dirigeants de Mountain View se sont dits choqués lorsque l'affaire a éclaté. Google s'est également rangé aux côtés d'Apple quand ce dernier a été publiquement sommé par un juge américain, début 2016, de décrypter l'iPhone du tueur de San Bernardino, et a refusé officiellement de le faire. Finalement, l'iPhone a tout de même été décrypté par le FBI avec l'aide de tierces personnes.

Julian Assange, le fondateur de WikiLeaks, reclus dans l'ambassade d'Equateur à Londres, ne cesse de tirer la sonnette d'alarme, comme Edward Snowden. Pour cet homme parmi les mieux informés de la planète, « les téléphones et les disques durs du monde entier sont sous surveillance ». Ce système a été « mis en place principalement par les gouvernements américain et britannique », auxquels s'associent, à l'en croire, trente-huit autres pays, mais aussi grâce à « la coopération d'entreprises comme Google ». Nous vivons bien dans un régime de surveillance orwellien.

Google prétend faire travailler un millier d'ingénieurs sur la sécurité afin de développer des techniques inviolables pour empêcher l'espionnage des citoyens par la

NSA et les services étrangers. Mais il est difficile d'imaginer une absence totale de collaboration, alors que les dirigeants de Google ont obtenu 230 rendez-vous à la Maison Blanche sous la seule mandature Obama ! En réalité, Google collabore avec la NSA : il a reconnu fin janvier 2015, deux ans et demi après les faits, avoir fourni au ministère de la Justice américain l'intégralité des comptes Google de trois membres de WikiLeaks. En 2013, il avait déjà reconnu que les agences gouvernementales américaines lui demandaient de surveiller 1 000 à 2 000 comptes par an dans le cadre du Patriot Act. Eric Schmidt ne s'en défend d'ailleurs pas : « L'espionnage existe depuis des années, la surveillance également. Je ne vais pas me prononcer sur ce sujet ; la nature de notre société est ainsi faite. » Circulez, il n'y a rien à voir.

Et même si Google ne collaborait pas, les « grandes oreilles » trouvent des solutions pour obtenir ce qu'elles veulent. Le Français Sébastien Desreux, normalien spécialiste de l'architecture des systèmes informatiques, révèle dans *Big Mother veille sur vous*[1] comment, grâce à une technologie assimilable à du hacking, la NSA peut se faire passer pour Google afin de s'emparer massivement des données des internautes. Encore plus simple que de lui demander de les livrer !

En France, le renforcement du cyber-espionnage à la suite des attentats de novembre 2015 doit conduire à davantage de surveillance et de fichage afin d'identifier les candidats au djihad longtemps avant qu'ils ne passent à l'acte. On se doute que la capacité de résistance de Google, volontaire ou involontaire, face à ces enjeux de sécurité publique est faible. Y a-t-il tant de différence entre la surveillance totale dont nous pouvons faire l'objet et

1. H & K, 2013.

celle imaginée par Orwell ? La vraie différence, comme le rappelle Eric Sadin, auteur de *La Vie algorithmique*[1], c'est que *1984* était « construit sur un schéma binaire Etat-citoyen » alors qu'aujourd'hui, « ce sont des myriades d'entreprises privées qui nous surveillent ».

La « détection automatisée des comportements suspects », prévue par la loi de Renseignement adoptée en France à la suite des attentats, est, par certains aspects, dangereuse, même si son utilité est indiscutable. Car les algorithmes qui mettent les citoyens dans des cases ne peuvent tout prévoir. Ce n'est pas grave lorsqu'il s'agit d'envoyer des publicités pour les vélos d'intérieur, mais lorsque des policiers viennent vous arrêter à 6 heures du matin, l'affaire est plus lourde de conséquences.

Les algorithmes peuvent dire où et quand aura lieu un vol

Les algorithmes peuvent prévoir les mouvements sociaux, les agitations des étudiants, les contestations en tout genre. Plus efficacement que les petites fiches des Renseignements généraux ! Désormais, nous sommes « calculés », comme disent les ados, aussi bien pour nos désirs d'achat que pour notre santé ou nos crimes potentiels. Grâce au Big Data, ces masses gigantesques de données statistiques au sein desquelles les algorithmes opèrent des corrélations, on peut désormais prédire, en s'appuyant sur le passé et les situations analogues, dans quel quartier va avoir lieu un vol, un viol ou un meurtre. Et si l'on possède suffisamment d'informations sur des individus vivant à proximité, on peut même prédire qui en sera l'auteur !

1. L'Echappée, 2015.

Dans *Minority Report*, le film déjà cité de Steven Spielberg, des mutants doués de précognition, les « précogs », annoncent qui va commettre un crime, à quel endroit et à quelle heure. Aujourd'hui, plus besoin de précogs, la technologie fait aussi bien ! Depuis 2012, des logiciels de « prévision des crimes », baptisés Precobs (*PreCrime Observation System*) en Suisse ou PredPol (Predictive Policing) en Californie, fournissent des « prophéties » en corrélant des milliers d'observations statistiques (délits déjà commis dans tel immeuble, rue ou quartier, saisonnalité de la criminalité, heures favorables, météo favorable, données sociologiques, événements prévisibles tels que les matchs de football ou les concerts...). Des cartes numériques des crimes et délits sont alors mises à la disposition des polices locales. Quatre-vingts pour cent des « prédictions » se réaliseraient. Au point que, dans certains Etats américains, on ne se fatigue plus à présenter certains détenus délinquants au juge d'application des peines parce que des algorithmes ont prédit qu'ils avaient les plus grandes chances de récidive au cours des trois prochaines années.

Si, pour l'heure, les données utilisées par les algorithmes prédictifs pour les « cartes numériques des crimes et délits » sont rendues anonymes, il est tentant d'essayer d'évaluer, là aussi, la dangerosité potentielle de certains citoyens. Verra-t-on un jour la police débarquer au domicile de toutes les personnes dont il est probable qu'elles commettront un jour un méfait ? Cela signifierait que, après la vie privée, le libre arbitre a disparu lui aussi – c'est-à-dire le libre choix de chacun, jusqu'au bout, de commettre ou non un acte un instant envisagé.

Une seule certitude : avec les algorithmes, c'est de notre passé que dépend, de plus en plus, notre avenir.

Le sacrifice de la liberté contre la sécurité

Benjamin Franklin a écrit : « Un peuple prêt à sacrifier un peu de liberté pour un peu de sécurité ne mérite ni l'une ni l'autre, et finit par perdre les deux. » Avec le Big Data, la corrélation remplace la causalité : c'est un changement du mode de prévision dont il est difficile de dire qu'il va dans le bon sens ; si on le suit aveuglément, il conduit au totalitarisme. En 2013, dans *Le Monde*, Julian Assange, le fondateur de WikiLeaks, utilisait déjà ce mot pour qualifier le géant de Mountain View : « L'avancée des technologies de l'information telle qu'incarnée par Google annonce la fin de la vie privée pour la plupart des êtres humains et entraîne le monde vers le totalitarisme. »

Un fait divers, survenu en août 2006 aux Etats-Unis, ne laisse pas d'interpeller. AOL, une société américaine de services Internet, a divulgué accidentellement un fichier contenant les logs (c'est-à-dire l'historique des mots-clefs recherchés sur Google depuis le portail d'AOL, avec la date et l'heure de la recherche) de 658 000 utilisateurs. Ces logs avaient été relevés entre mars et mai. Chaque internaute concerné était identifié par un simple numéro mais, très vite, en creusant les détails géographiques ou professionnels des recherches de chacun, les journalistes ont pu en identifier et en retrouver quelques-uns.

L'un d'eux a vu sa vie privée exposée au grand jour, au point qu'il a dû quitter les Etats-Unis. Ce Portugais installé en Floride soupçonnait si fort sa femme d'infidélité qu'il ne parvenait plus à faire l'amour avec elle et s'en était inquiété en cherchant des remèdes sur Google. Il avait projeté de se confier à un conseiller matrimonial (dont il avait cherché les coordonnées sur Google), tout en essayant d'obtenir la preuve définitive de la duplicité de son épouse. Il avait envisagé toutes les solutions, ce que montrait l'historique de ses recherches : placer des micros dans la voiture ? Installer des baby cameras dans l'appartement ? Espionner les messages sur son téléphone portable ? Finalement, il avait découvert que l'amant était... une amante. Et il avait sombré dans l'alcoolisme, comme en témoignaient ses commandes sur Internet, puis dans la déprime, en allant consulter un site spécialisé. Un soir de désespoir, par bravade, il avait imaginé lancer un contrat sur les deux femmes, et tenté de contacter *via* Internet une mafia portugaise. Avant de se raviser. Incapable de passer à l'acte, il avait voulu se suicider et, bien sûr, cherché de l'aide sur Google... C'est alors qu'il aurait été arrêté, et renvoyé dans son pays.

Les logs divulgués par AOL révélaient bien d'autres turpitudes dont les auteurs ont été retrouvés par les enquêteurs amateurs : ainsi, un jeune internaute cherchait de quelle manière annoncer à sa famille qu'il avait été victime d'inceste ; d'autres se renseignaient sur « la cocaïne dans l'urine », ou pour savoir « à quoi ressemble un cou après avoir été étranglé », ou même « quelle corde utiliser pour cravater quelqu'un »...

Ces listes de recherches étaient, comme l'a joliment dit le journaliste américain John Battelle, une base de données d'intentions humaines. Mais aussi un immense fichier d'angoisses et de fantasmes dont la révélation a porté préjudice aux intéressés : eux connaissent maintenant les effets pervers de la technologie.

La fuite AOL n'est pas un cas unique. En 2010, Google lui-même a été victime d'un « incident », étonnamment vite oublié. Street View, le moteur de recherche des adresses dans les villes, qui permet de visionner n'importe quel endroit ou même de suivre un parcours en cheminant virtuellement dans les rues, avait en effet involontairement rendu publiques des données récupérées sur les habitants des rues photographiées. Carlo d'Asaro Biondo, à l'époque patron de Google France, avait alors dû se justifier auprès du quotidien *La Tribune* qui lui demandait si Google n'était pas Big Brother : « Il ne faut pas confondre la crainte légitime et la réalité des faits. Je pense sincèrement qu'il n'y a aucune intention de Google ni d'aucun autre opérateur d'utiliser ces informations contre les gens. Dans le cas de Street View, nous avons fait une erreur. Nous en sommes désolés. »

Des incidents ont lieu chaque jour. Jamais l'on a enregistré autant d'usurpations de mots de passe ou de prises de contrôle à distance d'un ordinateur. Les hackeurs s'attaquent le plus souvent à de petits sites mal protégés où ils récupèrent des codes secrets qu'ils vont ensuite utiliser sur des sites aux enjeux financiers plus importants.

Google, bien sûr, n'est pas le seul dans le rôle du grand méchant loup : des banques, des compagnies de télécom ou des assureurs connaissent aussi, déjà, beaucoup de choses à notre sujet. Il est facile de trouver nos coordonnées privées et professionnelles, les magasins que nous fréquentons, les moyens de transport que nous utilisons, l'estimation de notre patrimoine... Mais si Google n'est pas le seul glouton numérique, il est de loin le plus puissant, et il est aussi le fournisseur des autres : jamais autant de données privées n'ont été rassemblées sur une unique plateforme.

Google, premier acteur de la surveillance numérique

Google est objectivement le principal opérateur de surveillance numérique – d'aucuns diraient d'espionnage numérique. La CNIL l'a d'ailleurs épinglé pour sa politique de confidentialité qui multiplie les croisements d'informations autrefois éparses.

Les données que nous offrons au géant californien lui appartiennent, comme on l'a vu plus haut, et, au fond, cela ne choque pas grand monde. En décembre 2015, pourtant, l'ONG de défense des droits numériques *Electronic Frontier Foundation* a porté plainte contre Google en l'accusant de violer les droits des élèves utilisant des Chromebooks à usage éducatif. « Il traque la navigation des étudiants sur Internet », a dénoncé l'ONG auprès de la *Federal Trade Commission.* Autrement dit, il récolte les données relatives aux élèves utilisant des Chromebooks (ordinateurs de Google) dans les écoles. « Lorsqu'un étudiant se connecte à un compte éducatif et utilise ensuite Google Maps ou YouTube, Google traque cette activité et la recense sous un profil lié au compte scolaire de l'élève, écrit l'ONG. Malgré sa promesse de ne pas pister les étudiants, Google abuse de sa position de pouvoir en tant que pourvoyeur de services éducationnels pour tirer profit des données des élèves. Ce ne sont pas des cobayes et tout cela a été fait sans accord parental. »

Google s'est défendu d'avoir outrepassé la loi et ses engagements, et a mis en avant le soutien de deux organismes qui protègent les droits et les données personnelles des étudiants. Sur ses Chromebooks, Google reculera si nécessaire, car le milieu éducatif est un client important. Mais pas question de retirer aux enfants ces appareils aussi économiques que fonctionnels, dotés en particulier de l'extension « Partager avec la classe » permettant de connecter tous les élèves simultanément sur une même page. Et dire que les écoles croyaient à la générosité désintéressée de Google… Son secret tient tout entier dans ce malentendu : il offre gratuitement les meilleurs services du marché. Comment refuser ?

D'ailleurs, malgré les incidents, tout le monde, ou presque, fait confiance à Google. Selon le classement annuel *Futurebrand* qui évalue les 100 premières sociétés mondiales à l'aune de la perception du grand public, Google était en 2014 comme en 2015 la marque la mieux perçue au monde !

Le groupe américain, de fait, s'efforce de véhiculer l'image la plus éloignée possible d'un Big Brother du XXIe siècle. Et pourtant ! Larry Page est bien en train d'en faire une machine à orienter et à façonner le monde de demain. Se sentant sans doute immature en affaires, il avait confié les commandes de la société à Eric Schmidt pendant la première décennie du XXIe siècle. Mais il les a reprises afin de « retrouver l'esprit start-up » et lancer des projets fous comme la connection gratuite des zones les plus reculées de la planète grâce au projet Loon, des ballons lancés à 20 kilomètres d'altitude. D'ici 2020, il devrait y en avoir un millier dans la stratosphère, et toute l'humanité sera connectée, sans avoir besoin de construire la moindre infrastructure. Google aurait aussi l'intention de lancer quelques centaines de satellites.

Pour garder ce fameux « esprit start-up », le groupe fonctionne comme un laboratoire d'innovations permanentes (un laboratoire qui dépense 10 milliards de dollars dans la recherche, excusez du peu) et multiplie les annonces sur des produits encore en phase de test. Une des forces de la jeune société est d'accepter ses erreurs et ses échecs, de les reconnaître, voire de les revendiquer, afin de montrer qu'elle est en expérimentation perpétuelle. Dans la même optique de garder cette image « jeune et sympathique », Sergey Brin, lorsqu'il reçoit des journalistes, ressemble à tout sauf à un capitaliste à gros cigare sur son yacht ou dans sa Bentley : il se fait photographier en caleçon de bain froissé et T-shirt sans marque, chaussé de sabots en plastique gris !

« La vie privée, c'est du vol », dénonce un livre inspiré de Google

Un roman de Dave Eggers publié en 2013 raconte la vie d'une entreprise qui ressemble à s'y méprendre à Google (*The Circle*, éd. Vintage). Le récit est si réaliste qu'il aurait pu interpeller les citoyens occidentaux sur leur soumission compulsive et docile au tout-numérique. Il remet en cause en effet les dogmes de cette ère de l'information, et montre comment, en moins de dix ans, il est devenu tabou de ne pas partager sa vie en ligne. Par-dessus tout, il prédit, une fois encore, ce qui nous attend : la fin de la vie privée. Le héros, dans son obsession de partage total et mondial des connaissances, finit par paraphraser le fameux axiome de Proudhon « La propriété, c'est le vol » et démontrer que « la vie privée, c'est le vol », puisqu'elle consiste à garder des choses pour soi, et à cacher aux autres êtres humains ce que l'on sait, ce que l'on voit, ce que l'on vit, de la température de l'eau sur la plage où l'on se baigne aux rencontres que l'on y fait la nuit – toutes choses qui auraient pu leur être utiles, qui sait ?

Beaucoup d'experts ou de philosophes européens insistent sur la nécessité de poser des règles strictes de protection de la vie privée ; à défaut, la technologie aboutira à la destruction de nos libertés fondamentales. A la privation de notre liberté, dès lors que nous ne disposons plus de la faculté de choisir entre le bien et le mal. Le risque est d'autant plus grand que les Américains ne hiérarchisent pas de la même manière que nous les libertés fondamentales, faisant passer systématiquement la liberté d'expression avant le respect de la vie privée. Et faisant aussi passer, avant toute chose, les intérêts économiques du pays, c'est-à-dire ceux de ses leaders digitaux, qui ont fait mentir la prévision du déclin relatif de l'Amérique face à l'Asie.

On l'a constaté avec l'affaire du « droit à l'oubli » réclamé à Google par l'Union européenne. Depuis le 13 mai 2014, à la suite d'un arrêt de la Cour de justice européenne, Google est tenu de faire disparaître certains contenus inappropriés dans ses résultats, pour peu que les personnes lésées lui en fassent la demande. Près de 400 000 internautes se sont manifestés, concernant près de 1,5 million de liens, et une petite moitié d'entre eux a pu obtenir de la firme américaine qu'elle efface des contenus qui leur portaient préjudice sur google.fr ou google.com en Europe.

Pour certains, il s'agissait de photos suggestives issues d'un passé révolu, et qui les poursuivent. Pour d'autres, c'est un commentaire infamant sur un blog, un nom cité dans un article, une décision de justice à rendre anonyme. Pour beaucoup de requêtes, les conditions n'étaient pas respectées : si c'est une personne publique qui est visée, ou si le contenu n'est ni diffamatoire, ni sensible, ni obsolète, le droit à l'information du public prime.

Un comité de sages réuni par Google – et qui compte notamment, dans ses rangs, Jimmy Wales, le fondateur de Wikipédia, un journaliste du quotidien *Le Monde* et l'ancien directeur d'une agence de protection des données espagnole – statue au niveau européen. Certaines décisions sont faciles à prendre, d'autres moins. Ainsi, Google a accepté de supprimer toutes les « vengeances porno », des photos de jeunes filles nues publiées par leurs anciens compagnons. Mais il a décliné la demande d'un pédophile qui souhaitait faire effacer les allusions à sa condamnation.

Droit à l'oubli : Google interprète très strictement la loi

Dans de nombreux cas, la décision des « sages » n'est pas évidente : par exemple, fallait-il retirer un article sur un crime violent commis par une personne finalement acquittée en raison de sa maladie mentale ? Un autre sur un teenager qui, autrefois, a blessé un passager alors qu'il conduisait en état d'ivresse ? Effacer, sur une liste de membres d'un parti d'extrême droite, le nom d'une personne qui l'a quitté depuis longtemps ? Dans le premier cas, Google a refusé le droit à l'oubli ; il l'a accepté pour les deux autres.

Avec cette nouvelle réglementation, Google ne peut satisfaire personne : il sera toujours accusé par les uns d'alimenter l'hypermnésie du système, et par les autres de vouloir camoufler des informations. Et en créant une sorte de fichier public des gens qui préfèrent faire oublier une information, il a suscité l'effet inverse : la volonté affichée de l'effacer entraîne un intérêt soudain pour cette information, qui rend l'oubli impossible !

C'est un des grands dilemmes de l'ère Internet. Existe-t-il un juste milieu entre liberté d'expression et protection de la vie privée ? Aux Etats-Unis, le premier amendement, qui garantit la liberté de parole, ne souffre pas d'écart. Les Européens, qui ont connu le nazisme ou le communisme, privilégient au contraire le respect de la vie privée. La jeune génération, qui n'a pas la mémoire des périodes sombres, est-elle plus proche de la culture américaine ? Elle semble plébisciter la transparence imposée par les réseaux sociaux. Elle grandit dans un monde où toutes ses activités en ligne sont contrôlées, et accepte cette surveillance parce qu'elle est le corollaire de l'accès à la technologie. Et peut-être parce qu'elle n'en voit pas encore concrètement les risques.

Cette normalisation de la surveillance constitue une vraie menace : l'exceptionnel est devenu banal.

Imaginez un Etat qui vous obligerait à porter en permanence sur vous une petite boîte qui lui dirait en permanence ce que vous faites, ce que vous voyez, où vous vous trouvez et avec qui, ce que vous aimez et ce que vous achetez. Cela vous paraîtrait insupportable – pire que de vivre à Berlin avant la chute du Mur. Les associations de défense des droits de l'homme protesteraient. Ne voudriez-vous pas quitter cet Etat pour aller vivre dans un pays libre ?

Pour Google, la vie privée est une anomalie de notre époque

Le concept de vie privée n'a pas toujours existé, se défendent les jusqu'au-boutistes de Google. Ce serait même une invention récente. Vinton Cerf, l'un des pères fondateurs du Web, désormais « Chef évangéliste de l'Internet » chez Google, a jeté un pavé dans la mare en novembre 2013 en affirmant que la vie privée était « une anomalie de l'histoire ». Cette figure de l'Internet, que le groupe de Mountain View a choisi comme porte-parole, raconte que, lorsqu'il était jeune, il vivait dans un village de 3 000 habitants, où « il fallait se rendre à la Poste pour téléphoner », et où « le facteur savait tout sur le courrier de tout le monde ». Certes, mais allait-il jusqu'à l'ouvrir, comme le fait Google ?

« C'est la révolution industrielle et la croissance des concentrations urbaines qui ont conduit à un sentiment d'anonymat », analyse Vinton Cerf. Cette notion lui semble obsolète aujourd'hui au sein de populations technologiquement avancées, très utilisatrices de réseaux sociaux. Il admet cependant qu'il faudrait peut-être développer « des conventions sociales plus respectueuses » car

« il sera de plus en plus difficile pour nous de garantir le respect de la vie privée ».

Le problème étant moins la technologie que l'usage que l'on en fait, ces conventions mettront du temps à voir le jour – dans l'hypothèse où elles le voient –, et d'ici là, les mauvaises expériences devraient se multiplier. « C'est quelque chose que nous allons devoir traverser, et qui n'est pas facile à gérer », reconnaît Vinton Cerf. Des propos à rapprocher de ceux d'Eric Schmidt, qui avait ajouté à sa fameuse déclaration de 2010 sur les choses qu'il valait mieux ne pas faire, la prophétie suivante : « Tout individu sera un jour automatiquement autorisé à changer de nom à l'âge adulte afin de se débarrasser des hauts faits de sa jeunesse enregistrés par ses amis sur les réseaux sociaux. » Changer de nom, bigre !

Si la vision du père de l'Internet paraît caricaturale, des historiens, et notamment Michelle Perrot, spécialiste du mouvement ouvrier et de l'histoire des genres, démontrent plus sérieusement que le concept de vie privée n'a pas toujours existé. Au Moyen Age, explique-t-elle en substance, la maison familiale était un espace public, qui servait à manger, dormir ou travailler. Il n'y avait pas d'espace pour s'isoler. La recherche d'intimité était mal vue, car les petits secrets étaient synonymes d'intrigues et de conspirations ; de même, l'égoïsme était mal accepté dans une société qui reposait sur la mise en commun des bras. Ce n'est qu'après la Révolution que la bourgeoisie a adopté ce concept de « vie privée », devenu la norme au XXe siècle, et qui a toujours été perçu comme un progrès.

Dans le monde numérique, la vie de chacun est disséquée et commentée. Loin de réclamer la protection de leur intimité, les citoyens la mettent en lumière, et les entreprises sont ravies d'exploiter les informations à des fins mercantiles. Si les citoyens ne se rebellent pas, la vie privée n'aura effectivement été qu'une parenthèse. Une anomalie de l'histoire.

2

Les dangers du transhumanisme

Pourquoi (et comment) Google se prend pour Dieu

« Ils ne peuvent pas entrer en nous. » Les mots de Winston résonnaient dans la tête de Julia. Elle ne suivait plus la conférence. A la tribune, un clone de Jane Fonda interrogeait deux femmes noires en boubou vert et jaune. Elles racontaient l'action des femmes du KwaNdebele pour éviter les guerres entre ethnies. L'animatrice américaine semblait connaître par cœur les conflits qui avaient agité le continent africain depuis les indépendances : elle alignait les dates, les lieux, les traités, comme à la parade.

Pauvre Winston, pensa Julia. Il était plus abattu qu'elle par la perte de son job. Il se sentait coupable. Elle avait presque hésité à venir à Deauville, pour rester avec lui. Quand elle l'avait appelé tout à l'heure pour lui annoncer la bonne nouvelle – ses règles étaient arrivées le matin même, comme elle l'avait prévu –, elle s'attendait à des exclamations de joie. Mais Winston avait à peine réagi.

— Tu ne dis rien ?

— Si, si. Je suis content. Tant mieux.

— Tu es soulagé ?

— Bien sûr.

— Alors ? Tu caches ta joie ?

— Pardonne-moi, Julia. Mais…

— Mais quoi ?

— Cela ne résout rien. Tu as perdu ton job à cause de cette grossesse imaginaire. Et ce n'est pas fini. Il y aura d'autres brimades.

— Tu crois ?

— Evidemment. Ce qui te pénalise, c'est notre histoire. Impossible qu'il n'y ait que la société de pizzas et ton ex-patron qui soient au courant. Ce que nous vivons, toi et moi, est illégal.

— Mais nous ne sommes pas à Raqqa à l'époque de Daech ! Nous sommes en démocratie ! Je ne vais pas être lapidée parce que je suis amoureuse d'un homme marié !

La voix de Winston s'était faite encore plus lasse.

— Tu es trop naïve. La transparence est une dictature. A la limite, si nous étions mariés tous les deux, ils pourraient imaginer que nous avons un gentleman agreement *avec nos conjoints. Mais en l'état actuel des choses... notre liaison te met en danger.*

— Je crois que tu exagères. D'ailleurs, je m'en moque !

— Ne fais pas l'enfant.

— Ce n'est pas plutôt pour toi que tu t'inquiètes ? Tu crains que Catherine ne découvre ta liaison.

— Il n'y a pas que cela : la société est tellement machiste, elle comprend que les hommes s'amusent – je ne dis pas que notre histoire est un jeu, comprends-moi bien –, et pas les femmes...

Julia se demandait souvent par quel miracle Catherine ne s'était aperçue de rien. Certes, elle faisait attention à ne pas envoyer de messages à Winston aux heures où il était chez lui. Mais leurs smartphones mouchardaient en permanence. Combien de fois, après s'être photographiés tous les deux devant le palais des Papes ou dans un petit restaurant de campagne (photos qu'il s'empressait d'effacer après transfert sur sa clé USB naïvement baptisée « Secrecy »), avait-il trouvé, une fois rentré chez lui, un message sur son téléphone : « Voulez-vous ajouter cette photo sur le site du palais des Papes » ou « du restaurant Le Dauphin » ? La semaine dernière encore, en se rendant au parc de Sceaux avec Catherine et les enfants, il avait échappé au pire. Son fils, qui lui indiquait le trajet en utilisant les Big G Maps de son smartphone, avait brusquement lancé : « Papa, tu es déjà venu dans ce parc il y a vingt-trois jours et vingt-deux heures ! » Heureusement, Catherine était au téléphone avec sa mère, elle n'avait rien entendu.

Un grésillement dans le téléphone avait interrompu leur conversation. Winston devait passer dans un tunnel. Julia le localisa sur son téléphone : son amant se trouvait sur le périphérique à hauteur de la porte Maillot. Il se rendait à son travail. Il lui fallait toujours du temps pour retrouver sa bonne humeur, le matin. Et trois cafés serrés.

— Un jour, tu cesseras de m'aimer parce que tu te rendras compte que cette histoire te fait du mal.

— Arrête ! Ils ne peuvent pas me faire cesser de t'aimer. Seuls les sentiments comptent !

Winston avait soupiré :

— Tu as raison. Ils ne peuvent pas entrer en nous.

Plus une journée ne passait sans qu'ils n'évoquent la surveillance électronique dont ils faisaient l'objet, cette surveillance aussi inconsciente (pour ceux qui l'exerçaient) que pesante (pour eux qui la subissaient). Et qui, parfois, aboutissait à une épouvantable « erreur judiciaire ». Un jour, la pression sociale les obligerait à se séparer. Un jour, Julia, à force d'en être pénalisée, finirait par rompre. Ou alors Winston serait obligé de la sacrifier pour Catherine et les enfants. Mais personne ne pourrait entrer en eux pour les faire cesser de s'aimer.

Parler leur redonnait de la force. Ils étaient séparés depuis quarante-huit heures, mais heureusement, Julia rentrait de Deauville le lendemain.

— Si tu savais comme je m'en veux que tu aies perdu ton job.

— Tu n'y es pour rien !

— Sans cette grossesse imaginaire, tu aurais eu ton CDI, Blanchard me l'a confirmé.

— Je suis plutôt une victime collatérale des objets connectés.

— Ou des modèles prédictifs. A moins que… Tu as peut-être été hackée ?

— Hacker mon système à domicile ? Quel intérêt ? Qui pourrait s'être amusé à cela ?

— Cela arrive de plus en plus souvent. Réfléchis. A qui profite le crime ? Qui va être embauché à ta place ?

— Emmanuel ? Il est incapable de faire de mal à une mouche !

— Mais pas de hacker un serveur…

— Allez, oublie. C'est un mauvais concours de circonstances.

Ils s'étaient quittés en s'assurant de leur amour mutuel, puis Julia était rentrée dans sa première séance plénière du matin. Ensuite, elle participerait à un atelier sur la constitution des réseaux. Puis un keynote speaker *leur parlerait de la parité au Mexique, qui progressait. Entre chaque séquence, Julia mettrait à profit le* coffee break *pour nouer de nouveaux contacts.*

La conférence se termina sur un constat optimiste, décalé par rapport aux propos tenus. Les animatrices avaient reçu la consigne de positiver. Julia sortit de la salle, entraînée par le flot humain. Tous ces corps et ces visages de femmes disciplinés au milieu desquels surgissait, çà et là, un individu de sexe masculin, presque apeuré.

Elle se dirigea vers le bar, demanda un café et s'accouda sur une table haute. Soudain la clone de Jane Fonda apparut ; à en croire son badge, elle poussait le mimétisme assez loin pour se prénommer « Jane ». Silhouette fine, longues jambes, seins plantureux.

— Hi ! Vous avez aimé la conférence ?

— Beaucoup.

— Ce n'était pas trop confus ? Toutes ces ethnies, ces accords ratifiés ou pas, ces traités devenus caducs ou en cours de discussion…

— Non, non. C'était intéressant.

Julia se garda bien de lui livrer le fond de sa pensée. La conférence était prodigieusement ennuyeuse. Elle s'efforça de mettre en valeur les éléments qu'elle avait retenus. Sa mémoire était excellente et elle assortit son résumé de dates et de noms.

— Vous êtes un esprit brillant, Julia. Dans quelle branche travaillez-vous ? Le marketing, je parie.

— Gagné.

— Et vous êtes parisienne ?

— Encore gagné. Et vous, San Francisco ?

— Los Angeles, ce n'est pas original non plus…

Julia se demanda quel âge pouvait avoir son interlocutrice. Elle était incapable de lui en donner un. Quelque part entre quarante et soixante ans ? Elle décida de lui poser la question : après tout, Jane Fonda elle-même ne cachait pas ses soixante-dix-huit ans.

— Je sais que cela ne se fait pas, mais je suis curieuse, et vous avez tellement insisté sur votre goût de la franchise… Je peux vous demander votre âge ?

— Vous pouvez, répondit l'Américaine, en lui posant affectueusement la main sur le bras.

Sourire éclatant et dentition parfaite, regard espiègle, mèche rebelle rejetée en arrière, Julia eut le sentiment que la femme qu'elle avait en face d'elle jouait un rôle. Consciente de son impertinence, elle insista :

— Quel âge avez-vous, alors ?

L'Américaine éclata de rire.

— Ça dépend, répondit-elle. Mon genou droit a deux ans. Le sein gauche, dix… Les dents, entre cinq et trente-cinq pour les plus anciennes. Sans compter les deux ou trois encore

d'origine. Quant à ma vue parfaite... J'ai changé les deux cristallins à soixante ans, cataracte oblige, et maintenant j'ai 10/10 aux deux yeux. Prochain chantier : les hanches et le genou gauche.

— Et vous faites beaucoup de sport, c'est sur votre fiche !

— Indispensable. Je garde la forme avec l'équitation et le golf. Mais, entre nous, remplacer les pièces qui flanchent est le plus efficace !

L'Américaine cligna de l'œil :

— La vie éternelle n'est qu'une question de maintenance.

« Si Winston l'entendait », pensa Julia. Les facultés mentales et la capacité de mémoire que Jane avait déployées durant la conférence laissaient supposer qu'elle n'avait pas augmenté que son corps. Et puis la manière dont elle avait deviné certaines choses à son sujet, comme si elle l'avait reconnue et googlisée... Elle s'était sûrement fait greffer dans le cerveau la puce de Big G, comme beaucoup d'Américains de l'upper class. En France, seuls quelques étudiants en médecine ou en mathématiques, de jeunes héritiers qui voulaient réussir, s'y étaient risqués. Ou des personnes âgées richissimes ayant décidé de garder le plus longtemps possible leur mémoire et leur lucidité.

« Ils ne peuvent pas entrer en nous », avait dit Winston. Maintenant, Julia en doutait. Tous ceux qui avaient choisi de se faire implanter une puce acceptaient d'avoir le cerveau relié à Internet en permanence. Et lorsqu'ils se posaient une question, avant même de la formuler entièrement, le moteur de recherche y répondait.

— Vous êtes-vous fait greffer une puce, Jane ? demanda encore Julia.

— Vous aimez les questions indiscrètes, décidément ! répondit l'Américaine en lui tournant le dos.

Cette fois, elle avait gaffé. C'était curieux de voir comme la pudeur s'était déplacée. Cette femme cyborg n'hésitait pas à avouer qu'elle s'était fait refaire les seins, les articulations ou les tendons, mais elle n'avouait pas son implant cérébral, et jugeait même le sujet impudique.

Winston lui avait dit qu'aux Etats-Unis les implants cérébraux faisaient exploser le taux de suicide. Il y avait de quoi : cette augmentation intellectuelle avait quelque chose de vertigineux.

— Imagine une personne greffée qui apprend qu'elle a un cancer. Forcément, elle veut en savoir plus, et comme elle possède tout le savoir humain dans sa tête, les réponses aux questions qu'elle se pose lui parviennent à jet continu !

— Oui, et elle ne peut pas s'empêcher de tout enregistrer…

— … des pires détails de son opération aux témoignages de douleur les plus insoutenables. Avec les requêtes sur smartphone, Big G connaissait déjà les préoccupations des gens, en temps réel. Désormais, avec la puce dans le cerveau, il sait tout ce que les gens pensent, tout le temps.

Julia ne voulait pas se faire implanter une puce, et Winston menaçait de la quitter si elle le faisait. Mais c'était apparemment le « welcome pack » *de ceux qui entraient au service marketing de Eberhard, une société de services informatiques, filiale au deuxième degré de Big G. Elle avait postulé depuis plusieurs semaines déjà, avant même de perdre son job chez Minver SA. Elle avait le bon profil. Pouvait-on travailler dans les secteurs de pointe sans en passer par là ?*

En attendant de trouver un poste adapté à ses compétences, elle travaillait dans une crèche pour rendre service à ses copines du quartier. On demandait de vrais diplômes, désormais, pour s'occuper des enfants. Car il fallait leur parler, beaucoup, et interagir le plus possible avec eux. Les enfants étaient tous équipés d'une montre qui comptait le nombre de mots qu'ils entendaient dans la journée. C'était aussi important que les 6 000 pas quotidiens pour rester en bonne santé. Si un enfant de moins de deux ans n'entendait pas 25 000 mots par jour, son développement risquait d'être retardé.

Elle se demanda si, avec une puce dans le cerveau, sa vie changerait. Elle pourrait la débrancher quand elle serait avec Winston – il y avait sûrement une manière de la débrancher. Autrefois, votre nouvel employeur vous équipait d'un téléphone portable, parfois d'une tablette. Maintenant, c'était une capacité de mémoire supplémentaire et l'accès direct à Internet dans le cerveau. Elle toucha du bout des doigts, au fond de sa poche, son iPhone 9. Si elle entrait chez Eberhard, elle devrait de toute façon s'en séparer. Une haine farouche opposait Big G et Apple qui, avec Facebook et Amazon, dominaient le monde depuis vingt ans. Ils avaient pris de l'avance au début des années 2000, et personne n'avait jamais pu les rattraper.

Winston, qui était resté chez Minver SA, disait qu'il ne s'équiperait jamais, même s'il devait un jour être renvoyé pour ça.

— *Sinon, un jour, ils nous accuseront de* crimes par la pensée. *C'est l'étape suivante.*

— *Mais ils ne peuvent pas savoir ce que l'on pense !*

— *Si tu as la puce, le moteur de recherche devance tes demandes. C'est donc qu'il sait ce que tu penses… et c'est enregistré, comme d'habitude. Tes opinions et tes instincts ont intérêt à être convenables !*

— *Mais comment s'empêcher de penser ?*

— *C'est bien le problème. Imagine quelqu'un qui est attiré par les enfants, par exemple, ou qui a des instincts violents, mais qui a toujours su se dominer. S'il est équipé d'une puce, il est foutu. Il sera interné préventivement. Un jour, tous les prisonniers en liberté conditionnelle en auront une... Et ce sera bien plus efficace qu'un bracelet électronique !*

Winston menait un combat d'arrière-garde et le savait. Le jour où la majorité des hommes et des femmes seraient « augmentés », aurait-il le choix ?

— Un jour, bientôt, ceux qui n'accepteront pas la puce et le reste deviendront des « chimpanzés du futur ». Des humains moins forts, moins sains et moins intelligents que ceux qui ont accepté les avantages du progrès.

— Des chimpanzés du futur ? D'où sort cette expression ?

— C'est celle qu'utilisent les transhumanistes. Comme le patron de la recherche de Big G...

Le beau-frère de Winston s'était fait équiper. Sa puce à lui était déconnectable. Mais il reconnaissait qu'il avait du mal à se déconnecter en ville car il se sentait tout nu, diminué, ralenti. Il ne s'en passait que lorsqu'il était en week-end sur sa fameuse île Internet-free. *Là-bas, la puce tombait en berne. Mais tous les habitants étaient logés à la même enseigne. Ils adoraient, pendant deux jours, se sentir diminués, infantilisés, déresponsabilisés, autorisés à donner libre cours à leurs instincts. Cela faisait partie du jeu.*

Winston savait qu'un jour ou l'autre la puce serait inévitable. Contre les transhumanistes, les bioconservateurs avaient perdu d'avance. C'était le sens de l'histoire. Les gamins qui jouaient aux jeux vidéo étaient transhumanistes depuis longtemps : quand leurs avatars perdaient un œil, une jambe, un foie, ils en rachetaient un autre et se régénéraient. Il fallait de toute façon réaugmenter l'homme car, depuis cinquante ans, il n'avait cessé de s'appauvrir.

— Tu vois, Julia, tout a commencé avec la calculette, à l'école : le calcul mental a été abandonné au moment où j'arrivais à la maternelle. Puis le téléphone portable est arrivé, dans les années 1990. Tous ces numéros de mobiles qu'on ne connaissait plus par cœur, même plus celui de sa femme ou de ses parents… Et la catastrophe, déjà, quand on le perdait…

Sur les effets pervers de la technologie, Winston était intarissable. Julia était convaincue que cela lui portait préjudice professionnellement.

— Puis Big G est né, avec son moteur de recherche génial, ses infos inépuisables, ses maps… On a arrêté de mémoriser les dates, les lieux, les événements, puisqu'on pouvait les retrouver à tout moment. Puis on a cessé de mémoriser la topographie, puisqu'il y avait le GPS : on ne fait plus attention au chemin qu'on emprunte pour aller quelque part, et on ne sait plus comment y retourner. Tout notre savoir, individuel et collectif, a été peu à peu externalisé. La puce ne fait que le rétablir en chacun de nous. Tous les hommes finiront par en être équipés.

— En attendant, les humains ne redeviennent égaux dans la médiocrité que quand Internet est en panne !

— Ce qui n'arrive jamais…

L'Américaine revint vers Julia, deux cafés à la main, tout sourires, et l'interrompit dans ses pensées. Elle poursuivait son idée.

— Il y a des gens qui nient la mort. D'autres qui l'acceptent. Moi, je préfère la défier. La mort naturelle, ça n'existe pas.

Jane faisait partie des « solutionnistes » qui peuplaient la Silicon Valley, et par qui le malheur arrivait. Ils étaient convaincus que la technologie pouvait tout résoudre : la faim dans le monde, le diabète, les maladies neuro-dégénératives qui font mourir trop tôt. Les morts sur les routes. Les meurtres et la violence impunis. Les gaspillages d'énergie chez soi, le cancer et même l'obésité. Car l'obésité provenait d'une mauvaise alimentation et du refus de l'activité physique ; si vous laissiez vos objets connectés guider vos choix – suivre les bonnes recettes, remplir le frigo avec les produits autorisés, compter vos 6 000 pas quotidiens... –, vous ne grossiriez pas. Ils ne croyaient pas aux facteurs sociaux et politiques : le pouvoir des groupes alimentaires, la publicité visant les enfants, les infrastructures peu favorables à la marche à pied. Inutile de faire de la politique ! Bref, l'humain était imparfait, mais les NBIC – nanotechnologies, biotechnologies, informatique et sciences cognitives – allaient y remédier. L'humanité entrait peu à peu dans un monde où l'imperfection n'avait plus sa place et où la politique était condamnée à disparaître.

— Pour nous, continuait Jane, le handicap, la souffrance, le vieillissement et la mort sont inutiles et injustes. Ce sont des effets indésirables de la vie ! Il faut les éradiquer.

Jane et ses semblables rêvaient d'affranchir l'homme de ses contraintes biologiques. Julia pensa à la grossesse, ce problème qui la concernerait sûrement un jour, même si ce n'était pas pour cette fois. Serait-elle éradiquée à son tour ? Après tout, c'était une souffrance inutile.

— Quand pensez-vous que nous serons immortels ? demanda Julia avec une pointe d'ironie que l'Américaine ne perçut pas.

— Bientôt. Mais vous savez, l'immortalité, c'est comme le communisme au siècle dernier. On savait que le régime soviétique allait tomber, mais on ne savait pas quand. Les choses inéluctables finissent par se produire. Dans la Silicon Valley, nous travaillons à rendre le monde meilleur.

Ça y est, elle avait réussi à placer sa tarte à la crème : « Make the world a better place. » *Plus une start-up ne se créait, plus une société ne se faisait coter sans cette justification, cette formule magique qui disait littéralement « Nous faisons du monde un meilleur endroit », nous rendons le monde meilleur.*

— Vous savez, je ne sais pas pourquoi on oppose si souvent les transhumanistes et les chrétiens. Les uns et les autres croient à la bonté des hommes, à la justice et à la vie éternelle.

Julia resta un instant interloquée par ce parallèle. Puis elle réagit vivement :

— Vous oubliez que pour vous, bientôt, il n'y aura plus besoin de passer par la mort pour connaître la vie éternelle ! Et que pour les chrétiens, la mort n'est pas un accident qui peut être évité, mais le moment dans la destinée de l'être humain où tout s'arrête et tout se décide. Cela fait une énorme différence !

De peur de passer pour pédante, elle n'osa pas citer cette réflexion de Pierre Manent, un disciple de Raymond Aron, qu'elle avait trouvée dans un vieux Philosophie Magazine *que Winston conservait pieusement, comme tout ce qui datait de « l'époque où les hommes pensaient » – ce n'était qu'en 2014, moins d'une décennie plus tôt : « Mieux qu'aucune espérance scientifique, la perspective de la mort confie le sens de notre vie à notre liberté. » Il lui revint une autre phrase surlignée : « Si nous étions immortels et infinis, nous serions des dieux, mais alors tout ce qui est humain ne nous serait plus compréhensible. »*

Tout cela ne se discutait plus, parce que l'Europe fatiguée avait fini par rejoindre l'Amérique dans sa croyance absolue en la technologie : « Au lieu de considérer la finitude de l'existence humaine comme une sorte de condition métaphysique, les transhumanistes voient la mort comme un problème qui doit être résolu. »

— Vous savez, Julia, reprit l'Américaine, le vieillissement est une maladie. Jour après jour, notre corps se prépare à mourir. Il faut l'en empêcher, en l'empêchant de vieillir. Tout le monde a le droit d'améliorer son corps, d'augmenter ses capacités physiques et mentales et de prolonger sa vie par tous les moyens possibles tant qu'il ne porte pas atteinte à la liberté d'autrui. Toutes les injustices à la naissance peuvent être corrigées.

— Tout le monde a le droit mais la plupart des gens n'ont pas les moyens de s'offrir ces thérapies, objecta Julia. Surtout ceux qui n'ont pas été gâtés à la naissance ! Vous le savez bien !

— Notre démarche n'a rien d'obligatoire : ceux qui veulent rester des humains traditionnels avec une espérance de vie courte ont le droit de le faire, et ils doivent être respectés.

— Ce n'est pas une question de droit ! Ils ne gagnent pas assez pour s'offrir les opérations, les prothèses de rechange et...

Elle ne put finir sa phrase. Jane, cette fois, lui avait tourné le dos pour héler une autre Américaine qui se frayait un chemin vers elle. Une autre sili-conne, *aurait dit Winston, une autre femme sans rides, au visage vaguement simiesque. Elle avait dû commencer ses liftings avant les dernières avancées techno. Ou elle n'avait pu s'offrir qu'un chirurgien médiocre.*

— Babeth ! Tu sais que j'ai eu Ray Khan au téléphone ? Je lui ai trouvé une paire de chats sel-poivre en porcelaine.

— Quel drôle de cadeau !

— Pas du tout. Depuis que les siens sont morts, il a découvert qu'il était allergique aux chats, alors il collectionne les statuettes et les représentations de félins. Il en a déjà 400, tu le crois ?

Les nouvelles thérapies conçues par Big G et ses filiales ne bénéficiaient qu'aux plus riches. Les arrière-grands-parents et les arrière-grands-tantes des fondateurs de Big G dépassaient déjà l'âge de cent dix ans. Au début, quand les expériences avaient commencé, les bons esprits avaient prétendu que cette injustice se finirait, comme toujours, en pied de nez de l'histoire : les privilégiés dépenseraient des fortunes pour jouer les cobayes, ils essuieraient les plâtres, puis une fois les traitements au point, tout le monde y aurait accès. Sauf que la démocratisation tardait à venir et que, aux Etats-Unis, les nouveaux privilèges alimentaient la sourde haine des classes populaires contre leurs détenteurs : non seulement les riches possédaient de grosses voitures, des bateaux et des salaires mille fois supérieurs à ceux des employés, mais désormais, la fortune s'étalait sur leur visage. Elle se voyait dans leur démarche : des septuagénaires se levaient sans avoir mal aux reins et traversaient la rue en courant.

Les riches avaient toujours été plus beaux parce qu'ils se nourrissaient mieux, qu'ils faisaient du sport, qu'ils pouvaient s'offrir des thalasso et une belle dentition. Mais jusqu'alors, ils tombaient malades comme tout le monde, et lorsqu'on était soi-même en bonne forme, on se consolait en se disant que l'argent ne faisait pas le bonheur. « Tant qu'on a la santé » était un dicton de pauvres. Désormais, les riches avaient tous la santé – en plus du reste.

— Cette iniquité-là ne sera jamais acceptée, prédisait Winston. Quand elle existera en France, ce sera la révolution.

L'immortalité était une vieille obsession humaine, aussi vieille que la civilisation : elle était au cœur du premier récit écrit connu, L'Epopée de Gilgamesh, *rédigé en 2650 avant Jésus-Christ. La plante magique du roi d'Uruk finirait-elle par exister ?*

Winston ne se souvenait plus de l'heure à laquelle Julia devait rentrer de Deauville, le surlendemain. Elle lui manquait. La vie sans elle devenait une série de corvées sans fin. Il regarda sa montre : midi et demi. Il s'était organisé pour avoir le déjeuner et l'après-midi libres. Il fallait d'abord qu'il aille voir son père. Il avait constaté sur sa montre-mouchard que Peter Smith avait passé une mauvaise nuit (rien n'échappait à son masque de sommeil intelligent), sans doute parce qu'il n'avait pas suffisamment marché la veille. Son bracelet connecté – un trackeur d'activités synchronisé avec celui de son fils – n'avait décompté que 1 140 pas. Conséquence, son pouls, sa pression sanguine, son degré d'hydratation et sa glycémie n'étaient pas brillants. Et ce matin encore, son père n'était pas sorti. Quand Winston l'avait appelé, le vieil homme lui avait expliqué qu'il n'avait pas eu envie d'aller dans le jardin, qu'il pleuvait trop.

— Mais Papa, tu n'as pas le choix, tu dois le faire. A quatre-vingt-un ans, avec un peu de diabète, tu dois arriver à 3 000 pas par jour. C'est un minimum. Sinon l'assurance ne te couvrira plus.

— J'en ai ras le bol de ta camisole de force numérique ! avait hurlé le vieil homme dans le téléphone. Je suis en pleine forme ! Arrête de me traumatiser !

Winston essaya de le calmer. Il se sentait coupable. Lui qui pestait contre la technologie avait obligé son père à accepter ces gadgets de surveillance pour se faciliter la vie à lui. A défaut, il aurait dû placer son père dans un établissement pour personnes âgées.

— Bon, ne t'énerve pas. Je viendrai marcher avec toi à l'heure du café, avant mon rendez-vous chez l'assureur.

Son père avait reçu, deux ans plus tôt, un cœur artificiel, connecté à la domotique de sa maison. A chaque épisode de tachycardie, l'environnement s'adoucissait. La Big G télé changeait de chaîne toute seule si son père était en train de regarder un match de rugby, et lui envoyait Joséphine, ange gardien *à la place. C'était une vieille série qu'Yvonne, la maman de Winston – paix à son âme –, adorait, mais que son mari avait toujours détestée. Même changement de programme brutal si, dans la salle de bains, il suivait avec trop d'enthousiasme un débat politique à la radio : le poste passait sans sommation sur France Musique. Son père se barbait tellement certains jours que Winston avait peur qu'il meure d'ennui, s'il ne mourait pas d'abord d'agacement.*

Le logiciel lui interdisait de fumer ; s'il désobéissait, le détecteur de fumée le dénonçait, et le cœur artificiel envoyait un message en menaçant de ralentir ses battements. Evidemment, cette menace était de peu de poids, son cœur ne risquant pas de s'arrêter par mesure de rétorsion (qui prendrait la responsabilité en cas de décès ?), mais Peter Smith obtempérait. Heureusement qu'il ne savait pas pirater le système.

Il avait voulu convaincre le médecin, lors de son rendez-vous hebdomadaire sur Skype, qu'il trouvait dans le tabac ses dernières joies. Que cinq ou six cigarettes par jour ne lui feraient pas grand mal. Rien à faire. Le médecin ne cédait pas. Il répétait que ce n'était pas pour le martyriser, mais parce que le tabac pouvait encrasser le dispositif. Et quand bien même ? C'était son dernier plaisir dans la vie, quelle importance si cela diminuait de quelques jours son espérance de vie ? Il préférait six mois agréables que deux ans sans joie.

— Ce dispositif coûte cher, avait répondu le praticien, sans écouter ses arguments.

Les médecins ne prenaient plus aucune responsabilité. Ils étaient devenus des infirmiers. Les algorithmes les avaient supplantés en tant que poseurs de diagnostic, alors ils jouaient les nounous. Ils rassuraient ou grondaient les patients. Et signaient des ordonnances conçues par les algorithmes. Rien de plus normal, finalement : le plus brillant des cancérologues ne pouvait traiter les 10 000 milliards d'informations contenues dans l'analyse génétique d'une tumeur, puis passer en revue, pour le traitement, toutes les hypothèses d'un arbre de décision avec des millions de branches. Seule l'intelligence artificielle y parvenait… Et les algorithmes, eux, appartenaient pour l'essentiel à des filiales de Big G. Le géant américain avait gagné son pari, il s'était démultiplié tout en faisant le même métier : répondre à des questions, même celles que l'on n'avait pas encore posées.

Peter Smith avait été pénalisé financièrement parce qu'il n'utilisait pas sa pompe contre l'apnée du sommeil. Comme l'appareil était connecté, il était facile de moduler la tarification en fonction du degré d'observance des patients, et même de retirer l'appareil à ceux qui ne l'utilisaient pas assez. C'est ce qui lui était arrivé pour s'en être passé pendant une semaine, l'été dernier ; comme il avait grossi, le masque était trop serré et lui marquait le visage, et il attendait que Winston vienne le lui régler. La télésurveillance, détournée de sa fonction première de garantie de la qualité des soins, ne s'occupait que de la discipline des patients.

Aujourd'hui, son père était excédé de tous les mouchards qui l'entouraient : le pilulier électronique qui le dénonçait s'il prenait son médicament une demi-heure trop tard, la balance qui le trahissait pour deux kilos de trop, la montre qui prévenait Winston à la moindre insomnie… Et dire que quelques années plus tôt, quand les objets connectés étaient arrivés, cela les avait amusés : tout le monde avait ri des soutiens-gorge connectés, qui se déverrouillaient par-devant quand le cœur s'emballait afin de faciliter la tâche du partenaire. Et les premiers modèles qui s'ouvraient tout seuls quand leur propriétaire faisait du jogging... Mais la légèreté n'avait pas duré. On trouvait désormais des trackeurs partout : sur le chien, pour ne pas le perdre ; sur les enfants, pour rassurer les parents ; sur les personnes âgées, pour rassurer les enfants...

Au fond, les médecins d'autrefois étaient des petits-bourgeois sympathiques, se disait Winston. Ils voulaient simplement réduire les méfaits de la maladie, et quand ils ne pouvaient plus rien, accompagner les patients le plus humainement possible vers une mort digne. Big G, lui, n'était pas dans cette optique : il se prenait pour Dieu. Il voulait tuer la mort, une maladie guérissable comme toutes les autres. Au moins pour ceux qui pouvaient se l'offrir.

La société était devenue de plus en plus inégalitaire, et les assureurs étaient les maîtres du jeu. Winston ne pouvait pas se plaindre, il faisait partie des cadres, donc des privilégiés : les ouvriers et les employés, qui gagnaient moins, exerçaient des jobs pénibles et vivaient moins longtemps, payaient des primes plus élevées car ils avaient plus de risques de contracter des maladies graves. Certes, ils avaient laissé les marteaux-piqueurs et le ramassage des poubelles aux robots. Mais l'encadrement des machines était peu épanouissant et presque aussi risqué.

La semaine précédente, son assureur l'avait appelé pour renégocier son contrat d'assurance santé et celui de Catherine. Motif : ils avaient déclaré consommer chacun un demi-litre de vin par jour, mais leurs achats montraient qu'ils en consommaient trois fois plus. Encore heureux que l'armoire dans laquelle Winston entreposait le whisky que lui offrait régulièrement son beau-frère ne fût pas connectée, et qu'il n'ait pas acheté cette poubelle à tri intégré que réclamait Catherine depuis des mois. Winston avait donc pris rendez-vous avec l'assureur pour lui démontrer qu'ils étaient en pleine santé et n'avaient rien d'un couple d'alcooliques.

Après la demi-heure de marche avec son père, il passa donc prendre Catherine pour se rendre ensemble au rendez-vous. L'assureur était installé près de la place du Trocadéro. Il les fit attendre une demi-heure dans une salle d'attente luxueuse décorée de tableaux de maître. Et dès le début de la discussion, dans ce bureau totalement refait depuis la dernière fois qu'ils y étaient venus, Winston comprit qu'il avait affaire à un mur.

— Avez-vous tenu compte du fait que nous recevons souvent des amis, ce qui entraîne une consommation supérieure à la moyenne ? Deux litres par jour, cela ne me paraît pas excessif si l'on tient compte de ces réceptions.

— Pardonnez-moi, monsieur Smith. A en juger par les chiffres en ma possession, vous organisez très rarement des dîners chez vous. Jamais plus d'un par mois. Et encore, des dîners très familiaux.

— Oui, mais on peut y consommer une dizaine de bouteilles et…

— Sauf erreur de notre part, ces dîners se déroulent en comité très restreint. De plus, vous êtes invités au moins une fois par semaine, ce qui compense largement.

Catherine s'était récemment vantée sur Facebook de la grande vitalité de leur vie sociale. Quant au nombre d'invités qu'ils recevaient, le système de surveillance de la maison pouvait en témoigner. Mieux valait ne pas insister.

Winston serra les poings. Rien ne pouvait échapper à un assureur qui avait accès au système de centralisation des données de Big G.

— Vous avez de la chance – comme dirait Big G : je n'ai pas cherché à savoir ce que vous consommiez chez vos amis, ajouta perfidement l'assureur.

Winston n'insista pas. De toute façon, son interlocuteur disposait de ses relevés de santé, des dates et des heures de ses déplacements, et de la vitesse à laquelle il roulait avec sa voiture personnelle, de l'ensemble de ses achats réglés en ligne ou dans les magasins avec la carte de crédit, de son activité physique, de ses performances sportives, voire des mots liés à la santé, la nourriture ou l'alcool, relevés dans ses mails. De guerre lasse, il accepta une augmentation de dix euros mensuels de leur cotisation. Chacun. Comme les fumeurs d'autrefois, Winston préférait payer vingt euros de plus que d'être privé de son vin du dîner et de son whisky du soir. Il assumait sa déviance, tant qu'il pouvait se l'offrir. Catherine était d'accord avec lui, au moins sur ce point.

Au moment de leur annoncer le montant de la nouvelle prime, l'assureur précisa :

— Notez bien qu'en cas de séparation vous ne paierez plus individuellement la moitié de cette prime, mais une centaine d'euros supplémentaires. Notez aussi à toutes fins utiles que si les enfants restent avec vous, madame, la prime sera moins élevée que s'ils vivent avec leur père.

Catherine resta interloquée.

— Pourquoi dites-vous cela ? Mon fils m'a aussi demandé ce matin si nous n'allions pas divorcer. C'est toi qui leur as dit cela, Winston ?

— Pas du tout, ma chérie, répondit-il d'une voix mal assurée. Je n'ai aucune envie que nous nous séparions, je te jure. Pourquoi cette hypothèse, monsieur ?

— Pure conjecture. Mon travail d'assureur consiste à tout envisager.

— Alors, expliquez-moi l'intérêt de cette hypothèse, demanda Catherine. Pourquoi mon mari devrait-il payer plus cher s'il obtenait la garde des enfants ?

— Statistiquement, il est avéré que les enfants sont mieux nourris par la mère – qui sait cuisiner et n'a pas les moyens d'aller au McDo – que par le père, qui cherche la facilité.

Winston repensa à la discussion qu'ils avaient eue, la veille au soir, avec Jonathan. Son beau-frère O'Brien était venu dîner. Jonathan avait profité de la présence de son oncle pour réclamer un implant cérébral.

— Plusieurs de mes copains en ont un. Ce sont les meilleurs de la classe. Pour passer le bac, c'est quand même plus pratique !

— Mais Joe, toi qui as peur du hacking de ton ordinateur, tu pourrais te faire hacker en permanence ! Et puis, ils sauraient à tout moment ce que tu penses.

— Tout le monde sait déjà ce que je pense. Je le dis sur Facebook et sur Big G+. Je sais pourquoi vous ne voulez pas : l'opération coûte 30 000 euros. Vous n'avez pas les moyens. Mais pourquoi m'avez-vous mis dans cette école alors ? Tous mes copains ont des parents qui ont du fric ! J'ai l'air d'un bolos !

La réponse d'O'Brien avait choqué Winston :

— Calme-toi, mon grand, et remercie tes parents. Ils se sont saignés aux quatre veines pour te payer cette école. Pour que tu ne sois pas chez les prolétaires. Les prolétaires ne sont pas des êtres humains.

Winston se demanda soudain si son assureur le considérerait encore longtemps comme un être humain, lui qui ne se ferait jamais augmenter.

Le couple rentra sans échanger un mot. Catherine devait être troublée par les propos de l'assureur, mais il n'osait pas aborder le sujet, de peur d'être obligé de lui mentir. Il la sentait distante. Que ferait-elle si elle apprenait sa liaison avec Julia ? Et si elle demandait le divorce, que deviendrait-il ? Ne voir ses enfants qu'un week-end sur deux était au-dessus de ses forces. Et pourtant ils étaient en pleine crise d'adolescence. Quant à Catherine... C'est fou comme les défauts d'une personne s'effacent lorsqu'on risque de la perdre ! A la sortie du métro, il lui acheta un bouquet de roses et elle le regarda avec une méfiance accrue. Depuis combien de temps ne lui avait-il pas offert des fleurs ?

A peine rentrée, Catherine se précipita sur Big G+ et Facebook pour se confier à ses copines. « G peur que W me trompe je fais koi ? » Myriam et Elodie lui conseillèrent une basique recherche sur BigTube, la filiale de Big G, et sur Dailymotion (« T'as jamais cherché ? J'y crois pas »). Tout le monde y postait des photos et des vidéos de ses dernières sorties, et avec les logiciels de reconnaissance faciale, les gens qui apparaissaient à l'arrière-plan étaient identifiés et « tagués » de leur nom automatiquement. C'était presque aussi efficace que de placer des caméras dans toutes les rues et tous les immeubles, et de donner l'accès aux images à chaque citoyen.

Catherine entra, le cœur battant, le nom de son mari : « Winston Smith ». Une avalanche de vidéos défila sur l'écran. Elle faillit éteindre l'ordinateur, mais l'envie de savoir la retint.

Elle élimina les deux premières pages de recherches : des vidéos de Winston, d'elle et des enfants, des images postées par les voisins lors des fêtes de quartier, des instantanés de Winston au bureau. Elle scrawla jusqu'aux vidéos postées par des inconnus, et trouva très vite ce qu'elle cherchait. A la cinquième vidéo de touriste, prise sur le Champ-de-Mars, on le voyait marcher aux côtés d'une jolie blonde dont il serrait furtivement la main. Le nom de la fille était indiqué aussi : Julia Andressen. Sur une autre, il était assis sur un banc du même Champ-de-Mars et il embrassait la même Julia. Plus loin, ils se pelotaient dans un œuf de la Grande Roue tandis que quelqu'un les filmait sans qu'ils s'en rendent compte – sûrement avec des lunettes équipées. Tellement de gens en portaient, depuis qu'elles avaient été relookées par des marques de luxe. Il n'y avait même plus besoin de dire à voix basse « identifier » pour que la reconnaissance faciale superpose sur l'écran le nom de la personne assise en face de vous. Le logiciel le faisait tout seul.

Le vidéaste amateur pouvait aussi avoir des lentilles intraoculaires connectées ; ces implants rétiniens étaient déjà commercialisés aux Etats-Unis, bientôt en Europe. C'était plus discret que des lunettes pour filmer et se connecter à Google, car avec des lunettes, on voyait bien votre regard se déplacer vers le haut, sur le mini-écran.

Des yeux qui prennent des photos et qui filment ! C'était devenu une arme de destruction massive de l'intimité. Tout individu devenait une caméra de surveillance en puissance. Certains se faisaient un malin plaisir de filmer les amoureux, convaincus que, dans la masse, ils crucifieraient des couples illégitimes. D'autres vidéos avaient été enregistrées par des touristes, involontairement, en filmant la tour Eiffel, les Invalides ou les Champs-Elysées.

Catherine ne sentait pas les larmes rouler sur ses joues. Son cœur battait si fort qu'il lui faisait mal. Mais elle ne pouvait pas arrêter. Elle alla regarder les photos, pour être sûre. Elles étaient encore plus nombreuses. Elle eut envie de vomir. Allez, une dernière. Toujours la même femme. Là, elle avait les cheveux plus longs. Plus blonds. Certaines photos dataient de deux ans. Eteindre l'ordinateur lui aurait demandé un effort surhumain. Mais elle préférait cette torture à la chute dans le vide qui l'attendait.

Elle visionna encore des vidéos de son mari et de Julia Andressen au musée Rodin, s'embrassant debout dans les jardins, ou dans un restaurant, se tenant la main par-dessus la table. Ici, ils pénétraient dans un hôtel inconnu. Là, ils rentraient, sûrement chez elle, car on la voyait tendre la main vers la porte pour qu'elle s'ouvre automatiquement : sûrement l'effet d'une puce implantée sous la peau du poignet.

Catherine s'effondra sur son clavier. Les enfants avaient dû voir ces photos et ces vidéos, ils étaient au courant, depuis longtemps. Tout le monde l'était. Personne ne lui en avait parlé, imaginant qu'elle acceptait la situation : il était si difficile de croire qu'elle ne s'était aperçue de rien ! Le plus invraisemblable, au fond, était son aveuglement. Les enfants n'avaient pas voulu lui faire de peine, mais elle comprenait pourquoi Jonathan avait peur qu'ils divorcent. Et pourquoi Gini s'isolait dans sa chambre dès qu'elle rentrait le soir.

Catherine n'avait plus le choix. Pure question de dignité. Winston n'avait pas respecté les règles. Dans la société transparente régie par Big G, elles étaient implicites : puisque tout le monde savait tout de tout le monde, vivre en couple supposait soit une fidélité absolue, soit une liberté totale, réciproque et concertée. Il n'y avait pas de troisième voie.

Elle se souvint des discussions entre Winston et O'Brien au moment où le gouvernement avait essayé de légiférer contre les lunettes équipées et les lentilles intraoculaires connectées. Son frère disait que c'était peine perdue, comment interdire ici ce qui est autorisé ailleurs, les milliardaires allaient se faire poser les implants aux Etats-Unis, et les autres cachaient leurs caméras miniaturisées dans les branches de leurs lunettes – impossible de contrôler tout le monde dans la rue. Il n'y avait pas eu de débat éthique, les citoyens avaient accepté cette nouvelle intrusion dans leur intimité comme toutes celles qui l'avaient précédée. Les adultes avaient baissé les bras, et les plus jeunes trouvaient cool qu'on puisse les suivre à la trace pour savoir à tout moment ce qu'ils faisaient. Seuls les puissants faisaient interdire les vidéos qui les concernaient, quitte à les racheter au prix fort.

Catherine faisait son deuil. Elle savait déjà qu'elle ne regretterait pas Winston, ils ne partageaient plus grand-chose ; la honte qu'il lui infligeait portait le coup de grâce à un attachement tissé d'habitudes communes plutôt que de sentiments profonds. Mais elle lui en voulait de l'obliger à renoncer à sa vie de famille, à ce confort qu'ils avaient bâti ensemble, depuis vingt ans. De la peine qu'ils feraient aux enfants. De la solitude qui serait désormais la sienne en société.

Une demi-heure plus tard, elle sortit du bureau, les yeux rougis. Winston sifflotait dans la cuisine, faussement décontracté. Il travaillait sur sa tablette en buvant un café. Au visage défait de Catherine il sut que son monde s'effondrait.

— Je demande le divorce. Je veux que tu aies quitté cette maison demain matin à la première heure.

*

Raymond Kurzweil absorbe cent quarante pilules chaque jour, avec un verre d'eau. Hormones, vitamines, anti-oxydants, aspirine, herbes chinoises, compléments minéraux… Certaines sont recommandées pour le cœur ou le foie, d'autres pour les yeux, d'autres encore garantissent sa vitalité sexuelle. Quelques-unes, enfin, prennent soin de son cerveau. Coût de l'assortiment : quelques milliers de dollars par jour. Mais le temps, c'est de l'argent – ou plus exactement, l'argent, c'est du temps ! Du temps de vie gagné…

Le directeur de l'ingénierie de Google, spécialiste mondial de l'intelligence artificielle et conseiller scientifique de l'armée américaine, est convaincu que ce traitement augmente son espérance de vie. « Ray » est né en 1948 et espère que son corps le portera jusqu'en 2030, date à partir de laquelle les plus gâtés d'entre nous verront leur longévité spectaculairement augmentée grâce à la révolution biotechnologique. Voire deviendront carrément immortels. Mais pas grâce à des pilules magiques : on pourra reconstruire alors des corps et des cerveaux au niveau moléculaire.

Car pour les « solutionnistes », comme les a baptisés Evgueny Morozov, un chercheur-essayiste américain d'origine biélorusse, spécialiste des implications politiques et sociétales du numérique, la mort, cet ennemi public numéro 1, sera le « dernier démon à être disrupté ». Les solutionnistes sont convaincus qu'ils trouveront des solutions à tous les problèmes de l'humanité, grâce au libéralisme mais sans la politique. Après les taxis, les hôtels, les libraires ou les loueurs de voitures, la mort fera aussi l'objet d'une « disruption » provoquée par Internet, les algorithmes et les plateformes. C'est-à-dire d'une remise à plat, d'une transformation totale des process et des acteurs concernés. L'immortalité ne sera plus un attribut divin, juste une question de technologie. Elle est à portée de main, car, Kurzweil en est convaincu, nous toucherons bientôt le point de « singularité technologique ». L'immortalité est la nouvelle utopie des milliardaires de l'Internet, avec Google au centre de cette utopie. Google et son ambition quasi messianique de changer le monde. Même si le groupe se défend officiellement de « rechercher l'immortalité », il se bat ouvertement, *via* ses filiales, contre le vieillissement et toutes ses conséquences fâcheuses.

Nous pensions, pauvres humains naïfs, que vieillir était un phénomène naturel : quelle erreur ! Vieillir est un problème, et comme tout problème, il peut être résolu par la technologie. La Silicon Valley s'emploie déjà à créer l'homme de demain, celui qui défiera la mort. L'homme « augmenté », ou « amélioré », car en anglais *enhancement*, le maître mot des transhumanistes, possède les deux sens. Son Dr Frankenstein s'appelle, donc, Ray Kurzweil : ce génie des réseaux neuronaux aux faux airs de Woody Allen est devenu l'un des grands pontes de Google en décembre 2012. Officiellement, l'homme aux 140 pilules quotidiennes développe l'apprentissage automatisé et le traitement du langage.

Tout le monde ne le prend pas au sérieux : pour son homologue chez Facebook, le Français Yann LeCun, Ray Kurzweil vend beaucoup de livres grâce à sa vision futuriste, mais il n'a « jamais rien apporté à la science de l'intelligence artificielle » ; s'il vend beaucoup de livres, il n'a pas publié le moindre article scientifique qui ait permis de faire des progrès en ce domaine. Les chercheurs ne l'aiment guère, car son battage médiatique rend la vie des « scientifiques honnêtes et sérieux » plus compliquée.

Google sera une puce dans votre cerveau

Le transhumanisme estime que notre espèce doit outrepasser ses limites biologiques et s'hybrider avec les machines pour atteindre l'immortalité. Dans le monde idéal que propose la Silicon Valley, l'anomalie et le défaut auront disparu. Un monde merveilleux pour les banquiers et pour les assureurs, qui, s'ils existent encore, sauront exactement à qui ils ont affaire, et dont le pouvoir de sanction nous dissuadera de sortir du droit chemin. Sauf, bien sûr, à s'offrir le luxe de payer des surprimes. Donc, une fois encore, seuls les riches pourront se permettre la déviance… contrôlée. L'égalité, cette utopie du XXe siècle, n'intéresse pas Page et Brin, et la fraternité à peine davantage. Leur devise serait plutôt « Liberté, créativité, immortalité ».

Avec nos smartphones pour prolonger la main et le cerveau, nous avons acquis de nouvelles capacités et, en particulier, avec Google, celle d'avoir accès à tout le savoir du monde. Sauf que taper sur un téléphone n'est pas pratique. Les Google Glass étaient plus commodes, elles ne vous obligeaient pas à utiliser vos doigts à tout bout de champ, mais ceux qui n'en possédaient pas, les simples mortels, se sentaient épiés et reconnus, alors ils ont témoigné leur hostilité, et Google a reculé. Mais pour mieux sauter ! La prochaine étape ? Sergey Brin et Larry Page y pensent depuis longtemps. C'est une puce dans le cerveau.

Invraisemblable ? En 2004, lorsque Google, petit moteur génial, ne jouait pas encore les Big Brother Inc., les deux fondateurs se confiaient sans langue de bois au journaliste américain Steven Levy, du magazine *Wired* :

Larry Page : « Google sera inclus dans le cerveau des gens. Quand vous penserez à quelque chose que vous ne savez pas, vous recevrez automatiquement l'information. »

Sergey Brin : « C'est vrai. Je vois Google comme une manière d'enrichir votre cerveau avec tout le savoir du monde. »

Larry Page : « Vous aurez un implant cérébral, et quand vous penserez à quelque chose, il vous donnera la réponse. »

Non, vous ne rêvez pas. Le moteur de recherche idéal, tel que l'imaginent depuis longtemps Page et Brin, lit dans vos pensées et produit automatiquement la réponse à la question que vous n'avez pas fini de poser. Le parfait moteur vous montre sans doute, en même temps, les publicités qui correspondent à votre question.

L'implant cérébral prendra encore quelques années. D'ici là, le moteur de recherche doit s'améliorer jusqu'à devenir « intelligent ». Le rêve d'Eric Schmidt, l'un des trois dirigeants de Google – le financier qui complète les « créatifs » Larry Page et Sergey Brin –, est que l'outil ne soit pas seulement utilisé pour répondre à des questions banales, mais qu'il joue un rôle de conseil. Est-ce le moment de changer de job ? Aurais-je intérêt à envoyer mon fils dans une autre école ? Dois-je quitter mon mari ? Autrement dit, qu'il nous évite de réfléchir, qu'il résolve pour nous les questions complexes, qu'il nous dise ce que l'on doit faire et quand, et, si possible, sans que nous soyons connectés à notre ordinateur. Ce jour-là, Google sera vraiment, comme l'avait dit Sergey Brin lors d'une conférence le 8 septembre 2010, « la troisième moitié de votre cerveau ». Votre nouveau directeur de conscience.

« Imaginez, dit Schmidt : vous vous réveillez, vous regardez votre écran et vous lui demandez : dois-je me lever ? Et votre smartphone, qui a vérifié qu'il n'y avait pas d'embouteillages ce matin, vous répond : Cool. Tu peux rester au lit trente minutes de plus. » Tout ça grâce à Hummingbird (« Colibri »), l'algorithme de Google lancé en septembre 2013. Il favorise une interaction poussée entre l'internaute et Google en répondant à de vraies questions et non à de simples requêtes. Parce qu'il relie vos différents appareils connectés, ce nouveau Jiminy Cricket pourra aussi vous servir de pense-bête : il vous rappellera de ne pas oublier d'acheter la baguette en rentrant, et répondra même à la sempiternelle question « où ai-je mis mes clefs ? ». Lors de la conférence TechCrunch Disrupt en 2010, Eric Schmidt, patron de Google, décrivait ainsi les années à venir : « C'est un futur où vous n'oubliez rien. Dans ce futur nouveau, vous n'êtes jamais perdu. Nous connaissons votre position au mètre près et bientôt au centimètre près. Vous n'êtes jamais seul, vous ne vous ennuyez jamais, les idées ne viennent jamais à vous manquer. » Bref, Google dirige votre vie.

Pour coller toujours plus à vos besoins (quitte à les susciter), Google veut passer de la syntaxe à la sémantique, autrement dit de ce que l'on tape à ce que l'on pense – le rôle de l'intelligence artificielle... Corriger les fautes de frappe, bien sûr, « deviner » la demande même si elle est mal exprimée, voire, à terme, anticiper l'expression de la pensée grâce à la puce cervicale ! Google veut trouver les lois mathématiques, les règles algorithmiques qui régissent nos comportements, nos convictions, nos amours, nos joies et nos peines, voire notre subjectivité. Ensuite il pourra nous aider – c'est-à-dire régir nos vies et influer sur nos fonctions vitales.

Eric Schmidt n'y va pas par quatre chemins : « Ce que nous essayons de faire, c'est de construire une humanité augmentée, nous construisons des machines pour aider les gens à faire mieux les choses qu'ils n'arrivent pas à faire bien. Google doit devenir le troisième hémisphère de notre cerveau. » Ce n'est pas une image.

L'homme augmenté est d'abord un homme diminué

Et tant pis si, dans sa volonté de créer des surhommes, Google a commencé par fabriquer des sous-hommes. Car l'homme bientôt augmenté n'est pour l'instant qu'un homme diminué, dès lors qu'on le prive de son smartphone : nos facultés de mémorisation, une partie de nos connaissances, notre imagination peut-être, se sont réduites depuis que nous cherchons tout, à tout instant, sur ce prolongement de notre bras et de notre cerveau.

Depuis sa naissance ou presque, Google progresse pour se rendre indispensable, nous préparant ainsi à l'avènement de l'homme-machine. Il nous oriente dans l'espace, avec Google Maps et Google Earth. Il stocke nos informations, avec Google Search, Google Drive, Gmail, ou Picasa. Ces mémoires de substitution nous ont peu à peu poussés à « externaliser » nos savoirs. Nous n'essayons plus de les mémoriser puisque nous savons où les trouver.

Une étude réalisée par trois chercheurs de Columbia, publiée dans la revue *Science*[1], montre que la capacité mémorielle des individus est fortement affectée par leur relation au Web. Un phénomène de « mémoire transactive » est apparu : on fait plus facilement confiance à Google qu'à

1. Betsy Sparrow, Jenny Liu, Daniel M. Wegner, « Google effects on memory : cognitive consequences of having information at our fingertips », *Science*, août 2011.

sa propre mémoire pour retrouver une information, ce qui implique que l'on se rappelle plus facilement l'endroit où l'on a trouvé l'information que l'information elle-même ! Internet se substitue aux livres, aux parents ou aux amis, et il a un impact grandissant sur notre cerveau. Nos enfants seront sans mémoire. Qu'importe, direz-vous, ils auront la puce.

Nous avons externalisé toutes nos connaissances, nous les avons stockées hors de notre cerveau, sur le réseau ou dans le cloud, parce que l'effort nécessaire pour les retenir est inutile : tout est accessible, à tout instant. Nous n'avons plus besoin de mémoire. Mais en externalisant le contenu de notre cerveau, nous nous sommes appauvris et mis en risque. Tout est accessible à tous, à tout instant… sauf en cas de panne de courant ou de batterie. Et surtout en cas de hacking : qu'arrivera-t-il si une puissance malfaisante ou ennemie prend le contrôle d'Internet ?

Dick Cheney craignait que son pacemaker soit « hacké »

Le rêve de la Silicon Valley est d'hybrider l'homme et la machine. Dans une certaine mesure, de telles interfaces existent déjà : certains pacemakers ont une adresse IP (Internet Protocol) et sont pilotables *via* des applications. Il paraît que lorsque Dick Cheney, l'ancien vice-président américain, qui portait un pacemaker, en a pris conscience, il n'a plus eu qu'une obsession : et s'il était victime d'un hackeur ? Ainsi, on pouvait le tuer à distance ?

L'homme augmenté n'est pas seulement celui dont le cerveau est plus puissant : c'est d'abord un homme au corps moins fragile. Cette quête d'une humanité en meilleure santé est devenue le combat personnel de Sergey Brin, depuis qu'il a découvert en 2006, en faisant analyser son ADN, qu'il était porteur d'un gène qui accroît sa prédisposition à développer la maladie de Parkinson. L'hypothèse n'a rien de théorique : sa mère en souffre déjà. Depuis qu'il sait qu'il possède une chance sur deux d'en être atteint, Brin s'est engagé dans une course contre la montre. Il a milité pour que Google finance la recherche contre les affections neuro-dégénératives. Une des filiales du groupe développe d'ailleurs des solutions – les couverts connectés Liftware développés par la start-up LiftLabs, rachetée en 2014 – pour minimiser les tremblements caractéristiques des personnes atteintes de la maladie de Parkinson. En tête, la « *smart* » *vibrating spoon*, la cuillère qui réduit les tremblements des mains. Les neurologues procèdent déjà, pour diminuer les symptômes de la maladie de Parkinson, à l'implantation dans le cerveau d'électrodes permettant de procéder à des stimulations cérébrales profondes.

En réalité, c'est un véritable virage qu'a pris Google – ou plutôt sa maison mère, Alphabet (mais nous continuons par commodité à la désigner le plus souvent sous le nom de Google) – dans la santé et les sciences de la vie. La réorganisation de la firme en 2015 a fait la part belle à ces projets, les recentrant autour de deux filiales spécifiques, Calico et Verily Life Sciences. L'entrée du géant du Web a révolutionné le secteur, car Google-Alphabet dispose de moyens financiers hors normes.

Dans tous les domaines où il s'invite, Google refuse d'améliorer l'existant à la marge : son objectif, martèle Larry Page, n'est pas de progresser de 10 % mais d'être 10 fois meilleur. Le groupe de Mountain View est le chef de file de cette communauté de scientifiques qui entend faire de nous des Mathusalem en puissance. Il n'est ni dans l'utopie, ni dans l'humanitaire : il développe un véritable business en fédérant autour de lui les meilleurs médecins et les plus grands chercheurs. Les scientifiques manquent de fonds, ceux de Google sont quasi illimités, et il ne craint pas d'explorer toutes les pistes.

Larry Page résume ainsi sa philosophie : « Tout ce que vous imaginez est sans doute réalisable. Vous avez juste à le concevoir et à y travailler. » Larry Page ne pose ni limite éthique, ni freins juridiques à la réalisation de ces potentialités techniques. Tout ce qui peut concourir à l'amélioration – et pas seulement à la réparation – des capacités humaines doit être tenté.

L'objectif de Calico : tuer la mort

Parmi les investissements d'envergure de Google dans la santé, il y a donc, d'abord, Calico (California Life Company), une filiale installée un peu à l'écart du siège de Mountain View. Sa mission officielle ? Augmenter l'espérance de vie de vingt ans d'ici à 2035. Son objectif réél : « tuer la mort ». Invraisemblable ? Ecoutez plutôt Bill Maris, patron du fonds de capital-investissement Google Ventures, qui investit dans les nouveaux projets : « Si vous me demandez aujourd'hui s'il est possible de vivre cinq cents ans, la réponse est oui. » Dans la lutte contre la mort, Google n'essaie pas d'avoir une ou deux parties d'avance, il veut gagner la partie.

Pour diriger Calico, cette entreprise démiurgique, Larry Page et Sergey Brin sont allés chercher Arthur Levinson, ancien patron de l'entreprise de biotechnologies Genentech, la société qui a mis au point l'insuline humaine. Levinson, qui est aussi le président du conseil d'administration d'Apple depuis la mort de Steve Jobs, est un spécialiste mondial de la recherche contre le vieillissement. Il a débauché les cerveaux les plus réputés : le généticien de Princeton David Botstein et des responsables de grands laboratoires, notamment chez le géant pharmaceutique Roche.

Car avant d'avoir tué la mort, Calico a pour mission provisoire de la retarder en combattant le vieillissement. La façon la plus « simple » d'y parvenir serait de faire cesser la sénescence, le vieillissement de l'organisme, c'est-à-dire le raccourcissement des télomères, les structures situées aux extrémités des chromosomes. Car à chaque division cellulaire, les télomères diminuent, jusqu'à ce que la cellule ne puisse plus se diviser. Une protéine peut les empêcher de rétrécir : la télomérase. Mais il y a un bug : elle est présente dans les cellules cancéreuses. En modifiant les télomères, on risque de provoquer des cancers.

Un an après sa création en septembre 2013, Calico a annoncé des investissements et conclu des partenariats spectaculaires : avec le géant pharmaceutique américain AbbVie pour 1,2 milliard, afin de développer des traitements contre les maladies liées à l'âge, dont la neuro-dégénérescence et le cancer ; avec le centre médical universitaire de Southwesten à Dallas pour développer des molécules capables de restaurer les capacités cognitives altérées par l'âge ; avec Ancestry DNA, une société spécialisée dans la généalogie génétique qui commercialise des tests ADN, afin d'avoir accès aux données de ses utilisateurs pour analyser les liens entre génétique et longévité. Google possédait pourtant déjà une participation dans une entreprise spécialisée dans les tests ADN, 23andMe (voir chapitre 3), créée par l'ex-femme de Sergey Brin.

La plus grande bibliothèque de génomes humains

La seconde filiale sur laquelle Alphabet s'appuie pour comprendre le fonctionnement du corps humain est Verily Life Sciences. Elle faisait partie de Google X, ce laboratoire si secret qu'il n'a jamais figuré sur les Google Maps, Google s'autorisant un traitement de faveur qu'il refuse au reste du monde. Avec ses 300 chercheurs (même si, sur Google, on précise que « le nombre d'employés n'est pas connu » !) et ses moyens quasi illimités, ses spécialistes de la biologie moléculaire, de la biochimie, de la physiologie ou de l'imagerie médicale, Verily Life Sciences développe plusieurs programmes tournés vers une approche préventive de la médecine. Trois au moins sont impressionnants.

En premier lieu, le Baseline Study. C'est une étude menée à partir d'une gigantesque base de données de génomes humains, sans comparaison avec tout ce qui a pu exister jusqu'alors, en termes de datas médicales ou de génomique.

Les chercheurs collectent, pour commencer, l'ADN de 175 volontaires afin de dresser la carte génétique d'un individu parfaitement sain. Le panel sera ensuite élargi à 10 000 personnes, ce qui permettra de constituer cette grande bibliothèque d'informations génétiques et moléculaires. Seront listés les 22 000 gènes et les centaines de milliards de combinaisons qui déterminent les spécificités de chacun.

Le programme permettra d'aider les chercheurs à détecter, bien avant qu'ils ne se déclarent, les cancers, diabète, sclérose en plaques et autres maladies graves afin que la médecine se consacre à leur prévention plutôt qu'à leur traitement.

L'étude pourra mettre en évidence, par exemple, un biomarqueur qui permet à certains individus d'absorber les nourritures grasses plus efficacement, ce qui leur garantit un taux de cholestérol plus faible et les met naturellement à l'abri des maladies cardiaques. Les personnes qui n'ont pas, dans leurs gènes, ce biomarqueur risqueront d'être frappées plus tôt par un infarctus. Une fois que Baseline l'aura identifié, les médecins pourront séparer les patients qui l'ont de ceux qui ne l'ont pas, et aider les seconds à adapter leur comportement en conséquence, tandis que les labos élaboreront de nouveaux traitements préventifs.

En l'état actuel de la médecine, les biomarqueurs connus sont liés à des stades avancés des maladies car les études ont toujours été faites sur des personnes malades. L'approche de Google, qui consiste à étudier les personnes saines avant qu'elles ne développent – ou non – une maladie, est révolutionnaire.

Les données sont collectées sur les volontaires *via* des prélèvements de salive, de larmes, d'urine, de peau et de sang. Leur génome va être entièrement décodé, et l'histoire génétique de leurs parents prise en compte. Toute l'information concernant la manière dont leur métabolisme absorbe la nourriture, les médicaments ou les drogues, la vitesse avec laquelle leur cœur bat en situation de stress, ou les réactions chimiques qui changent le comportement de leurs gènes, est enregistrée. Les participants à Baseline sont équipés d'appareils mesurant en permanence leur rythme cardiaque ou leur niveau d'oxygénation, et d'une lentille de contact pour mesurer leur taux de glucose.

Google développe une approche prédictive de la médecine

Des études comme celle-là auraient été, jusqu'à une date récente, extrêmement coûteuses et chronophages. Mais le coût de collecte de l'information génétique et moléculaire a considérablement baissé ; aujourd'hui, le séquençage complet d'un génome ne coûte pas plus de 1 000 dollars, quand il fallait 100 millions au début des années 2000 ! Dans le même temps, la puissance des ordinateurs est devenue telle que les recherches au sein de montagnes de données sont rapides. Même s'il s'inscrit dans la mission prométhéenne que Google s'est assignée – organiser toute l'information du monde –, Baseline n'en fait pas moins partie des *moonshots*, ces projets risqués et de long terme qui peuvent avoir un impact majeur sur le monde… et les résultats de Google.

Le programme Baseline prône donc une nouvelle approche de la médecine, plus personnelle, plus prédictive aussi, grâce à l'étude des datas. Et il devrait être utilisé partout où une approche individuelle, et non plus statistique, pourra se révéler efficace. Pour rassembler le plus grand nombre de volontaires possible, Google a promis que les datas recueillies seraient anonymisées, cantonnées à leur usage médical, et que les compagnies d'assurances n'y auraient pas accès. On se doute en effet que ces données médicales seraient très faciles à monétiser. Il est d'ailleurs difficile de ne pas imaginer qu'un jour, surtout si Google change de stratégie et/ou d'actionnaire, ces données ne seront pas vendues aux employeurs potentiels avant un recrutement ou aux fiancés qui veulent savoir avec qui ils vont faire des enfants.

Les mégadonnées sont la fin de la moyenne et des posologies identiques pour chacun, le début de la personnalisation des traitements. Mais cette évolution suppose de trouver un équilibre entre innovation et réglementation : aujourd'hui, en France, la CNIL empêche l'accès libre aux données (en limitant l'utilisation du numéro de sécurité sociale), ce qui interdit la centralisation qui permettrait à la recherche médicale d'avancer. « Si l'on ouvrait ces données on pourrait améliorer les prescriptions et donner naissance à une médecine personnalisée, donc plus efficace, et moins coûteuse pour la collectivité », explique Gilles Babinet, digital champion français auprès de l'Union européenne, auteur et *serial start-upper*. L'analyse d'une tumeur, c'est 20 000 milliards d'infos. Aucun cerveau humain ne peut les traiter au cours d'une consultation, pas même le docteur House ! Laurent Alexandre, médecin, énarque et HEC, auteur de romans de techno-science-fiction et fondateur de la société de séquençage génétique belge DNAVision, s'inquiète déjà de voir les médecins transformés en « infirmières améliorées » par ces machines : ils prodigueront les soins mais ne seront plus à l'origine du diagnostic.

Google a déjà bâti un des plus gigantesques réseaux d'ordinateurs et de data centers au monde, capable de donner à des centaines de millions d'utilisateurs en même temps, en moins d'une seconde, les résultats de leurs recherches, ou de gérer des services aussi gourmands en datas que le site de vidéos YouTube. Cette masse peut aujourd'hui être utilisée pour stocker et analyser des informations médicales et permettre aux chercheurs d'y accéder facilement.

Les nanotechnologies pour lutter contre le cancer

Deuxième projet en voie de finalisation chez Verily Life Sciences, les lentilles de contact intelligentes, destinées à mesurer le niveau de glycémie d'un individu ; elles vont changer la vie des diabétiques. Il semble évident que, ensuite, ces lentilles connectées rempliront de nouvelles missions : elles pourraient même remplacer les Google Glass pour filmer, s'orienter ou surfer sur Internet.

En effet, un brevet déposé par Google (découvert et révélé par le magazine *Forbes* en avril 2016) décrit une lentille intraoculaire, autrement dit directement greffée sur l'œil du patient. Elle sera injectée à l'état liquide avant de durcir sur la rétine. Elle remplacera la lentille naturelle et pourra donc – accessoirement ! – corriger la vue, mais surtout elle pourra embarquer des capteurs, une batterie, une caméra et un composant radio pour communiquer avec d'autres appareils disposés sur le corps humain. Notre œil pourra donc prendre des photos… en un clin d'œil. Et l'on pourra visionner les images capturées sur la lentille. Sans doute permettra-t-elle aussi d'utiliser la fonction GPS et de téléphoner. Même si cela ressemble à de la science-fiction, la technologie existe déjà.

Enfin, dernier projet, Verily Life Sciences a conçu une plateforme de détection des cancers et des infarctus grâce aux nanotechnologies. Ingérées sous forme de comprimés afin de pénétrer dans le sang, des nanoparticules à base d'oxyde de fer, 2 000 fois plus petites que nos cellules, s'attacheront aux protéines et autres molécules de notre organisme pour traquer les anomalies. Elles circuleront dans le sang comme un radar en continu afin d'identifier une tumeur naissante ou les prémices d'un infarctus. Elles ouvriront aussi la voie à une nouvelle médecine : agissant comme des missiles, elles iront déposer le principe actif au cœur même de la cellule malade, en épargnant les cellules saines. En mars 2015, Verily Life Sciences a déposé un brevet pour un bracelet capable d'identifier puis de détruire certaines cellules – cancéreuses par exemple – à travers la peau. Toutes ces avancées peuvent en justifier d'autres, plus discutables.

Google veut s'approprier nos données médicales

Tous les grands du Web jouent les docteurs 3.0 et se ruent sur le marché de la santé connectée : 10 000 milliards d'euros en perspective, déjà 100 000 applis médicales pour smartphone. Apple et Google sont bien placés pour en devenir les leaders. Car ils sont incontournables : les plateformes qu'ils créent sont capables de recueillir toutes les données liées à l'activité physique ou à la santé des clients. Il s'en collecte tellement, d'ailleurs, qu'elles ne seront pas toutes examinées par les médecins traitants, qui passeraient leurs journées à suivre une petite poignée de patients en temps réel. Elles rejoindront de gigantesques clouds de santé et permettront l'avènement de cette médecine personnalisée, avec les algorithmes pour formuler les diagnostics.

Aujourd'hui, les dosages de médicaments sont standardisés, alors qu'ils ne font pas le même effet à tous les patients. Bientôt, chaque malade aura son médicament spécifique, avec un dosage spécifique. Le pharmacien – ou le patient lui-même – pourra les fabriquer grâce à une imprimante 3D.

Mais la médaille a son revers : l'anonymat des données de santé ne sera pas longtemps garanti, et certains en tireront parti. Les objets connectés, sous prétexte d'apporter une aide, risquent de devenir des mouchards personnels prêts à dénoncer tous les errements.

La santé ne relevant plus seulement des médicaments, Verily Life Sciences s'est allié en août 2015 à Sanofi pour lutter contre le diabète, qui touche 387 millions de personnes sur la planète : ils proposeront des solutions pour mieux comprendre et traiter chaque patient. Google a déjà annoncé par ailleurs des partenariats pour développer de nouveaux capteurs : les lentilles de contact dotées de capteurs miniatures pour mesurer le taux de glycémie avec Alcon, filiale de Novartis, des dispositifs connectés de suivi glycémique en continu de la taille d'un pansement avec Dexcom. Sanofi apportera les principes actifs du médicament, la partie chimique, tandis que Google fournira la technologie, la miniaturisation, la connectivité, l'analyse de données… En janvier 2015, Google s'est aussi allié avec Biogen, pour étudier les facteurs biologiques et environnementaux impliqués dans la sclérose en plaques. Et en août 2016, Verily a annoncé s'associer au laboratoire britannique GlaxoSmithKline pour créer une entreprise de bioélectronique médicale : il s'agit de tester dès aujourd'hui, dans le corps humain, des mini-implants capables d'agir sur les signaux du système nerveux. Grâce à cette nouvelle filiale baptisée Galvani Bioelectronics, dans laquelle ils investissent 640 millions d'euros, les deux géants de la santé espèrent mettre sur le marché, au cours de la prochaine décennie, de nouveaux traitements – à base de « médicaments bioélectroniques » – destinés à guérir des maladies chroniques telles que le diabète, l'asthme ou l'arthrose.

Google va faire avec la santé ce qu'il a fait avec les médias

Google ne fabriquera jamais lui-même le médicament : il préfère vendre ses thérapies innovantes au plus offrant des labos. Ainsi, ses technologies anti-âge s'imposeront un jour aux grands laboratoires. Il ne veut pas devenir un groupe pharmaceutique, pas plus qu'un constructeur automobile ou un fabricant de téléphones, mais capter une partie de la valeur ajoutée de ces secteurs en leur apportant une technologie révolutionnaire. De même que les grands distributeurs se sont rendus indispensables aux industriels de l'agroalimentaire, désormais en position de faiblesse à leur égard – en raison du volume qu'ils représentent, mais aussi parce que ce sont les distributeurs qui ont le contact et la connaissance intime du client –, de même Google espère bien, comme il l'a fait avec les médias, s'emparer d'une part croissante des bénéfices de ces filières puisque que c'est lui qui recueillera les datas des utilisateurs de montres et autres objets de santé connectés par le biais – entre autres – de sa plateforme Google Fit, dévoilée en 2015.

Google a des « complices » : des assureurs, aux Etats-Unis comme en France, commencent à proposer à leurs adhérents des forfaits liés aux objets connectés ; certains offrent des bracelets Withing Pulse à tous les nouveaux souscripteurs d'une complémentaire santé. Avec un système incitatif inédit : pour 7 000 pas journaliers effectués pendant un mois, l'assuré obtient un chèque de 50 euros valable pour un soin de médecine douce... C'est le début des incitations financières. Pour l'heure, en France, il est interdit d'aller plus loin, c'est-à-dire de proposer des rabais aux assurés apparemment en meilleure santé. Mais demain ? Si le prix d'une assurance santé, par exemple, est à la tête du client au point que les personnes qui présentent le plus de risques ne trouvent plus d'assureur, le principe même de la mutualisation des risques aura vécu.

Le risque existe que Google s'approprie nos données médicales encore plus goulûment qu'il ne s'est approprié nos données personnelles. Et sans tenir compte de nos objections, car il risque d'y en avoir cette fois : il est plus gênant de rendre publics ses soucis de santé que sa musique préférée ou ses destinations favorites. Chez Google, on passerait volontiers outre cette envie de protéger la vie privée. Non par cupidité ou volonté de nuire : simplement, il faut faire le bien de l'humanité, fût-ce malgré elle. Cette suffisance provient de la certitude sans cesse réaffirmée que la technologie rend le monde meilleur, puisqu'elle peut résoudre des problèmes jusqu'alors insolubles.

L'ennui ? Google décide seul de ce que signifie « meilleur », de ce qu'est le progrès, la santé ou le bonheur. Mais qu'importe si une moitié de l'humanité ne partage pas son avis. Ses bureaux sont remplis des hommes (et des femmes) les plus talentueux du monde. En quinze ans, leur entreprise a été, financièrement parlant, la plus belle réussite entrepreneuriale de l'histoire de l'humanité. Ils ont raison, forcément.

L'inégalité des patients face aux soins ou au prix des mutuelles

L'idée que Google puisse connaître la structure de milliers de corps humains – jusqu'aux molécules dans leurs cellules – soulève une nouvelle fois la question de la vie privée et des libertés individuelles. Il n'y a pas que les assureurs qui s'intéressent aux datas, et qui souhaitent opérer un tri entre les « bons » et les « mauvais » risques : *quid* des recruteurs potentiels, des banquiers, ou – même si c'est plus anecdotique – des candidats au mariage qui estiment légitime d'en savoir plus sur le futur père ou la future mère de leur enfant ? Ils ont envie de savoir, c'est bien naturel, si leur bébé peut être atteint de mucoviscidose ou de nanisme. Bien sûr, dans un premier temps, Google ne sera pas autorisé à utiliser comme bon lui semble les données recueillies. Mais dans un second ?

Le Big Data dans la santé est une révolution comparable à l'apparition des antibiotiques, il y a sept décennies. Mais cette nouvelle médecine n'est une bonne nouvelle que si l'on maîtrise le « qui » et le « jusqu'où ». Le premier risque, en effet, est celui d'un transfert de pouvoir du corps médical vers Google et les autres GAFA (Apple, Amazon, Facebook) qui, comme lui, possèdent des données. Or Google cherche d'abord à gagner de l'argent… avec toutes les conséquences que l'on peut imaginer, et en premier lieu l'inégalité face à l'accès aux soins en fonction du pouvoir d'achat des patients. L'autre risque est le « jusqu'où » : les questions éthiques n'intéressent pas Google. Ses fondateurs considèrent que tout ce qui est faisable sera fait un jour, que si ce n'est pas par eux, ce sera par d'autres, qu'il est donc préférable d'être les premiers.

Que va-t-il se passer en France, où l'Etat centralise tout par le biais de la Sécurité sociale ? « Il faut inventer une nouvelle régulation qui évite que l'Etat-plateforme, se comportant comme Google, en exploitant au mieux les données dont il dispose, ne devienne un nouveau Big Brother qui contrôle tout et sait tout de nous », explique la « vigie » Laurent Alexandre. Bref, il faut instaurer de nouvelles « garanties démocratiques » adaptées au potentiel des données. Car en matière de santé, mieux vaut évidemment un Etat-plateforme que la e-colonisation par les GAFA.

Même si cela peut sembler accessoire comparé aux enjeux précédents, Google bâtit son écosystème dans d'autres domaines de la santé, que l'on découvre au fur et à mesure des annonces : ainsi, il expérimente un service de consultation médicale par visioconférence. Il a noué un partenariat avec Johnson & Johnson, la plus grande société de santé américaine, afin de développer une nouvelle génération de robots-chirurgiens destinés à assister les médecins lors des opérations. Son idée consiste à utiliser les données issues de millions de procédures pour conseiller les chirurgiens lors de leurs opérations ; ces robots pourraient aller jusqu'à indiquer le meilleur endroit où pratiquer l'incision. Cette technologie pourrait améliorer la qualité de la chirurgie dans les pays émergents afin de réduire le nombre d'échecs.

Dans un autre genre, Google teste depuis juin 2015 un bracelet médical beaucoup plus utile que les actuelles montres connectées. Celui-là produira en continu un électrocardiogramme du patient, et mesurera le pouls et la température de sa peau. D'autres capteurs enregistreront les conditions extérieures comme la lumière ou le niveau sonore, à mettre en parallèle avec les indicateurs de santé. Cet appareil pourrait permettre de suivre, après leur sortie de l'hôpital, les malades qui ont eu une attaque cardiaque, ou ceux atteints de Parkinson, pour voir comment leur santé évolue selon qu'ils passent plus ou moins de temps en plein air, à faire du sport, à regarder la télévision...

Google a aussi « recruté » le spécialiste mondial de la santé mentale, Thomas Insel. En effet, un tiers des problèmes de santé, dans le monde, seraient des maladies psychiques. Les dépressions et les schizophrénies sont des dysfonctionnements du cerveau que la recherche biomédicale pourrait résoudre : Thomas Insel va être doté de tels moyens pour ses recherches qu'il y a fort à parier qu'il fera des découvertes déterminantes pour leur traitement.

Voulez vous devenir un « chimpanzé du futur » ?

Google – ou, plus précisément, sa nouvelle maison mère Alphabet – investit dans la santé avec deux motivations distinctes. L'une, on l'a vu, est essentiellement marchande : la firme doit continuer de sortir des bénéfices massifs pour financer ses projets. L'autre est follement ambitieuse : donner un second souffle à notre humanité exténuée. Rien que ça ! Le philosophe Jean-Michel Besnier estime que les « améliorations » de l'humain que peut réaliser Google grâce à ses technologies vont créer une nouvelle étape de l'évolution et de la sélection naturelle.

Et nous conduire vers la post-humanité, c'est-à-dire une modification radicale et définitive de l'espèce !

Ou plutôt, pour commencer, vers une humanité à deux vitesses : d'un côté, les êtres humains améliorés – en termes de mémoire, d'intelligence, de longévité... –, et de l'autre, ceux qui ne veulent ou ne peuvent pas l'être, une « sous-espèce » que le cybernéticien britannique Kevin Warwick a baptisée « les chimpanzés du futur ». Les humains qui auront refusé de se laisser augmenter (ou n'en auront pas les moyens) passeront pour des primates. Après la guerre des Anciens et des Modernes, voici venir celle des transhumanistes contre les bio-conservateurs, des techno-progressistes contre les bio-luddites. Avec Google pour faire la transition entre l'humain et le post-humain, puisqu'il maîtrise désormais, par son activité d'origine et grâce aux dizaines de rachats qu'il a faits, toutes les technologies qui vont permettre le transhumanisme : robotique, informatique, moteur de recherche, intelligence artificielle, séquençage ADN, nanotechnologies...

Bien sûr, ses fondateurs n'affichent pas explicitement leur passion pour le mouvement transhumaniste. Rien ne transparaît dans leurs rapports annuels : les marchés financiers n'apprécieraient pas. Mais c'est Google qui a mis le transhumanisme « à la mode ». Tout commence par un dîner, en 2004, de Larry Page et Peter Thiel (qui venait de revendre PayPal) avec l'informaticien britannique Aubrey de Grey et la biogérontologiste Cynthia Kenyon. De Grey évoque la fin du vieillissement, et Kenyon annonce qu'elle vient de réussir à doubler l'espérance de vie de petits vers en modifiant un seul de leurs gènes. A la fin du dîner, Page, qui vient d'introduire Google en Bourse, est convaincu que la mort est un problème soluble par la technologie.

Google a donc soutenu financièrement, en 2008, la création de la Singularity University (alors un simple think tank) par Peter Diamandis, le tycoon des satellites de communication, et Ray Kurzweil, le chercheur en intelligence artificielle, considéré comme le « pape » du transhumanisme. Le géant de la techno continue de la soutenir aujourd'hui par les interventions régulières de ses dirigeants devant les « élèves », et aussi parce qu'il a accueilli et salarié Kurzweil, ce qui permet au chercheur de vivre confortablement et de poursuivre ses avancées.

Ce qui est tabou chez nous est curiosité chez eux

Désormais, le transhumanisme, dans la Silicon Valley, fait partie de l'air du temps : l'envie de se dépasser, au sens propre comme au figuré, est une évidence pour cette population perpétuellement optimiste, obsédée par l'envie de s'enrichir, qui peuple la baie de San Francisco. Les nouveaux maîtres du monde ont pris le contrôle de la planète avant l'âge de trente ans. Ce qui est tabou chez nous est curiosité chez eux.

Le mot transhumanisme existait bien avant la high tech et bien au-delà de la Silicon Valley. C'est le biologiste Julian Huxley, le frère d'Aldous Huxley, l'auteur du *Meilleur des mondes*, qui a inventé le mot en 1957. L'expression est réapparue en 2003 dans un manifeste du Suédois Nick Bostrom, fondateur de l'association transhumaniste mondiale et directeur de l'Institut pour le futur de l'humanité de l'université d'Oxford. Il y inscrit sans complexe le transhumanisme dans la tradition des Lumières.

Cette vision du monde d'abord réservée aux lecteurs de romans futuristes s'est diffusée grâce aux réseaux sociaux. Le post-humain, une vieille lune pour les amateurs de science-fiction, est devenu une perspective plausible à l'horizon 2050 pour les transhumanistes, qui ont pignon sur rue dans la Silicon Valley. La nouvelle religion a choisi, pour centre de catéchèse, la Singularity University de Kurzweil. Et, pour œuvre culte, *Transcendance*, le film de Wally Pfister (2014). Johnny Depp y joue le rôle d'un scientifique génial qui atteint le Saint Graal, le stade ultime du transhumanisme : sa conscience – son intelligence, sa mémoire, ses sentiments – sont transférés sur le disque dur d'un ordinateur. Avant que le beau Johnny ne reprenne corps, pour l'amour de sa belle, dans un avatar physique, plus fort physiquement que ne l'était l'original… et immortel.

Le transhumanisme n'est pas une secte – il a certes son gourou, Raymond Kurzweil, mais il ne fomente pas de complot –, c'est un mouvement d'opinion dans lequel se reconnaissent ceux qui sont convaincus que les sciences et les technologies vont sauver l'humanité. Ces Américains appellent de leurs vœux cette rupture prévue pour le milieu du siècle, parce qu'ils estiment que l'humanité a provoqué suffisamment de dégâts et qu'elle a donc fait son temps. Les transhumanistes ne rêvent pas de changer le monde, mais l'individu. Ils considèrent le corps comme une machine dont on remplacerait les pièces peu à peu. Ils ne supportent pas l'expression « mort naturelle » : pour eux, la mort n'est pas naturelle. Ils veulent la liberté morphologique, c'est-à-dire le droit absolu pour chacun de disposer de son corps. Comme sur une voiture ils veulent pouvoir changer les pièces de leur organisme lorsqu'elles flanchent, ou, mieux, juste avant.

Ils ne voient pas de vraie rupture entre la nature et l'artifice. On remplace déjà sans sourciller les morceaux de nos corps obsolètes par des pièces plus solides : implants dentaires, prothèses de hanche, nouveaux cristallins contre la cataracte qui corrigent au passage la myopie ou l'hypermétropie, etc. Pour implanter les cœurs artificiels de Carmat – une innovation française qui recueille 100 % d'opinions favorables, alors que remplacer un cœur naturel par un cœur artificiel est un acte transhumaniste –, on ne s'est pas posé plus de questions éthiques que lors de la première transplantation cardiaque avec un donneur humain – peut-être même moins. Et on ne connaît pas, en médecine, d'exemple d'innovation technologique qui ait été refusée par la société au nom de valeurs humanistes.

Il y a un consensus pour remplacer les facultés manquantes ou réparer ce qui a été abîmé par la maladie ou l'accident. On ne pourra bientôt plus faire la distinction entre ce qui est machine et ce qui est humain. Pourquoi alors se contenterait-on de réparer notre corps, pourquoi ne pas l'améliorer, l'enrichir, lui donner de nouvelles capacités ? Après l'homme réparé, les transhumanistes plébiscitent l'homme augmenté.

C'est pourtant là que le bât blesse. Il existe une frontière entre la médecine thérapeutique ou la réhabilitation médicale (greffer un cœur ou un foie défaillants, rendre la vue, remplacer un bras amputé…) et la modification de l'humain *via* l'augmentation de ses performances (le doter d'une force musculaire supérieure, de capacités de mémoire supplémentaires, de la vision nocturne d'un chat…). Il est vrai que certaines interventions sont à la fois l'une et l'autre : redonner une vision de jeune homme à un vieillard ou greffer à un amputé des prothèses lui permettant de courir plus vite qu'un valide… Mais c'est justement à partir de ces cas « limites » que commence la réflexion, et qu'un débat éthique et philosophique collectif devient indispensable. Faut-il transgresser ce qui est donné nativement aux humains les mieux dotés ? Un être est augmenté si on introduit dans son génome un gène de chauve-souris afin qu'il entende comme elle, pas si on lui dissimule un sonotone dans l'oreille…

Dans les milieux médicaux, personne ne croit que les humains se contenteront d'utiliser à des fins de simple réhabilitation les prothèses de nouvelle génération et les implants cérébraux. Dès que ces technologies auront fait leurs preuves sur des personnes infirmes, les valides les exigeront pour accroître leurs capacités. « Vous avez 50 ans et vos articulations sont raides, imagine Hugh Herr, du MIT Media Lab. Votre ami a des membres bioniques qu'il remet à niveau tous les ans et il a l'impression d'en avoir 18. Que faites-vous ? » Même chose pour les prothèses mnésiques, des implants qui « dopent » la mémoire et fonctionneraient déjà sur des rats.

Le risque : une humanité à deux vitesses

Que se passera-t-il si ces technologies sont introduites dans une société où les écarts économiques sont déjà importants ? Au début, l'augmentation marginale de l'humain passera pour une mode, comme la chirurgie esthétique, et on évoquera surtout les opérations ratées et les effets secondaires. Les débats éthiques seront timides : on essaiera de distinguer une « bonne » augmentation d'une mauvaise pour ralentir le mouvement et le rendre moins inégalitaire, mais ces réflexions seront vite dépassées par la réalité. Les hommes et femmes améliorés créeront une élite de cyborgs isolés de la population, qui se reproduiront entre eux. Et pour cause : une personne « améliorée » n'aura pas envie de se mettre en ménage avec celle qui lui apparaîtra comme retardée, un « chimpanzé du futur ». La barrière entre riches et pauvres sera alors devenue définitive. Les aspirations des Lumières à une société plus juste, plus égalitaire, plus émancipée, qui placerait l'homme « socialement perfectible » au cœur de sa préoccupation, aura définitivement disparu.

La lutte des classes se doublera d'une lutte des âges. Aujourd'hui, déjà, l'espérance de vie des riches est plus élevée que celle des pauvres, dans tous les pays du monde. Et pas seulement aux Etats-Unis, où les hommes blancs dotés d'un diplôme universitaire peuvent espérer dépasser quatre-vingts ans, tandis que ceux qui n'ont qu'un diplôme d'études secondaires meurent à soixante-sept ans, en moyenne. La technologie va exacerber ces différences et les rendre plus visibles. Assez rapidement, les nantis pourraient vivre cent vingt ans, et les défavorisés soixante – autrement dit, les uns vivraient deux vies et les autres une seule ! Ce n'est en rien irréaliste : des travaux dirigés à Harvard par le généticien David Sinclair ont montré qu'il existait un composé capable d'inverser le fonctionnement des cellules. Après une semaine d'administration de ce « coenzyme », des souris âgées se mettent à ressembler à des souris de six mois… comme si un homme de soixante ans retrouvait l'allure et la vitalité de ses vingt ans en quelques semaines.

Même si cette dernière avancée ressemble encore à de la science-fiction, les progrès sont suffisants pour que l'on imagine sans peine ses répercussions sociales : l'apparition de nouvelles élites de la santé, et d'un monde à deux vitesses. Un néolibéralisme technologique où les riches ignoreront la mort tandis que les pauvres, soumis au vieillissement naturel, continueront de mourir jeunes. Car ne rêvons pas : même dans un pays égalitaire comme la France, l'assurance maladie ne prendra jamais en charge ces médicaments anti-âge : la vieillesse n'est pas une maladie ! Si l'écart de longévité se creuse entre riches et pauvres, ces derniers se révolteront-ils ? On défile rarement dans les rues à soixante ans, et c'est autour de cet âge que la différence deviendra la plus perceptible… Nous sommes à l'aube de cette ère, au moment idéal pour en débattre. Or Google et ses pairs confisquent le débat, tant ils croient détenir la Vérité.

Ce n'est pas tout. Les transhumanistes prévoient l'étape ultime : l'immortalité. Si le remplacement des organes ne suffit pas, ils utiliseront l'arme absolue avec l'avènement de la « singularité technologique ». Et tant pis si elle est à double tranchant.

Quand la machine dépassera l'homme : la « singularité »

La « singularité technologique », le moment où la machine dépassera l'homme en intelligence, est une expression créée par Vernor Vinge, mathématicien et auteur de science-fiction, par analogie avec la « singularité gravitationnelle », un objet d'une densité infinie au voisinage duquel les lois de la physique traditionnelle sont abolies, par exemple un trou noir. Le point de « singularité technologique » marque le commencement de l'ère « post-humaine », à partir de laquelle toutes les lois de l'histoire humaine seront abolies. Le destin de notre espèce semble être de créer des entités plus intelligentes qu'elle – et tant pis si l'*Homo sapiens* disparaît au passage !

S'il ne l'a pas inventée, Ray Kurzweil a popularisé cette notion, au point de passer pour son inventeur. Son best-seller, *The Singularity is Near* (« La singularité approche », traduit en français par *Humanité 2.0*, M 21, 2007), est paru en 2005. Il y explique qu'à partir de 2030, en raison de l'augmentation exponentielle de la puissance de calcul des machines, une « super-intelligence », plus puissante que l'intelligence humaine, va éclore. Et qu'en 2045, il sera possible de vivre quasi indéfiniment en « uploadant » notre cerveau, et notre conscience, sur un disque dur, transférable si nécessaire dans un robot humanoïde. Google et la Singularity University ne sont pas seuls concernés : le *Human Brain Project*, financé entre autres par l'Union européenne, travaille depuis 2005 pour recréer un cerveau humain complet dans un ordinateur ; il imiterait les réseaux neuronaux avec des circuits électroniques.

Nous sommes donc très près de vaincre la vieillesse et la mort et de concevoir des surhommes en fusionnant humains et ordinateurs dans une sorte de conscience cosmique.

Quand Ray Kurzweil et Peter Diamandis ont fondé la Singularity University, avec l'aide de Peter Thiel et de Larry Page, ils étaient accompagnés par la NASA, l'agence spatiale américaine qui a envoyé l'homme sur la Lune, ce qui crédibilisait leur démarche. Car si Page croit à la « singularité », il demeure conscient que, en dehors de la Valley, elle est classée aujourd'hui, selon l'expression de Thiel, « au-delà des limites respectables ». On notera cependant que le trio qui gouverne Google participe au travail d'évangélisation, et qu'il a été assez décomplexé pour nommer Kurzweil à ses côtés.

« Google est le principal vecteur du transhumanisme dans le monde »

Les bureaux de la Singularity University sont installés à Mountain View, sur le site du centre de recherche californien de la NASA, à quelques kilomètres du siège de Google. Lequel est très présent dans les conférences, *via* les intervenants ou les produits cités. Les cours coûtent 29 500 dollars pour dix semaines de cursus et ne sont pas homologués, parce qu'ils « changent en permanence pour s'adapter à l'évolution des technologies », selon le corps professoral. Ce programme de formation a pour vocation de créer de l'émulation entre chercheurs et entrepreneurs, théoriciens et praticiens. Les uns travaillent sur l'intelligence artificielle, les autres sur la biologie, d'autres encore sur l'« homme augmenté ».

La Singularity University organise aussi des executive programs, des séminaires à 12 000 dollars destinés aux cadres dirigeants de Coca-Cola, de Goldman Sachs ou de Vivendi. Leur but : aider les participants à se remettre en cause et à comprendre les « technologies exponentielles » en leur faisant rencontrer des pionniers de l'Internet, du séquençage du génome ou de la viande imprimée en 3D.

Kurzweil avait formulé, entre 1990 et 2009, quelque 108 prédictions, dont 86 % se sont réalisées – comme la voiture sans chauffeur. Lors d'une conférence TED en mars 2014, il a annoncé qu'en 2030 des nanorobots, à avaler en solution buvable, permettraient la connexion électro-biochimique entre le néocortex et le cloud. L'étape suivante, on l'a vu, c'est le téléchargement du cerveau dans un ordinateur ou un cloud. Autrement dit, la dématérialisation de notre conscience, sa copie sur un support qui s'affranchit de notre biologie. Par la voix de Ray Kurzweil, Google promet donc la transition entre l'humain et le post-humain.

Pour Laurent Alexandre, une des rares voix qui portent la réflexion sur l'augmentation de l'homme, cette pseudo-université est avant tout un outil de propagande destiné à présenter les technologies sous un jour systématiquement favorable, en l'absence de tout questionnement éthique. Nul ne se demande ce qu'un gouvernement totalitaire pourrait faire de Google, ou ce qu'il adviendra des humains qui n'auront pas les moyens ou la volonté de se faire « augmenter ».

« Google est aujourd'hui le principal vecteur de l'idéologie transhumaniste dans le monde », insiste Laurent Alexandre, qui ne partage pas les thèses « technoptimistes » de Google, cette volonté de « simplifier la vie des gens » sans leur demander leur avis ni se préoccuper de l'éthique. « Tout ce qui peut être fait sera fait par quelqu'un, répètent-ils en substance, alors mieux vaut que ce soit nous. » Et de prendre l'exemple des recherches sur les cellules souches, empêchées par George W. Bush, aux Etats-Unis, pour des raisons idéologiques : elles sont désormais menées en Chine ou au Canada. Il ne sert donc à rien de freiner les chercheurs quand les innovations sont mûres.

Les manipulations génétiques destinées à faire reculer la mort sont d'une complexité inouïe ; elles supposent d'analyser les interactions entre toutes les parties du génome. Ce qui ne peut être fait qu'avec de l'intelligence artificielle. D'où l'arbitrage qui se profile à l'horizon des prochaines décennies (voir chapitre 6) : au nom de la « lutte contre la mort », faut-il accepter de donner naissance à une intelligence artificielle potentiellement hostile ?

L'autre manière d'obtenir l'immortalité est plus expéditive : le transfert de la conscience, et de tout le contenu du cerveau – mémoire, sentiments... – dans un robot humanoïde. Autrement dit, l'échange d'un corps humain imparfait ou abîmé contre un corps robotique (voir aussi le chapitre 6). Si l'on n'arrive pas à tuer la mort par éradication des maladies et de la vieillesse, les transhumanistes se créeront des avatars réalistes dans lesquels, espèrent-ils, ils transféreront leur conscience. Ce corps synthétique ne connaîtra ni la maladie ni la mort, et l'homme cessera d'être un mammifère. Mais ce nouveau Graal sera lui aussi réservé aux nantis et parachèvera la lutte des classes entre les riches qui vivront éternellement jeunes et les moins riches qui mourront bêtement de vieillesse...

Dans la Silicon Valley, la conscience immortelle et la longévité infinie ne font peur à personne. De même qu'on se moque bien que les disruptions d'Uber ou d'Airbnb obligent des milliers d'usines à fermer et des millions d'humains à aller pointer au chômage. Elle crée, chez eux, des jobs et des possibilités de s'enrichir.

Le transhumanisme gagne chaque jour du terrain

Le transfert du cerveau dans la machine et la vie éternelle sont-ils plausibles ? Yann LeCun, le patron de l'intelligence artificielle chez Facebook, n'est pas certain que les progrès de l'intelligence artificielle, qui sont actuellement exponentiels, puissent se poursuivre sur cette lancée. Il est probable qu'ils atteignent quelques limites « physiques, économiques ou sociétales ». « Je suis un optimiste, dit-il, mais je suis aussi réaliste », comme pour souligner que le directeur de l'ingénierie de Google, Ray Kurzweil, l'est, lui, beaucoup moins.

D'autres voix s'élèvent contre les perspectives que dessinent les transhumanistes. Pascal Picq, le paléoanthropologue du Collège de France, les rejette catégoriquement. Elles supposent, dit-il, « que l'homme arriverait à la fin de son évolution naturelle » et que « l'évolution technologique prendrait entièrement le relais ». Ce qui serait faux : « la technologie ne sonne pas la fin de l'évolution darwinienne ».

Les philosophes montent aussi au créneau pour dénoncer les déviances de ce projet : l'impréparation mentale et morale à une vie qui ne se soucie plus de la mort et finit par l'oublier ; l'impréparation environnementale, avec le risque de surpopulation et la diminution des ressources en conséquence ; et l'impréparation sociale, liée aux inégalités qui en découleraient avec la remise en question de la communauté de destin des êtres humains face à la mort. Et les potentialités de l'homme augmenté ou éternel deviendront vite l'instrument du pouvoir exercé par les plus riches sur les « chimpanzés du futur ».

Pourtant, le débat n'est guère virulent. Le *machine learning* et la science médicale, du cœur artificiel aux travaux sur les télomères, affichent des avancées spectaculaires, pourtant on ne réfléchit guère sur ce « toboggan sur lequel nous sommes engagés pour moins souffrir et moins mourir », selon l'expression de Laurent Alexandre. L'opinion ignore les transhumanistes, alors qu'ils progressent quotidiennement. Ils sont en train de gagner, sans livrer bataille.

3

L'avènement de l'eugénisme

Quand « rendre le monde meilleur » rejoint « le meilleur des mondes »

Julia posa la main sur son ventre. Le bébé bougeait. Enfin ! Le petit Luca, à J – 45, était moins remuant que son frère. Elle se souvenait bien de cette sensation, lors de sa première grossesse, d'avoir un aquarium greffé sous l'estomac. Un aquarium habité par un hôte turbulent. Cette fois-ci, mis à part son tour de taille qui s'élargissait, elle n'avait rien ressenti d'inhabituel. Mais peut-être les bébés parfaits étaient-ils plus matures que les autres, avant même de venir au monde.

Elle pensa à son accouchement, treize ans plus tôt. Treize ans déjà. Winston était là pour lui tenir la main, il serait là cette fois encore, il l'avait promis. Ils s'étaient mariés quelques mois après le jugement de divorce, et elle était tombée enceinte presque aussitôt. Il ne s'en était pas plaint, il était en pleine dépression. Il était si malheureux de ne voir ses enfants qu'un week-end sur deux que, même lorsqu'il était avec eux, il ne pensait qu'au moment où il devrait les quitter. La naissance de leur fils l'avait sorti de son accablement, mais Winston n'était jamais redevenu l'homme joyeux et insouciant dont elle était tombée amoureuse.

Dix-sept heures. Ethan n'allait pas tarder à rentrer de l'école. Elle eut un pincement au cœur en pensant à son aîné.

C'était un petit génie… un petit génie né trop tôt. Elle se souvint de l'étonnement de son instituteur, à l'école primaire, lorsqu'il avait découvert, à l'occasion d'un test de routine, que son élève ne pensait pas comme les autres. Il avait demandé aux écoliers de compléter des phrases. L'une d'elles disait : « Le chat a… pattes et l'oiseau en a… » Au lieu de répondre 4 et 2, Ethan avait écrit : « Le chat a mal aux pattes, et l'oiseau en a de la peine pour lui. »

La veille, Julia avait surpris son fils en pleurs dans sa chambre.

— Tu le sais bien, pourquoi je suis vénère ! C'est de votre faute, à Papa et à toi ! Pourquoi vous m'avez fait naître en 2024 ?

Ils en parlaient depuis des mois. Ethan était le meilleur élève de sa classe dans presque toutes les matières. Il avait deux ans d'avance. Les profs l'adoraient pour sa vivacité, ses questions out of the box *et ses perpétuelles remises en cause : son inventivité les charmait.*

Pourtant, il ne pourrait pas entrer à Henri-IV l'an prochain. Motif, à peine dissimulé par l'école : l'Education nationale ne souhaitait pas investir sur des élèves susceptibles de tomber malades en cours d'année. Cet établissement « se devait de sélectionner ses éléments » pour optimiser son rendement.

— Henri-IV est un lycée d'excellence, avait rétorqué la directrice lorsque Winston et Julia étaient allés la voir.

— Mais notre fils est le premier de sa classe !

— Laissez-moi finir. Henri-IV est un lycée d'excellence. Il ne peut se permettre des absences dans ses classes.

— Mais Ethan est en parfaite santé, il n'a pas manqué une journée depuis le début de sa scolarité !

— J'ai son dossier sous les yeux : il a été absent trois jours en grande section de maternelle.

— Mais il avait attrapé la varicelle ! Nous ne souhaitions pas qu'il contamine les autres ! Il a d'ailleurs été remis sur pied en un temps record.

— Je suis désolée, je comprends bien votre souci, mais nous n'avons pas le droit de déroger aux règles. Je suis bien consciente qu'Ethan semble être un excellent élément, surtout si l'on prend en compte son handicap, mais…

Winston avait failli s'étrangler. Son fils n'était pas « un très bon élément », il était le meilleur de sa classe. Quant au handicap… Faire mieux que les autres alors qu'il était 100 % bio, qu'il n'avait jamais été « optimisé », c'était donc un handicap ? Il se leva et partit sans un mot, écœuré. Dans le couloir, il croisa un couple qu'il connaissait, des parents qui partageaient le même souci. Huit élèves sur les vingt-huit de sa classe, nés comme Ethan à une période charnière, ne seraient pas admis à Henri-IV et devraient choisir un lycée de second rang.

Quelle faute avaient-ils commise ? Quel délit les tenait ainsi écartés des voies d'excellence ? Ils avaient été conçus « à l'ancienne » : leurs gènes n'étaient pas optimisés. Ils pouvaient tomber malades plus facilement, ils étaient plus fragiles psychologiquement. Même s'ils étaient brillants intellectuellement, et même au-dessus du lot comme Ethan – car le QI initial n'était qu'une des clés de la réussite –, ils n'auraient jamais accès aux plus grandes écoles ni aux postes les plus prestigieux. Ethan ne pourrait jamais être pilote de chasse

— Je veux mourir ! avait crié l'adolescent quand il avait découvert qu'il ne réaliserait jamais son rêve.

Enfermé dans sa chambre, il avait refusé de s'alimenter pendant quarante-huit heures. Winston avait forcé la serrure et s'était enfermé avec lui. Ils étaient restés longtemps épaule contre épaule, les poings serrés, en proie à une haine immense envers le monde entier, envers tous ceux qui avaient laissé, jour après jour, les geeks de la Silicon Valley, ces hommes majoritairement blancs, célibataires et élitistes, imposer leur loi urbi et orbi. *Quand Julia avait fini par convaincre son mari d'ouvrir la porte, Ethan était endormi sur le lit, et Winston s'était levé en grimaçant :*

— Cette fois, ça y est, nous sommes dans Bienvenue à Gattaca *: notre vrai CV, ce sont nos cellules.*

A l'époque où Ethan avait été conçu, les manipulations d'ADN sur la lignée germinale, c'est-à-dire sur les cellules liées à la reproduction, étaient encore rares en France. Ces interventions discrètes coûtaient près d'un million d'euros et étaient réservées aux enfants d'acteurs, de vedettes du football ou d'entrepreneurs milliardaires.

Mais leur prix avait été divisé par deux au cours de la décennie, et la pratique était devenue courante dans les milieux parisiens les plus favorisés. On travaillait sur l'embryon en éprouvette avant de le déposer dans l'utérus de la mère. Les parents exprimaient leurs souhaits sur la couleur des yeux, des cheveux, de la peau, sur la taille et le poids du bébé. Ils demandaient en général un QI compris entre 140 et 150 car, au-delà, on disait que l'enfant n'était pas assez affectueux. Or il était impossible de rectifier cette caractéristique : on n'avait pas encore trouvé le gène de l'amour.

On corrigeait en revanche les gènes des maladies graves ou neuro-dégénératives (Alzheimer, Parkinson, mucoviscidose...), et on introduisait deux morceaux de gènes supplémentaires : l'un rendait l'enfant insensible à toutes les maladies virales, et l'autre rendait ses os quasi incassables. A partir de la classe de première, le système scolaire prenait pour prétexte l'absence de ces deux caractéristiques pour barrer la route à tous les élèves « normaux », susceptibles de ne pas profiter de leur scolarité de manière optimale en raison de leur faiblesse relative.

Au tout début, se souvenait Julia, on utilisait l'adjectif dans un sens favorable : on était « normal » par opposition à « trafiqué ». Cent pour cent naturel, en somme. « Mon enfant bio », se réjouissait-elle alors. Winston racontait à voix basse la mésaventure d'un couple de collègues dont l'embryon avait été mal évalué lors de la manipulation ADN : les parents, tous deux de petite taille, avaient voulu inclure le gène de la grande taille dans le patrimoine génétique de leur rejeton, mais à la naissance, ils s'étaient rendu compte que son nez, son menton et ses oreilles étaient disproportionnés. Par la suite, la technique avait été maîtrisée. Ce qui n'avait pas tout résolu. Un couple avait explosé en vol parce que le mari souhaitait que sa fille à naître soit dotée de seins avantageux, alors que sa femme était loin de posséder cette caractéristique.

Le monde avait vite changé. Les « augmentés » réussissant mieux en classe, arrivant en tête des concours et trustant toutes les places dans les grandes écoles, le mot « normal » était devenu dépréciatif, comme le croissant « normal » face au croissant « au beurre » : le premier est moins cher que le second, on ne l'achète que si l'on est radin, pauvre, ou atteint de cholestérolémie. Peu à peu, le mot « normal » avait été abandonné, du moins dans les bonnes familles, où presque tous les nouveau-nés étaient optimisés avant la naissance, posant les jalons d'une nouvelle normalité. Faire naître un enfant « attardé », c'est-à-dire non augmenté, passait pour une cruauté, un caprice de bobo. Dans les cours de récréation des plus prestigieux collèges parisiens, les « imparfaits » étaient devenus si rares qu'ils se faisaient traiter d'« esclaves » et de « chimpanzés » par leurs camarades.

Le coût des manipulations génétiques s'était réduit puis stabilisé autour 300 000 euros (200 000 dans certains pays de l'Est ou au Maghreb), ce qui, en France, les rendait accessibles à un dixième de la population. Winston et Julia, qui avaient l'un et l'autre un salaire plus que correct, avaient dû économiser pendant trois ans. Certaines familles moins chanceuses mais responsables décidaient de n'avoir qu'un seul enfant et contractaient un emprunt sur vingt ans. Les moins prévoyantes mettaient au monde, à crédit, un rejeton augmenté en sachant qu'elles n'auraient pas les moyens d'offrir la même chose à ses frères, mais elles misaient sur lui pour faire vivre, à terme, le reste de la famille.

Ethan entra en trombe dans l'appartement. La porte se referma si violemment que Julia crut sentir les murs trembler. Elle vit une tête blonde surgir dans l'embrasure de la porte :

— Salut, M'man !

Son fils était un adolescent joyeux, équilibré, bien dans son corps et dans sa tête. De quel droit lui interdisait-on son rêve, quand il possédait toutes les qualités pour le réaliser ? Bien sûr, le droit n'entrait pas en ligne de compte. Les procès que des groupements de parents avaient intentés à l'Education nationale ou à l'Etat français devant la Cour européenne des droits de l'homme n'aboutissaient pas. Et si la justice leur donnait raison un jour, il serait trop tard pour leurs enfants : ils auraient pris un autre chemin.

— Maman, où sont mes affaires ?

— Dans le séchoir. Mais je ne suis pas sûre que tout soit sec. Tu as peut-être intérêt à prendre ta deuxième tenue dans le placard.

Ethan avait une demi-heure pour se préparer, avant de partir au rugby. Il adorait ce sport, mais savait que toute carrière professionnelle lui était fermée : on lui dirait un jour qu'il était trop petit, trop fragile, ou qu'il ne courait pas assez vite. Les parents qui rêvaient que leur rejeton devienne un rugbyman professionnel ou un violoniste virtuose devaient y penser plus tôt, lors de la conception. Courir vite ou sauter haut, c'était aussi inscrit dans les gènes. Une fois les enfants programmés, le souhait initial devenait la voie obligatoire, la voix de la raison, puisqu'ils n'avaient pas le CV génétique adapté aux autres carrières.

Winston, qui avait longtemps lutté contre l'emprise du numérique, les ajouts dans le cerveau, les enfants sur mesure et les casques de réalité virtuelle, sans parler de la carte ADN et des données biomédicales dans une puce greffée sous la peau du poignet, avait fini par rendre les armes. Il luttait encore contre les lentilles connectées, mais Julia allait être obligée de se faire injecter le liquide dans l'œil au retour de son congé maternité. Comme les gens qui au début des années 2000 voulaient vivre sans mobile, ou dans les années 2010 sans smartphone, ils finissaient toujours par obéir à la dictature de la majorité. Celui qui refusait cette tyrannie devait aussi renoncer à toute carrière professionnelle et aller garder des chèvres dans le Larzac. Et encore : à condition de ne jamais tomber malade.

Julia se souvint de ce Winston si prompt à protester qu'elle avait connu lorsqu'ils étaient amants. Lorsqu'il avait débarqué chez elle un matin, avec sa grosse valise, ses trois caisses et ses deux sacs, elle n'en revenait pas de sa chance. Catherine avait demandé le divorce, enfin ! Julia se demandait pourquoi elle ne l'avait pas exigé plus tôt. Elle devait sentir que son mari la trompait, mais refusait de l'admettre, et les réseaux sociaux l'y avaient contrainte. Puisque ses enfants étaient au courant de ses déboires conjugaux, ainsi que ses voisins, son employeur et son assureur, elle n'avait plus le choix. Dans une société de transparence absolue, la pression morale était trop forte.

Catherine avait d'ailleurs souffert d'un burn-out dans la foulée. Pire que celui qui avait dévasté Winston. Leurs médecins respectifs leur avaient proposé le même traitement par optogénétique, que l'assurance maladie avait accepté de prendre en charge. Ces soins permettaient de rendre les neurones de la personne dépressive sensibles à la lumière, avant de les stimuler par des faisceaux lumineux envoyés à l'aide de fibres optiques implantées dans le cerveau. Chacun de leur côté, Winston et Catherine avaient fait partie des premiers malades à expérimenter ce traitement qui fonctionnait chez les souris. Depuis, ces stimulations étaient devenues monnaie courante, et les gens s'autotraitaient à volonté : les implants étaient capables de réguler les humeurs et de rendre les individus plus empathiques, plus optimistes ou plus actifs quasi instantanément. La dépression nerveuse avait été éradiquée en même temps que le trafic de drogue, preuve, disait Julia, que cette société régie par les Big Datas n'avait pas que des inconvénients. Mais Winston, qui avait pris Big G en grippe, avait refusé les traitements à base de médicaments bioélectroniques, plus rapides, plus efficaces, mais aussi plus chers, que proposait le géant mondial.

Le jour où Winston avait demandé à Julia de l'épouser, l'un et l'autre avaient pourtant commandé à la filiale française de Big G le « profil à 360 degrés » de leur futur conjoint. A Paris, la démarche était quasiment obligatoire. Il avait suffi de quelques années pour qu'elle se généralise car avant 2020, les employeurs et les assureurs la faisaient en cachette. Rien de tel que de connaître le passé d'un candidat dans ses moindres détails, et son ADN – c'est-à-dire son futur – pour juger de sa sincérité et de sa fiabilité. Désormais, la plupart des mairies n'acceptaient pas le mariage sans le précieux document. L'Etat souhaitait que ses administrés s'engagent en connaissance de cause. C'est tout juste si l'on ne vous disait pas que la résistance à l'épreuve du 360 degrés permettait de démontrer que votre couple était viable.

Julia se souvenait du choc qu'elle avait eu lorsqu'elle avait ouvert le fameux mail. Ces dizaines de conquêtes qu'il avait eues avant elle, même au début de son mariage avec Catherine, et qui se trouvaient là, listées, froidement décrites.

— Tu as voulu me faire croire que j'étais ta première infidélité sérieuse. Mais tu n'as pas arrêté de tromper ta femme ! Et tout se passait les soirs de matchs de foot, quand tu prétendais aller chez des copains !

— Parfois j'y allais vraiment ! Et puis, les filles dont tu parles n'ont jamais compté.

— Même la blonde championne de kitesurf, avec les seins de Jennifer Lopez ? Tu es resté presque un an avec elle, tu étais très accro. Regarde ce que tu lui écrivais. Tu suppliais pour la voir une heure…

— J'en rajoutais. Elle aimait se faire supplier. Mais où ont-ils trouvé tout cela ? C'est scandaleux !

— Ils avaient tous tes mails et tes SMS, entre 2010 et 2020, y compris ceux envoyés du bureau, y compris ceux que tu as effacés, n'oublie pas…

— Je ne l'ai jamais vraiment aimée. D'ailleurs, je ne me suis pas marié avec elle, et je vais me marier avec toi.

— Arrête. Ton 360 est un vrai calendrier de routier. Et si Catherine ne t'avait pas foutu dehors, tu ne te marierais pas avec moi non plus.

— Si Catherine ne s'est aperçue de rien avant, c'est que tu étais plus importante que les autres, non ?

— Non. Simplement, à l'époque, tout le monde n'avait pas des lunettes caméra, tout le monde ne mettait pas des vidéos sur BigTube, la reconnaissance faciale ne taguait pas automatiquement les images…

Elle avait raison, Winston le savait bien. Il n'était pas fait pour ce siècle d'exhibitionnisme et de transparence. Il aurait voulu vivre toute sa vie au XXe siècle, quand on pouvait encore passer deux heures avec une fille à l'hôtel sans alerter le monde entier. Flirter dans un parc sans retrouver les images de vos mains baladeuses sur Facebook. Ou même s'asseoir sur un banc pour discuter avec une femme, en tout bien tout honneur, sans être soupçonné d'intentions malignes, parce que quelqu'un, sans le faire exprès, avait immortalisé la scène en photographiant la tour Eiffel.

— Tu es quand même gonflée de m'accuser, toi qui as eu deux petits copains à la fois !

— J'avais quinze ans ! Je n'étais pas amoureuse, c'est pour ça que je n'arrivais pas à choisir !

— Tu as couché avec les deux à la fois ? Allez, avoue.

— Non, jamais. Je suis sortie avec le second parce que le premier était parti faire les vendanges. J'étais en vacances au bord de la mer, en Normandie… Le numéro deux jouait du piano en virtuose, il était beau, un peu plus vieux que moi, il m'impressionnait. Mais quand le premier est revenu, je ne savais plus où j'en étais. Alors j'ai tout arrêté. Ils ont accepté d'attendre que je choisisse. Un soir, je suis rentrée en donnant la main aux deux, sur le chemin des douaniers. C'est un de mes plus beaux souvenirs d'adolescence. Cent pour cent platonique.

— Tu as un faible pour la bigamie. Pas mal, pour une fille qui simule l'orgasme.

— Ne me dis pas qu'il y a ça aussi dans mon 360 ?

— Mais si ! Tu l'as dit dans un forum de discussion il n'y a pas six mois… D'ailleurs tu étais déjà avec moi, j'y pense !

Julia devint écarlate.

— Mais... mais...

— Tu l'as écrit sous pseudo ? Je sais. Mais ce n'est pas cela qui va arrêter Big G, tu rêves !

La jeune femme se reprit.

— Ce n'est pas vrai que je simule ! Ou en tout cas cela ne m'est arrivé qu'une fois ou deux. Et jamais avec toi... Je faisais allusion à des expériences du passé... L'histoire des deux copains m'affole davantage, car je n'avais jamais raconté cette anecdote.

— Il suffit qu'un de tes deux soupirants, lui, l'ait raconté quelque part...

— Winston, tu m'en veux vraiment pour ça ?

— J'ai peur que tes tendances bigames se réveillent un jour. Ou ta frigidité...

Elle lui avait jeté un oreiller à la figure, et la discussion avait dégénéré en pugilat amoureux. Ils avaient fait l'amour avec acharnement, comme pour se prouver à eux-mêmes que le 360, le mariage et la grossesse ne changeraient rien aux sentiments qu'ils avaient l'un pour l'autre. Mais à peine étaient-ils retombés sur leur oreiller, essoufflés et repus, que Winston avait renoué le dialogue interrompu.

— Tu sais, j'ai découvert aussi dans ton 360 que tu avais 40 % de risques d'avoir un cancer du sein. Ce qui signifie que si nous avons une fille, elle présentera aussi des risques de l'avoir.

— C'est tout ce que cela t'inspire ? Je peux en mourir, et toi, il n'y a que ta descendance qui t'intéresse ? Tu sais, cela fait des années que j'hésite à me faire enlever les seins...

— Non, ne fais pas cela ! J'adore tes seins !

— Quel égoïsme ! Mais puisque nous sommes sur le sujet, toi, tu n'es pas nickel : tu n'as jamais fait la moindre coloscopie de dépistage. Et tu as 30 % de risques d'avoir un jour un cancer de la prostate.

— Tu sais bien qu'il se déclare à soixante-dix ans et qu'on vit vingt ans avec...

— En tout cas, je ne te laisserai pas aller voir le foot chez tes copains.

Winston avait alors planté une ultime banderille.

— Au fait, tu ne m'avais pas dit que ton père était agent d'entretien ? Tu m'avais dit qu'il était maire-adjoint à la mairie de Colombes.

— Et alors ? Il a été conseiller municipal… Tu ne vas pas chipoter, toi qui as redoublé ta terminale… Et ton père, ce gentil vieux monsieur inoffensif : c'était un commerçant malhonnête qui a eu trois redressements fiscaux !

Ils s'étaient mariés malgré les défauts que le 360 leur avait fait découvrir. Comme le fait qu'elle ne regardait que des bluettes à la télé… alors qu'elle lui avait raconté qu'elle adorait le théâtre et les films intello. Ou le fait qu'elle avait toujours passé ses vacances à griller sur la plage, alors qu'elle prétendait apprécier les randonnées en montagne. Bien sûr, ce n'étaient pas des mensonges très graves, mais cela montrait bien qu'il n'y avait pas besoin d'être un terroriste pour cacher des choses « qu'on ne voulait pas que les autres sachent ». Il l'avait épousée néanmoins, convaincu que l'homme n'était pas fait pour vivre seul et qu'elle ressemblait à son idéal. Quand Catherine lui avait demandé de quitter le domicile conjugal, il avait senti le vide s'ouvrir sous ses pieds. Mais Big G avait réponse à tout : avant même qu'il n'ait eu le temps de changer son statut sur Facebook, il avait reçu, sur son smartphone, le profil de la femme idéale, celle qu'il devrait épouser ! Les caméras domestiques avaient dû le voir faire ses valises…

Il avait d'ailleurs jeté un coup d'œil plus long que prévu sur « l'épouse sur mesure ». Elle était blonde avec des yeux verts (Julia était brune aux yeux gris), sportive (Julia détestait le sport, mais il ne le savait pas encore), la quarantaine (Julia n'avait que trente-deux ans), deux enfants de l'âge des siens

(Julia n'en avait pas encore). Et elle était fonctionnaire internationale, tandis que Julia était directrice adjointe du marketing dans la filiale française d'un grand du Web. Il frissonna à l'idée qu'un jour, se marier avec une personne correspondant à votre profil pourrait être obligatoire. Ou alors ils réussiraient à vous en convaincre sans que vous vous en aperceviez. Comme pour acheter telle marque ou prendre tel chemin, il y aurait des nudges *– des incitations inconscientes – pour vous pousser à le faire.*

Winston avait failli demander la mise en relation avec la jeune femme. Il était tellement reposant de laisser Google choisir à votre place. Il connaissait vos habitudes, vos idées, il vous proposait l'adhésion à un parti politique en comparant vos opinions aux programmes des candidats. La plupart de ses collègues avaient même opté pour le « coaching personnalisé ». Big G Coach – un algorithme très sophistiqué – les conseillait en permanence dans leur vie quotidienne : il les empêchait de boire trop d'alcool, leur signalait qu'un morceau de salade était coincé entre leurs dents ou qu'il était temps d'aller chez le coiffeur, leur rappelait de lire tel rapport avant le lendemain matin… et évaluait leurs chances de séduire leur voisine de palier.

Winston s'était réfugié chez Julia en maudissant Big G. Il refusait de suivre les avis de ces geeks qui avaient une solution à tout. De même, il ne s'était pas posé de questions quand Julia était tombée enceinte pour de vrai. A l'époque, chez les intellectuels, le débat sur la sélection génétique faisait rage. Elle pouvait permettre, disait-on, d'améliorer le QI d'un pays de 60 %. Et la majorité des Américains étaient prêts à utiliser les biotechs pour augmenter l'intelligence de leurs embryons. Les Français, alors, étaient farouchement contre. Mais Winston était convaincu qu'il serait un jour irresponsable de laisser naître des bébés normaux, puisqu'ils apparaîtraient diminués par rapport aux autres, et donc, dès la naissance, destinés aux métiers subalternes. Il l'avait fait cependant, sans imaginer que l'évolution serait aussi rapide. Aujourd'hui, confronté à la peine d'Ethan, il s'en voulait.

Pour leur deuxième enfant, conçu à la demande de Julia dès qu'ils avaient eu les moyens de financer la manipulation génétique, ils n'étaient pas d'accord sur le prénom. Julia aurait voulu Bertrand-Paul, Winston préférait Frédéric. Alors elle avait proposé de laissé Big G décider à leur place.

— Il connaît nos goûts mieux que personne. Pourquoi perdre son temps à chercher ? A se disputer ?

C'est vrai, Big G ne risquait pas de proposer Alphonse ou Kevin. Il avait trouvé Jérémie, Marcello et Luca. Des prénoms qui, en effet, leur plaisaient à tous les deux. Depuis quelques années, Big G choisissait aussi leurs lieux de vacances : il connaissait les intersections de leurs goûts communs, les pays déjà visités par l'un et l'autre, les destinations en vogue et leurs humeurs du moment. Plus besoin de faire des concessions à tour de rôle : ils étaient allés en Namibie, dans l'Ouest américain et dans les Pouilles – et revenus enchantés.

Big G décidait de leurs menus, du restaurant quand ils voulaient sortir, du film quand ils allaient au cinéma. Même les surprises étaient programmées. Winston se rendait bien compte qu'il acceptait désormais ces ingérences contre lesquelles il s'était battu si farouchement, mais pourquoi refuser l'aide de la technologie quand elle améliorait la vie ?

Ils avaient économisé et emprunté pour donner le maximum de chances au petit Luca. Même s'il se révélait moins courageux, moins affectueux ou moins astucieux que son frère, il aurait, lui, toutes les chances : aucune porte ne lui serait fermée. Il ne souffrirait d'aucune maladie infantile, il aurait

12 sur 10 aux deux yeux, un QI de génie et une foulée de dieu du stade. Cet enfant ne connaîtrait que des victoires.

Mais son existence serait pour Winston la plus cruelle des défaites.

*

Google est généreux. Il prend en charge les frais de congélation des ovocytes de ses salariées. Ce nouveau service inclus dans leur assurance-santé coûte 10 000 dollars. Sans les frais de stockage, soit 500 dollars par an : de quoi faire doubler la facture, si chacune attend d'avoir quarante ou quarante-cinq ans pour exhumer ses œufs. Mais c'est bien le but recherché par Google : permettre à ses cadres de s'affranchir de l'horloge biologique, pour avoir un enfant au bon moment, c'est-à-dire plus tard. Et en attendant, faire carrière l'esprit léger, en se donnant à fond pour leur employeur. Fécondation *in vitro* à gogo !

Avec un peu de chance, la sélection et l'amélioration des embryons sera disponible au moment où ces femmes décideront de devenir mères. Même si elles sont sexagénaires, elles décongèleront leurs ovocytes, choisiront un échantillon de sperme sur catalogue (si elles n'ont pas de compagnon) et se feront inséminer. Elles sélectionneront ensuite l'embryon qui leur plaît le plus. Et si, à cette époque, il est possible de « l'améliorer » – l'immuniser contre les infections en tout genre, booster son QI, sa sociabilité ou son système capillaire, et lui donner des yeux bleu azur –, leur employeur les y aidera sûrement. Car, aux Etats-Unis comme en Chine – mais pas en France ni dans la plupart des grands pays européens, où les préoccupations éthiques l'emportent –, les scientifiques travaillent déjà, directement ou indirectement, sur la possibilité de fabriquer des bébés sur mesure.

Vive Google, qui apporte la solution à tous vos problèmes. Google qui refuse de réfléchir aux risques induits par l'eugénisme, c'est-à-dire la sélection des êtres humains : la création d'une humanité à deux vitesses, le racisme, la séparation sociale, l'élimination des « sous-hommes », voire la disparition de l'*Homo sapiens*.

Le plus grand réservoir d'ADN humain au monde

Larry Page ou Sergey Brin sont des libertariens pur jus : hyper-libéraux sur le plan économique, hyper-libertaires sur le plan des mœurs. Pour eux, rien n'est tabou, et surtout pas l'ADN. Une des façons d'augmenter l'espérance de vie, de lutter contre le vieillissement et les maladies, c'est de comprendre et de modifier nos gènes. Le nouveau géant de la santé n'est pas à l'origine des dernières avancées de la médecine en la matière, mais à coups de milliards de dollars il fera vite progresser la science. Et pas question de se laisser ralentir par des questionnements éthiques : puisque « tout ce qu'il est possible de faire, quelqu'un le fera », autant que ce soit lui.

Une filiale de Google est ainsi en train de fabriquer la plus grande base d'ADN humain au monde : 23andMe. Cette start-up a été créée en avril 2006 par Anne Wojcicki, qui devait devenir un an plus tard l'épouse de Sergey Brin, et son amie Linda Avey. La société, installée comme Google à Mountain View, est spécialisée dans l'information génétique aux particuliers, son nom faisant référence aux 23 paires de chromosomes qui constituent le génome de chacun. Sergey Brin est l'un de ses actionnaires à titre personnel, et Google y a investi 3,9 millions de dollars en 2007, puis 2,6 millions en 2009. Sergey et Anne ont divorcé en 2015, mais sans changer la donne capitalistique : Google partage le pouvoir dans 23andMe avec Mohr Davidow Ventures, New Enterprise Associates, et les fondatrices.

Les deux jeunes femmes affichaient à l'origine un triple objectif : d'abord, commercialiser des tests ADN permettant aux internautes de connaître leur patrimoine génétique, l'origine géographique de leurs ancêtres et leurs risques de développer certaines affections : cancers, maladies cardio-vasculaires, diabète, Alzheimer.... Ensuite, constituer une base de données génétiques commercialisable auprès de la recherche médicale. Enfin, créer une sorte de Facebook génétique, une communauté au sein de laquelle les internautes peuvent se rapprocher par affinités et retrouver leurs « proches » comme on le fait sur « Copains d'avant » : le site fait ainsi témoigner des frères et sœurs qui se sont retrouvés grâce à 23andMe. Les internautes peuvent aussi suivre l'avancée de la recherche sur les maladies graves qu'ils savent pouvoir développer.

Sergey Brin est menacé par la maladie de Parkinson

L'intérêt de Sergey Brin pour cette entreprise se comprend : il a découvert avec ses tests qu'il était porteur d'un gène qui le prédisposait à la maladie de Parkinson. Il a fait partie des premiers « cobayes » de 23andMe, en 2006. Sa mère s'était vu diagnostiquer une maladie de Parkinson en 2004, et une de ses grand-tantes en était décédée. Le test de 23andMe a été sans appel : le cofondateur de Google souffre d'une mutation sur le gène LRRK2, exactement comme sa mère. Verdict : 40 % de probabilité de développer la maladie. Cette probabilité peut être réduite par divers facteurs dont le sport ; alors il pratique de manière intensive la natation et le plongeon.

Quand l'entreprise a été créée, il fallait débourser 999 dollars pour une analyse de votre empreinte génétique ainsi que de votre ADN mitochondrial (celui transmis par votre mère). Mais la Food and Drug Administration a eu des doutes sur la fiabilité des résultats, lesquels avaient des conséquences majeures : ils affolaient les intéressé(e)s et les poussaient à prendre des décisions hâtives, comme ces jeunes femmes qui demandaient à subir une ablation des seins parce qu'elles se découvraient un risque supérieur à la moyenne de cancer mammaire. La FDA a donc interdit à la start-up de continuer à « prédire l'avenir » des citoyens américains.

23andMe avait aussi déposé le brevet d'une méthode permettant de fabriquer un bébé à la carte grâce à la sélection des gamètes de donneurs d'ovule ou de sperme. Les bio-éthiciens ont crié au scandale, et cette méthode n'a pas été commercialisée.

L'entreprise s'est repliée, pendant près de deux ans, sur les recherches généalogiques – moins chères et moins complètes –, jusqu'à ce qu'Anne Wojcicki obtienne, en octobre 2015, l'autorisation de commercialiser de nouveaux tests pour identifier les porteurs d'une mutation génétique potentiellement transmissible à la descendance. Trente-six pathologies sont au catalogue, dont la mucoviscidose. Le prix modique du service, 149 dollars, a déjà permis à 23andMe de se constituer un formidable fichier d'empreintes génétiques.

En janvier 2015, 800 000 personnes avaient demandé cette « version numérique de l'horoscope », pour reprendre l'expression des détracteurs de la start-up ; elles sont près d'un million aujourd'hui à faire partie de la base de données. Quatre-vingts pour cent ont accepté que leur génome décodé soit utilisé à des fins scientifiques. Genentech, une filiale du groupe Roche, s'est donc offert pour 60 millions de dollars l'accès à ces centaines de milliers de profils ADN, afin de faire des recherches sur Alzheimer ; Pfitzer et d'autres grandes sociétés pharmaceutiques lui témoignent le même intérêt. Les clients affluent. 23andMe pourrait devenir une mine d'or !

Des rabais sur les assurances pour ceux qui ont décodé leur ADN

Le premier séquençage du génome humain avait duré treize ans et coûté 2,4 milliards d'euros. Fin 2013, le prix d'un séquençage tournait autour de 1 000 euros. Désormais, une analyse complète se fait en moins de trois heures pour un coût de revient inférieur à 100 euros. Laurent Alexandre, patron de DNAVision et cofondateur du site Doctissimo, annonce que, bientôt, « le résultat sera corrélé à notre dossier médical. Si l'on veut être soigné, on ne pourra pas y échapper ». Les énormes volumes d'informations risquent en parallèle d'être transférés vers la Californie, comme le sont aujourd'hui nos données personnelles… Après avoir perdu le contrôle de notre « moi » numérique, nous perdrions celui de notre « moi » génétique ? Après le profilage psychologique, le profilage biologique ? Laurent Alexandre est convaincu que les GAFA seront un jour aussi puissants en médecine qu'ils le sont aujourd'hui en publicité. C'est-à-dire hégémoniques.

Déjà, des assureurs pratiquent des remises pour les clients qui acceptent de faire séquencer leur génome. Au Canada ou en Angleterre, où la législation est moins restrictive qu'ailleurs, les informations génétiques peuvent être prises en compte dans les calculs des très grosses primes d'assurance. Ce n'est pas le cas en France ou aux Etats-Unis, mais pour combien de temps ? Un jour, l'ADN permettra sans doute de déterminer « l'assurabilité » d'un client. *Exit* les gens à risque, sauf s'ils paient dix fois plus que les autres…

Mais ce n'est pas la seule conséquence de la démocratisation du séquençage, loin s'en faut. Ces données génétiques vont servir de support à de gigantesques programmes de santé. Dans une première phase, elles permettront aux médecins d'éliminer toutes les maladies génétiques chez les enfants à naître. Personne ne s'y opposera : nul ne souhaite voir son enfant mourir de la mucoviscidose quand il est possible d'éliminer ce risque avant la naissance. D'une certaine manière, ce type de sélection existe aujourd'hui : en France, 97 % des trisomiques font l'objet d'un avortement. Ce qui signifie que l'Etat a d'ores et déjà engagé un programme eugéniste… Certes, il ne s'agit pas d'un eugénisme national obligatoire, comme celui du IIIe Reich, mais d'un eugénisme libéral, auquel les futurs parents ne sont pas obligés de souscrire. En réalité, seulement un couple sur 33 choisit de garder son enfant trisomique… En cas de FIV, il existe des diagnostics ADN pré-implantatoires, qui donnent aux parents exposés au risque de voir leur enfant atteint d'une maladie génétique la possibilité de l'éviter.

Sélectionner l'embryon pour qu'il ait les yeux bleus et un fort QI

Dans une deuxième phase, on imagine que les parents pourront aller plus loin et sélectionner les embryons afin de choisir les plus intelligents, les plus résistants, les plus beaux selon leurs critères, etc. En effet, la technologie ne se contente plus de repérer la trisomie 21 et quelques pathologies rares en milieu de grossesse, elle pourra bientôt lire la totalité des 3 milliards de bases ADN du bébé par simple prise de sang de la mère, sans même pratiquer une amniocentèse, en tout début de grossesse, c'est-à-dire à un moment où l'IVG est légale. Toutes les conditions techniques seront donc réunies pour une pratique de l'eugénisme à grande échelle. Des Chinois l'envisagent déjà, puisque les chercheurs du BGI (Beijing Genomics Institute) cherchent à fabriquer des êtres à l'intelligence hors du commun. Ils ont séquencé les ADN de 2 500 individus au QI supérieur à 145 et les ont comparés avec ceux d'individus au QI situé autour de 100, afin d'identifier les marqueurs que l'on trouve chez les génies, et pas chez les individus moyennement intelligents. Car il n'existe pas à proprement parler de gène de l'intelligence : elle est à la fois héréditaire et environnementale.

Troisième étape, les scientifiques modifieront les gènes porteurs de maladies pendant la vie même du patient. Des découvertes récentes rendent cet exploit possible. Les dirigeants de Calico, la filiale de Google, prédisent d'ores et déjà que l'espérance de vie passera assez rapidement à cinq cents ans, même s'il existe une vraie barrière biologique autour de l'âge de cent vingt-cinq ans, qu'aucun humain n'a encore jamais dépassé. Car le génie génétique n'a pas de limites : en 1993, une chercheuse californienne a découvert un premier gène ayant un impact sur la longévité, qui a été suivi de beaucoup d'autres. En les faisant interagir, des scientifiques sont déjà parvenus à multiplier par quinze la durée de vie d'un ver. Pour Google, *the sky is the limit* !

« Casser le seuil des 125 ans, prévient Laurent Alexandre, ne pourra se faire qu'au prix de manipulations génétiques lourdes, lesquelles constitueront un véritable changement d'humanité » – ce que Ray Kurzweil, le chef de l'ingénierie chez Google, appelle « l'humanité 2.0 ». Veut-on vraiment créer une humanité 2.0 ? Ce débat philosophique n'ayant pas commencé, Google a les mains libres pour avancer : « Il maîtrise, insiste Laurent Alexandre, toutes les technologiques nécessaires : la robotique, l'informatique, les moteurs de recherche, l'intelligence artificielle, les nanobiotechnologies, le séquençage de l'ADN... »

Améliorer l'ADN de l'enfant pour rendre ses os incassables

Dans les trois cas que nous venons d'évoquer, on choisit ou on modifie les cellules de l'enfant ou de l'adulte, mais on ne touche pas aux cellules dites germinales, celles qui jouent un rôle dans la reproduction, on ne modifie donc pas les gènes de toute la lignée de leurs descendants. On ne modifie pas définitivement la race humaine.

Mais dans une phase ultime, que les nouvelles découvertes rendent déjà envisageable, les scientifiques pourront modifier les gènes de l'enfant à naître – donc sa taille, les muscles, voire son QI si l'influence des gènes sur l'intelligence finit par être cernée –, entrant alors pour de bon dans l'ère du bébé sur mesure et de l'amélioration de l'espèce. On devine d'emblée l'une des conséquences possibles : la création d'une « race supérieure ».

L'inventeur du mot Transhumanisme, Julian Huxley, le frère de l'auteur du *Meilleur des mondes*, était aussi l'un des grands théoriciens de l'eugénisme. Car les deux vont de pair : les transhumanistes, on l'a vu, prônent « l'augmentation » de l'homme par tous les moyens, y compris en opérant des sélections – donc, aujourd'hui, en intervenant sur son ADN. George Church, l'un des plus prestigieux généticiens américains, présente souvent dans les conférences transhumanistes la liste d'une dizaine de variants présents dans les gènes de certains hommes et femmes, et qui les « augmentent » naturellement, en leur conférant des qualités physiques et une résistance exceptionnelles : l'un rend ainsi les os quasiment incassables, un autre réduit le risque de crise cardiaque, un troisième prémunit contre la maladie d'Alzheimer…

George Church est certain que la modification des gènes sera bientôt l'équivalent de la chirurgie esthétique aujourd'hui, et que les manipulations de l'ADN joueront le rôle que jouent les vaccins. Tous les partisans de ces manipulations sont convaincus que les humains de demain, s'ils ne sont plus des *Homo sapiens* au sens strict, n'auront pas à le regretter puisque ces surhommes seront en meilleure santé, qu'ils souffriront moins, qu'ils seront plus heureux et qu'ils vivront plus vieux.

Tout cela est rendu possible, ou plus commode, par l'existence d'une innovation révolutionnaire dont la chercheuse française Emmanuelle Charpentier est l'une des inventrices : CRISPR-Cas9, l'équivalent d'une paire de ciseaux génétique. Le laboratoire de Harvard dont elle faisait partie, sous la direction de Luhan Yang, est devenu le centre d'une nouvelle genèse technologique : l'homme y rejoue la Création à sa manière. CRISPR-Cas9 permet en effet « d'éditer » l'ADN, c'est-à-dire de sectionner et de remplacer une ou plusieurs de ses séquences. En clair : insérer des gènes bénéfiques et supprimer les plus nocifs. Luhan Yang exploite désormais cette technique dans sa société eGenesis afin de manipuler le gène du porc et du mouton. CRISPR-Cas9 est aussi utilisée sur des légumes, ce qui fait hurler les opposants aux OGM et réagir l'Union européenne. Elle peut évidemment s'appliquer à l'homme.

La technologie CRISPR ouvre en effet la voie à la « rectification » des humains existants : on peut, par exemple, corriger un gène défectueux dans les cellules qui donnent naissance aux globules rouges, pour guérir un patient atteint d'une forme d'anémie très grave.

Ces « ciseaux moléculaires » ont été utilisés pour la première fois fin octobre 2016 chez un homme atteint d'un cancer du poumon très agressif, par une équipe de l'université de Chengdu, dans le cadre d'un essai clinique à l'hôpital West China. Cette première médicale consistait à prélever des globules blancs (des lymphocytes T), à les modifier génétiquement en supprimant les cellules cancéreuses, avant d'amplifier ces globules modifiés et de les réinjecter chez le patient, dans l'espoir que ces cellules immunitaires attaquent les cellules cancéreuses.

Ce type de thérapie – qui réveille une vieille rivalité entre chercheurs chinois et américains – ne concerne pas pour l'instant la « lignée germinale » et les rectifications de l'ADN ne seraient donc pas transmises aux générations suivantes.

Mais certains scientifiques se disent prêts à modifier les cellules liées à la reproduction, ovocytes et spermatozoïdes, voire à travailler sur l'embryon lui-même.

Vers une nouvelle race humaine

Les généticiens ne parlent ouvertement pas de créer une nouvelle humanité : ils veulent rectifier les gènes responsables des maladies héréditaires. Supprimer, par exemple, le gène responsable de la mucoviscidose. Ou intégrer un gène protégeant à vie contre la maladie d'Alzheimer. Ou même se protéger contre toutes les infections : il n'y aurait plus besoin d'antibiotiques ! Mais dès lors que cette thérapie génique s'applique à la lignée germinale, elle est transmise de génération en génération ; il s'agit donc d'une modification de la race humaine. Confrontés à cette perspective toute proche, une douzaine de pays ont fait part de leurs préoccupations éthiques et ont interdit les modifications de la lignée germinale. Des associations scientifiques dénoncent les risques liés à la modification du génome humain et le crime contre la dignité humaine qu'il représente, puisqu'il s'agit bien de transformer des êtres sans leur consentement.

Jusqu'alors, personne ne s'y est hasardé… à l'exception de l'université Sun Yat-sen de Canton. Des chercheurs de cette université chinoise ont en effet annoncé en 2015 avoir réalisé une expérience consistant à supprimer, sur des embryons, le gène responsable de la bêta-thalassémie, une maladie héréditaire provoquant une anémie mortelle. Deux revues prestigieuses, *Nature* et *Science*, ont refusé de publier leurs travaux, mais l'étude est parue le 18 avril dans *Protein & Cell*. Les embryons utilisés n'étaient pas viables – ils étaient donc impossibles à réimplanter dans un utérus pour devenir des êtres vivants –, mais l'expérience a affolé les scientifiques du monde entier. Et pour cause : il s'agissait de la première tentative de manipulation du génome de l'*Homo sapiens*.

Même si l'expérience chinoise a échoué, beaucoup de scientifiques ont appelé à un moratoire dans les recherches. Aux Etats-Unis, le 18 mai 2015, l'Académie nationale des sciences et l'Académie nationale de médecine ont annoncé qu'elles émettraient ensemble des recommandations sur l'utilisation de ces biotechnologies. Si, aux Etats-Unis, il n'existe aucune interdiction légale de manipuler la lignée germinale, de fortes restrictions éthiques lient les scientifiques par tradition. Ces bonnes intentions résisteront-elles face au défi lancé par les « concurrents » chinois ? D'après la revue scientifique *Nature*, Américains et Chinois sont engagés dans une course contre la montre pour être les premiers à maîtriser ces techniques.

Les interrogations sont immenses. Certes, comme le dit Luc Ferry dans *La Révolution transhumaniste*[1], cet eugénisme est « d'un genre inédit », puisqu'il se veut « moral,

1. Plon, 2016.

égalitariste et à aucun égard hitlérien ou exterminateur. Il s'agit de passer du hasard au choix ». Mais, à supposer que tout le monde puisse y accéder de manière égale – ce qui semble improbable, alors qu'il existe déjà aujourd'hui une humanité à deux vitesses, le Nord et le Sud –, *quid* de la santé psychique d'un individu ainsi fabriqué ? D'un bébé transformé en cobaye, modifié par construction sans son contentement, par la volonté de ses parents, sous l'influence de gourous eugénistes ? *Quid* de sa santé tout court : après quelques années d'existence, des dysfonctionnements ne vont-ils pas apparaître chez les individus modifiés ? « Pas de souci, répondent les apprentis-sorciers de la Silicon Valley, ces manipulations deviendront aussi banales que l'est aujourd'hui la fécondation *in vitro* : lors des premières FIV, on se demandait si le bébé allait être normal, mais il fallait bien que quelqu'un se lance. On sait aujourd'hui que la science ne s'était pas trompée, et qu'il n'y a aucune différence, à l'âge adulte, entre un bébé-éprouvette et un bébé conçu naturellement. »

Il existe un consensus sur l'impérieuse nécessité de débarrasser les enfants à naître des maladies héréditaires lourdes. Mais pour les « solutionnistes » de la Silicon Valley, la tentation est grande d'aller plus loin : après tout, la myopie n'est-elle pas aussi une anomalie handicapante ? Les otites à répétition ne sont-elles pas une injustice pour l'enfant souvent absent de l'école ? Avoir un QI de 110 ne constitue-t-il pas une véritable infirmité si les autres élèves dépassent 120 ? On peut vite justifier la fabrication de l'être parfait.

Même si, pour beaucoup, ce n'est qu'une question de vocabulaire, le posthumanisme se distingue du transhumanisme. Les transhumanistes, qui rêvent de changer l'homme, se voient généralement comme des humanistes : ils considèrent que la technologie permet simplement d'échapper à la fatalité du destin. Si l'on naît avec un « handicap », de quelque nature qu'il soit, il est normal de pouvoir le faire rectifier ; d'ailleurs, la première rectification – les lunettes – ne date-t-elle pas du XIIIe siècle ?

Pour eux, il est tout aussi naturel de pouvoir être « augmenté » : l'homme se libère ainsi des évolutions aléatoires et des injustices de la sélection darwinienne. Il passe du hasard au choix ! Il devient la première espèce parfaitement libre, affranchie des lois de la nature. En ce sens, et à supposer, encore une fois, que tout être humain ait les moyens de financer l'accès à sa transformation, le transhumanisme, loin de relever du néofascisme, serait au contraire une philosophie de la justice sociale. Et s'opposer à lui reviendrait à légitimer les injustices biologiques, voire les inégalités de classes, et à passer pour le plus arriéré des bio-conservateurs…

Les posthumanistes, eux, vont plus loin. Ce sont des *playing God men*, des hommes qui se prennent pour Dieu : certains, dans la lignée de Craig Venter, un biotechnologiste qui a réussi à créer un chromosome artificiel en éprouvette, trouvent normal de manipuler le génome humain, donc de créer des organismes d'un genre nouveau, capables de se reproduire. D'autres veulent hybrider l'homme et la machine, *via* la robotique et l'intelligence artificielle.

Il semble désormais possible – ce serait une question d'années – de façonner la race humaine et de créer une espèce nouvelle. Autrement dit, de faire peu à peu disparaître l'*Homo sapiens*, au profit de cette

« race supérieure » qui rappelle d'insupportables souvenirs. Aujourd'hui, l'opinion publique ne semble pas être consciente des risques que porte une modification de la lignée germinale.

Des surhommes destinés à gouverner les classes inférieures

Elle induit, encore plus directement que les manipulations actuelles influant sur notre espérance de vie et nos capacités, le risque d'une humanité à deux vitesses : d'un côté, les surhommes, se reproduisant de génération en génération, et de l'autre, les hommes tout court, ces « chimpanzés du futur » sans espoir de grimper dans l'échelle sociale car leur CV se trouve « dans leurs cellules », comme le dit joliment le héros du film d'anticipation *Bienvenue à Gattaca*[1].

L'appartenance à l'une ou l'autre branche de l'humanité sera déterminée par les moyens financiers des parents. Car fabriquer un enfant parfait aura un coût non négligeable. On sait qu'une FIV coûte aujourd'hui 20 000 dollars ; si l'on ajoute les tests génétiques, l'éventuel don d'ovocytes et le coût de « rectification » des gènes, l'addition dépassera vite les 150 000 dollars.

Avec la fabrication de bébés sur mesure puis d'une nouvelle catégorie de surhommes doués d'une intelligence supérieure et destinés à diriger les autres, ce « monde meilleur » que veut créer Google rejoindra *Le Meilleur des mondes* d'Aldous Huxley. A cette différence près que

1. Film américain d'anticipation réalisé par Andrew Niccol en 1997.

l'utopie communiste est passée de mode, et que l'appartenance aux classes dirigeantes sera réservée aux plus riches, sans espoir de retour. Est-ce ce que l'on souhaite ?

« Notre monde moderne se targue de reconnaître, pour la première fois de l'histoire, l'égalité foncière de tous les hommes, confirme l'historien israélien Yuval Noah Harari[1]. Or il pourrait être sur le point de créer la plus inégale de toutes les sociétés. Tout au long de l'histoire, les classes supérieures ont toujours prétendu être plus intelligentes, plus fortes et dans l'ensemble meilleures que les classes inférieures. Généralement, elles s'illusionnaient. Le bébé d'une famille paysanne sans le sou avait toute chance d'être aussi intelligent que le prince héritier. Grâce aux nouvelles capacités médicales, les prétentions des classes supérieures pourraient bientôt devenir une réalité objective. Ce n'est pas de la science-fiction. »

Comme Yuval Noah Harari, l'économiste-philosophe américain Francis Fukuyama, rendu célèbre par son essai *La Fin de l'histoire et le dernier homme*[2], craint l'avènement des transhumanistes. Dans « La fin de l'homme », il nous pousse à refuser ces mondes futurs proposés sous le faux étendard de la liberté, quitte à prendre les armes pour protéger l'humanité des excès de la science !

Il n'existe pas d'autorité centrale capable de s'exprimer au nom de la Science. Mais la plupart des scientifiques sont convaincus qu'il est déjà impossible de faire machine arrière. Les avancées de la biotechnologie et de la génétique sont telles que la manipulation des lignées terminales

1. *Sapiens. Une brève histoire de l'humanité*, Albin Michel, 2015.
2. Flammarion, coll. « Histoire », 1992.

est inéluctable. Avec des conséquences sur les générations futures « imprévisibles et irréversibles », comme l'a reconnu, début 2015, l'American Medical Association.

Google ignore les défis éthiques et les inégalités prévisibles

Les dirigeants de Google, qui soutiennent ces recherches et y participent, font semblant d'ignorer les défis éthiques et même existentiels qu'elles posent. Les filiales d'Alphabet ne se soumettent pas aux mêmes règles que les professionnels des laboratoires qui ont, en quelque sorte, « l'éthique incorporée ». Ce nouveau marché est pour eux un eldorado. Mais si l'éthique ne parvient pas à encadrer les pratiques, ce sera surtout un nouveau Far West, dominé par le tout-puissant Google. A la fin du documentaire *Transcendant Man* qui lui était consacré par le réalisateur Barry Ptolemy en 2009, Ray Kurzweil a eu cette formule restée célèbre : « Dieu existe-t-il ? Pas encore. »

Google se prend pour Dieu : dans toutes les genèses, l'homme est une créature façonnable, de la glaise pour les dieux. Or Google veut créer le surhomme. Il veut faire le bien de l'humanité, que l'humanité soit d'accord ou pas. Les Etats démocratiques ont perdu le contrôle, et, comme pour les données numériques de notre vie privée, nous nous soumettons passivement à l'autorité d'entreprises dirigées par des « solutionnistes » qui se croient au-dessus des lois et sont des dirigeants aux idéologies radicales, habitués à pourfendre l'Etat, à prendre leurs décisions au mépris de toute démocratie et à réfuter toute autorité… sinon celle de leurs richissimes actionnaires.

4

L'éradication d'un style de vie

Oubliez la conduite sportive, la gastronomie, le flirt… la dolce vita !

Winston Smith essayait de garder les yeux ouverts. Dans la Big G Car, tout le monde dormait. Ou semblait dormir, car Dieu sait ce qu'Ethan fabriquait sous son casque de réalité virtuelle.

Winston ne voulait rien perdre du paysage qui défilait autour de lui. Le pic du Midi, les 3 000 de Luchon… Tous ces sommets, ces glaciers et ces névés, ces neiges éternelles malgré la chaleur d'août, ces lieux qu'il n'explorerait jamais. Plus le temps passait, plus il constatait qu'il avait perdu le sien. Et pourtant, il en avait eu à revendre. Il ferma les yeux dans un soupir.

Cinq minutes plus tard, le ralentissement du moteur les lui fit rouvrir.

— Le radar est toujours là, pensa-t-il en apercevant la boîte grise qui rouillait sur le côté de la route, entre deux arbres. O combien inutile.

Il se souvenait de l'époque, pas si lointaine – c'était avant la naissance de Luca –, où les voitures étaient toutes conduites par des humains et où il fallait surveiller sa vitesse. Ce radar-là l'avait piégé deux ou trois fois, car il y en avait un dans chaque sens de circulation à deux cents mètres d'intervalle, et il ne savait jamais lequel était destiné à son côté de la route. Désormais, il n'avait plus à se poser de questions, il pouvait même s'endormir avant d'arriver à Bagnères-de-Luchon.

Le gouvernement avait perdu des centaines de millions d'euros de recettes sur l'activité des radars : les voitures connectées n'étaient jamais distraites, elles n'excédaient jamais la vitesse prescrite, et lorsqu'elles se trompaient, cela provenait nécessairement d'un défaut de signalisation. Les accidents de la circulation, eux, avaient diminué de 95 %, et la Sécurité sociale était repassée dans le vert. La technologie a parfois du bon, admit Winston en se gardant bien d'exprimer sa pensée à haute voix. Julia était assoupie à côté de lui, à la place du passager. Depuis vingt ans qu'ils se connaissaient, elle ne l'avait jamais entendu se réjouir des bienfaits de la société connectée.

Winston regrettait l'époque où il conduisait. Il n'abusait pas de la vitesse – son permis n'avait jamais compté moins de 10 points sur 12 –, mais il regrettait cette sensation grisante que l'on ressentait à appuyer sur la pédale de l'accélérateur, à entendre le moteur rugir et à sentir sa colonne vertébrale plaquée contre le siège. Encore une émotion que ses fils ne connaîtraient jamais. Ils s'en moquaient d'ailleurs : la réalité virtuelle leur procurait toutes les expériences possibles. Même les voitures volantes ne les fascinaient pas.

Ils ne l'avaient même pas envié quand Julia lui avait offert, pour son anniversaire, une heure de pilotage de Formule 3 sur le circuit de Mantes-la-Jolie. Ils n'étaient même pas venus assister à ses tours de piste, ce qui avait quelque peu gâché sa joie. Il avait adoré retrouver ses impressions d'autrefois, démultipliées, mais, au fond, il aurait été plus heureux encore s'il avait pu conduire sa vieille Prius. Il l'avait gardée aussi longtemps qu'il avait pu, pendant les années de cohabitation où la montée en puissance des véhicules partiellement ou totalement autonomes marginalisait peu à peu les voitures classiques.

Il avait fini par la mettre à la casse : son assureur l'avait eu à l'usure. Les primes étaient devenues individuelles et modulées selon le style de conduite et les kilomètres effectués par chacun ; or sa conduite à lui était jugée « trop nerveuse », tandis que celle de Julia était classée « sans risque particulier », ce qui poussait à lui donner plus souvent le volant. L'algorithme installé, déjà à cette époque, sur toutes les voitures permettait de savoir qui conduisait à la manière dont le conducteur freinait, accélérait, prenait ses virages ou passait ses vitesses. C'était pratique aussi pour la police : on ne pouvait plus échapper à la perte de points en prétendant que quelqu'un d'autre était au volant. Sur les autoroutes et les départementales, les radars-tronçon, qui mesuraient la vitesse moyenne sur quelques kilomètres, s'étaient systématisés. Quant aux villes, elles étaient quadrillées de caméras. Un de ses collègues s'était vu retirer son permis pour avoir tenu son volant pendant dix secondes avec les genoux, dans un embouteillage, tandis qu'il aidait son fils à ouvrir une bouteille d'eau récalcitrante.

A peine Winston avait-il renoncé à la Prius que la Mairie de Paris annonçait que seules les voitures totalement autonomes seraient désormais autorisées dans la capitale, car les humains « perturbaient le bon fonctionnement du trafic ». Lyon, Lille et Marseille lui avaient emboîté le pas. Puis toute la France avait banni les voitures traditionnelles, à l'exception de quelques villages de Bretagne et de Corse dont les maires, soutenus par une population motivée, faisaient de la résistance. Les véhicules utilitaires – camions, fourgons, bus… – s'étaient vu octroyer deux ans de sursis.

Winston constatait avec surprise que, dans ces engins roulants sans volant ni pédales, les hommes étaient toujours installés à la place du conducteur – côté gauche en France, côté droit en Angleterre – et les femmes à la place du mort. Il en était ainsi dans presque tous les véhicules qu'ils croisaient. Le machisme n'avait plus droit de cité depuis longtemps, mais ses vestiges demeuraient, que les jeunes générations perpétuaient sans même s'en rendre compte.

Pendant les trajets, Winston trépignait. Il avait beau lire un bon thriller, il ne parvenait pas à se désintéresser des choix que faisait la voiture. Au début, quand les deux types de véhicules cohabitaient sur les routes, les ronds-points étaient ses cauchemars. Car un conducteur normal rentre dans le flux en misant sur la compréhension de ses semblables, certain qu'ils vont ralentir s'il se lance. Winston se souvenait de ce que répétait son père, lorsqu'il était gamin :

— A un Stop, fiston, la décision de s'engager se prend en regardant la tête du conducteur d'en face !

Le robot, lui, ne dispose pas de ce mélange de compétences intuitives et d'intelligence sociale ; aussi choisit-il toujours l'option la plus prudente... au risque de ne jamais passer. A l'instar d'un conducteur timoré, il créé un bouchon derrière lui.

Dès le début, les voitures autonomes avaient été équipées de capteurs leur permettant de dialoguer entre elles. Le nombre de marques différentes avait diminué des deux tiers, en même temps que le besoin qu'avaient les propriétaires de se distinguer par une couleur ou un design. Cela s'expliquait aisément : avec la voiture autonome, les plus âgés avaient perdu leur amour de la « bagnole » et les plus jeunes n'y voyaient qu'un objet utilitaire. Ceux qui habitaient dans les villes n'avaient, au vrai, plus besoin de voiture individuelle : il suffisait d'appeler une Googly à l'aide de son smartphone, et le petit véhicule à trois roues, à mi-chemin entre le scooter et la Smart, arrivait en moins de cinq minutes. Il vous emmenait où vous désiriez et retournait se garer sur la place de parking la plus proche en attendant l'appel suivant. Le prix de la course était débité automatiquement sur votre compte. Winston ne pouvait avouer qu'il regrettait les chauffeurs de taxi, il s'était tellement plaint de leur comportement autrefois. Mais à la fin, sous l'influence des Uber et autres VTC, ils étaient devenus si accueillants et serviables que leur disparition l'avait peiné.

La voiture autonome possédait d'indéniables avantages : elle allait chercher votre enfant à l'école ou au stade, par exemple, ce qui vous évitait de perdre votre temps à faire le taxi. Elle pouvait aussi vous ramener chez vous après une soirée bien arrosée. Mais Winston n'avait plus envie de soirées bien arrosées. Car tout ce qu'il faisait, il le savait, était inscrit quelque part dans le cloud et pouvait lui être opposé un jour ou l'autre. Aussi ne prenait-il plus aucun risque, dans aucun domaine. Au bureau, il avait arrêté de flirter avec les femmes, comme tous ses collègues d'ailleurs. Il ne disait même plus à son assistante que sa nouvelle coiffure lui allait bien : tout était enregistré, tout pouvait être disséqué, analysé, sorti de son contexte et retenu contre lui.

A soixante ans passés, Winston était un homme désabusé. Son père était mort l'année précédente ; comme des milliers de personnes âgées, Peter Smith avait demandé à être euthanasié, au motif que cette existence numérisée, encadrée et robotisée ne l'intéressait plus. Le monde digital était binaire : il fallait être in *ou* out, *il n'y avait pas de troisième option. Winston, qui se battait pour rester quelque part entre les deux, faisait semblant d'être heureux, pour Luca et Ethan, pour Julia qui mettait tant d'énergie à faire fonctionner leur couple. Et pour les jumeaux que Gini, la fille qu'il avait eue avec Catherine, venait d'avoir. Il se forçait à rire avec ses fils lorsqu'ils regardaient ensemble une série humoristique en* binge watching *le soir de Noël (cela n'arrivait qu'une fois par an ; le reste du temps, chacun regardait son programme sur un* device *différent). Mais sa vie était sans relief.*

Il n'aurait su définir exactement ce qui lui manquait. Il avait conscience que ce n'était pas très important, au regard du reste, de ce qu'il possédait : des enfants adorables, une femme formidable, la santé, la sécurité, l'absence de toute souffrance physique, de la nourriture 100 % bio (et pour cause : les lentilles oculaires connectées de Julia lui indiquaient, sur les tomates ou les pommes, la présence ou non de pesticides lorsqu'elle allait au supermarché). Pourtant, il vivait avec un mal-être permanent, un spleen dont quelques ultrasons auraient sûrement pu le débarrasser. Mais il préférait le garder, il ne voulait pas que Big G devienne la troisième moitié de son cerveau. Il préférait ne garder que deux hémisphères : c'était sa dernière liberté, la seule souffrance qu'il pouvait s'infliger à lui-même, dans cette société où ne pas avoir l'air heureux passait pour une déviance.

Julia dormait toujours. Il jeta un coup d'œil dans le rétroviseur, qui ne servait plus qu'à surveiller les passagers arrière – lorsqu'on ne choisissait pas de placer les quatre sièges en carré pour plus de convivialité. Luca était réveillé, il s'éclatait sur son jeu de go électronique. Ethan, sous son Big G Mask, secouait la tête de temps à autre, vaguement en rythme. Sans doute participait-il au concert de son groupe favori.

Winston s'inquiétait pour son fils aîné, trop souvent immergé dans les mondes virtuels.

— Que fais-tu, Ethan ? lui demanda-t-il par signes, après lui avoir pincé le bras pour attirer son attention.

Il articula sans émettre de son :

— Allez, laisse-moi deviner. Tu pilotes la vieille Jeep d'Indiana Jones ? Tu dévales le Grand Huit à la foire du Trône ? Ou tu poursuis des Aliens venus des entrailles de Mars ? Ce n'est plus de ton âge !

— Ethan est immergé dans un trip porno, répondit doctement Luca. Ses hanches remuent. Il croit que je ne vois rien mais je sais bien, moi.

A cinq ans à peine, Luca était trop mature. Winston avait beau être habitué à ses sentences philosophiques ou, au contraire, exagérément matérialistes, elles le surprenaient toujours. Il ne s'inquiétait pas pour son avenir. Son aîné, en revanche, semblait presque aussi amer que lui-même. Pourtant, Ethan excellait en tout, en dépit de ses gènes « défavorables ». A dix-huit ans, il était passé haut la main en deuxième année à Centrale Sup. Centrale Sup était la seule « grande » école scientifique qui acceptait encore les enfants « bio », ce qui la pénalisait dans les classements. Après deux ans de prépa dans un lycée de second rang, les professeurs d'Ethan l'avaient dissuadé de présenter les deux concours auxquels il tenait le plus : Normale Sup et l'X.

— Vous feriez sûrement partie des meilleurs, aucun doute...

— Mais ?

— ... mais vous ne serez pas reçu, avait fini par avouer son professeur de physique, un soir où ils prenaient ensemble un café en sortant de la cantine.

Il avait ajouté en baissant la voix :

— Tous les correcteurs reçoivent des consignes. Une mention « XO » sera ajoutée sur votre copie ; je ne sais pas exactement ce que les deux lettres représentent...

— Un vieux whisky ? avait ironisé Ethan.

— ... mais leur signification est très claire : vous perdrez 5 points d'office.

Cela faisait deux ans qu'aucun « bio » n'avait intégré les établissements les plus prestigieux. Aucun parent d'élève n'avait porté plainte, sans doute parce que le tri avait été effectué dès le lycée, puis en prépa, et qu'il ne restait plus à ce stade que des « augmentés ». Ethan faisait partie des cas rarissimes de « bio » capables de damer le pion aux HGM (humains génétiquement modifiés), ce qui aggravait encore l'injustice qu'il subissait. Ces derniers temps, quand il rentrait pour le week-end, il se réfugiait sous son casque plutôt que de jouer avec son frère. On le voyait tourner en rond dans la chambre ou marcher à grands pas dans les couloirs de l'appartement et le salon, son masque sur la tête. Certains jours, il semblait si sombre que Winston craignait qu'il ne soit tenté par le suicide.

A défaut d'avoir une petite amie, Ethan était un adepte assidu du sexe virtuel. Un soir, alors qu'ils étaient seuls à la maison, Winston lui avait demandé pourquoi il ne sortait pas avec une fille « en vrai ».

— A ton âge, je n'arrêtais pas… C'est le seul moment de la vie où tu as le droit de papillonner ! Si tu n'en profites pas maintenant, tu vas te retrouver marié sans avoir pu choisir.

— Les vraies filles ne sont pas aussi belles. Et je suis sûr qu'elles ne procurent pas les mêmes sensations. Il y a une dizaine de nanas dans mon cours, je t'assure, elles ne font pas le poids.

— Que veux-tu dire ? Elles ne sont pas sympa ?

— Si, certaines sont cool. Mais je ne pourrai jamais faire avec elles ce que je peux faire en VR.

— Tu veux dire qu'elles ne sont pas aussi faciles ?

— Ce n'est pas ça… Mais rien n'est simple avec elles.

Il en avait dit un peu plus à l'oncle O'Brien, qui avait la réputation d'être un serial séducteur : les étudiantes n'étaient pas maquillées, elles n'avaient pas la peau aussi nette, la bouche aussi bien dessinée, les mensurations aussi parfaites que celles des univers virtuels. Bref, elles ne lui faisaient pas envie. Et surtout, contrairement aux femmes de la réalité virtuelle, ses copines de classe n'enlèveraient pas elles-mêmes leur soutien-gorge ni leur culotte. Or il était incapable de le leur demander.

Il n'était pas seul dans son cas : aucun couple ne s'était formé entre élèves de sexe opposé, dans sa classe, depuis le début de l'année. Trop compliqué.

— Il paraît que certaines meufs de mon cours vont aussi sur les plateformes, sous pseudo. On a peut-être des rencontres en virtuel avec leurs avatars. Et on ne le saura jamais.

Ethan était majeur : personne ne pouvait lui imposer sa volonté. Mais même si Julia trouvait des avantages au sexe virtuel – plus safe *à tous points de vue –, Winston était épouvanté.*

— Tu ne vois pas que nous avons franchi un palier de plus dans la déshumanisation du monde ? avait-il lâché, un soir en se couchant.

— Ne sois pas hypocrite, chéri ! Les films et les revues pornographiques ont toujours existé !

— C'était de l'éducation sexuelle ! Nous n'avions qu'une envie, c'était de passer à l'action ! Nos enfants, eux, font partie du film. Ils n'ont plus besoin d'autre chose. Pire, la réalité leur paraît décevante en comparaison.

— Tu es pessimiste, tu me rappelles ma mère. Quand j'étais gosse, je jouais aux Sims avec des copines, et elle s'affolait parce que nous passions « tout notre temps libre devant Internet et les jeux vidéo ». Mais ce n'était pas vrai : les garçons jouaient au football, j'allais à la danse deux fois par semaine, je passais des heures à téléphoner à ma meilleure amie, nous regardions la télé en famille le soir, et nous partions en voyage en Espagne ou à Amsterdam avec des copains.

— Justement ! Ethan, lui, visite le Rijksmuseum en virtuel, il fait un footing sur tapis roulant avec un casque sur la tête plutôt que d'aller courir dans le bois de Boulogne !

— Au moins, il n'y a plus de junkies, objecta Julia.

— Un de ses copains est mort d'une crise cardiaque lors d'une fête en réseau.

— Oui, mais pas d'une overdose ! Il était surexcité de se battre aux côtés de sa Lara Croft new-look. Et c'était un bio : il avait une malformation cardiaque qui n'avait jamais été repérée. Ecoute, j'ai entendu hier ce psy toulousain qu'on voit partout, il prétend que la VR est une solution idéale pour développer l'empathie entre les êtres, parce qu'ils peuvent se mettre l'un à la place de l'autre.

— Lui, il réussirait à positiver n'importe quoi ! Au fond, je plains la jeune génération, car Big G leur gâche peu à peu tous leurs plaisirs : manger, baiser, faire du sport, aller au ciné ou même dans les musées pour draguer les filles, voyager... Tiens, à dix-huit ans, j'étais tout heureux de passer mon permis de conduire. Ethan, lui, il n'en aura jamais besoin...

Winston rêvassait en regardant les montagnes lorsque la voiture freina avec une brusquerie inhabituelle, comme si elle venait seulement de se rendre compte qu'il y avait des travaux sur le côté de la route. La signalisation, il est vrai, était placée à quelques centimètres du chantier. Julia se réveilla en sursaut. La voiture se déporta sur la gauche pour contourner l'obstacle. Au même moment, un bus qui arrivait derrière elle la percuta par le flanc. Julia s'était retournée vers les garçons au moment du freinage et avait tendu, par réflexe, la main pour protéger Luca au moment du choc :

— Il est dingue, ce bus !

Elle descendit de la voiture, précédée par Winston. Un gros gaillard rougeaud descendit de l'autre véhicule.

— Votre Big G Car est malade de déboîter comme ça ! lança le conducteur du bus.

— C'est vous qui êtes malade ! Vous nous avez percutés ! Pourquoi ne laissiez-vous pas votre bus se conduire lui-même ?

La jeune femme se souvint que les véhicules utilitaires étaient encore autorisés à la conduite humaine. Elle fronça les sourcils :

— De toute façon, vous êtes en tort. J'ai les images.

L'homme la toisa, interloqué. Puis il se reprit :

— C'est vous qui êtes en tort ! Je note votre numéro de série : BB5002.

— Vous voulez rire ? répondit Julia. J'avais les yeux grands ouverts au moment de l'accrochage, et je regardais en arrière. J'ai tout enregistré, monsieur…

Elle récita :

— … Conan William, résidant 20, impasse Charlemagne à Boutx, dont les domaines d'intérêt sont le tir à l'arc et la plongée sous-marine.

L'homme lui jeta un regard noir, il commençait à comprendre. Winston, penché sur le pare-chocs de la Big G Car, expliqua tranquillement :

— Ma femme possède des implants rétiniens. Elle a filmé la scène. Nous pourrons visionner les images chez l'assureur.

— On constatera juste sur vos images qu'il m'était impossible de freiner à temps !

— Vous savez, monsieur, que vous devez toujours rouler à une vitesse qui vous laisse maître de votre véhicule.

— Mais pas quand un c… déboîte !

Julia avait fini par se faire poser des lentilles intra-oculaires connectées, offertes et « encouragées » par son employeur. A 50 000 euros la paire – prix divisé par 6 en dix ans –, les citoyens aisés commençaient à se les offrir.

— C'est la première fois que les lentilles me servent pour autre chose que des présentations marketing ou des photos de famille, se réjouit Julia en remontant dans la voiture, que son aile arrière emboutie n'empêcherait pas de rouler. J'ai son numéro aussi : DV-569-FG. Pas tout jeune…

— On a quand même perdu du temps, si on veut faire la rando prévue…

— Allons directement de l'autre côté de la frontière. Je préviens Chrystel. Tant pis pour le sac à dos de Luca. Il s'en passera pour cette fois-ci. Cela m'ennuyait de toute façon de lui en faire porter un.

— Il faut bien qu'il s'habitue ! Tu sais bien qu'à cinq ans, il est plus résistant que son frère, dit Winston en anglais pour que l'enfant ne comprenne pas.

— Maman, c'est vrai que je suis plus résistant qu'Ethan ?

Winston soupira. Il comprenait l'anglais maintenant. Où l'avait-il appris ? Cet enfant ne cessait de l'étonner. L'autre jour, il l'avait surpris en train de visionner un documentaire sur Nietzsche.

Quelques kilomètres plus loin, une voiture était arrêtée :

— Chrystel et Philippe nous ont attendus ! s'exclama Julia.

Ils avaient projeté de faire avec leurs amis une randonnée dans le massif d'Aigüestortes, en Espagne. Ils avaient connu ce couple de jeunes entrepreneurs de l'Internet à l'école de Luca : leur fille de cinq ans, Lilou, « augmentée » comme lui, suivait les cours dans la même classe.

— Que vous est-il arrivé ? demanda Philippe en descendant de sa voiture, qui ne se distinguait de celle des Smith que par son numéro de série : BC3470.

— Un bus nous a emboutis par l'arrière, répondit Winston en désignant l'aile gauche.

Ils examinèrent de conserve le morceau de tôle et le pare-chocs légèrement enfoncés.

— Rien de grave, tu vois. Mais le chauffeur ne pourra pas discuter : nous avons les images.

— Nos voisins ont eu le même problème avec un drôle de type, en banlieue, le week-end dernier. Il a pu redémarrer

sa voiture et s'enfuir. Mon voisin a appelé la police et leur a donné le numéro de série de la Big G Car. Les flics ont neutralisé la voiture à distance.

— Comment ont-ils fait ? Je n'ai encore jamais vu ça.

— Dès qu'on leur donne le numéro de série, ils peuvent prendre la main sur n'importe quel véhicule, même s'il se trouve à 100 kilomètres de là. Les portes sont automatiquement verrouillées de l'intérieur, les ceintures de sécurité sont bloquées, puis le véhicule et ses occupants sont téléguidés vers le poste de police le plus proche.

— Pourquoi le type n'a-t-il pas cassé un carreau pour s'enfuir ?

— Les vitres sont épaisses, et quand tu n'as pas d'outil... Et puis on le retrouverait de toute façon.

Winston demeurait pensif.

— Et que se passe-t-il si quelqu'un te dénonce alors que tu n'as rien fait ? reprit-il soudain.

— Tu démontres ta bonne foi à la police... On ne peut pas t'accuser si tu n'as commis aucun crime.

— Mais en attendant, tu perds ton après-midi ! C'est une bonne manière de neutraliser un concurrent pour quelques heures, non ?

— Winston envisage toujours le pire, c'est plus fort que lui, dit Julia en haussant les épaules.

Les deux couples remontèrent dans leur voiture.

Ethan raconta à ses parents que certains modèles de Google Cars avaient été équipés de « papier tue-mouches » pour protéger les piétons.

— Comment ça, du « papier tue-mouches » ?

— Une sorte de surface adhésive double face sur tout l'avant du véhicule. Lorsque la voiture percute un passant, il reste collé.

— Mais c'est une torture pour lui !

— Pas du tout, répondit doctement Luca à la place de son frère. Cela lui évite le traumatisme du second choc, lorsqu'il retombe sur la route, qu'il est projeté sur un autre obstacle ou qu'il se fait écraser par une voiture qui arrive dans l'autre sens.

— Comment sais-tu cela, toi ? demanda Julia.

— Les parents d'un copain dans ma classe en ont eu une. C'est en béta-test pour l'instant. Mais à mon avis, ça ne va pas marcher.

— Ah bon ? Et pourquoi ?

— Si la voiture sur laquelle le piéton est collé percute un arbre ou une autre voiture, vous imaginez ? Il vaut mieux qu'il soit éjecté…

Ethan renchérit :

— Et s'il reste juste accroché sur le côté et que la voiture le traîne sur deux cents mètres ?

Julia et Winston échangèrent un coup d'œil complice. Avec des enfants pareils, ils ne s'ennuyaient jamais.

Trois heures plus tard, les deux Big G Cars se garaient à Baños de Tredòs, à proximité de la station de sports d'hiver de Baqueira Beret. Un chemin de grande randonnée les conduirait au lac de Colomers. Leurs véhicules les retrouveraient à leur point d'arrivée, sur un parking en dessous du refuge de Saboredo. Winston admettait que les voitures autonomes étaient pratiques pour les randos en montagne : vous n'étiez plus obligé de dessiner une boucle pour revenir à votre point de départ, votre voiture vous rejoignait où que vous arriviez.

— La montagne est un plaisir délicieusement démodé, sourit Winston tandis qu'ils enfilaient leurs grosses chaussures. Mais, au moins, personne ne nous oblige à le faire – pardon, personne ne nous le recommande.

Il inspira profondément. En montagne, il retrouvait son envie de vivre, sa bonne humeur, ses sensations. Il trouvait sa femme plus belle, ses enfants merveilleux, même lorsqu'il devait les houspiller pour qu'ils avancent. Lorsque le petit groupe s'élança à l'assaut des premières pentes, il était 10 heures du matin. Il avait plu dans la nuit, et la roche était glissante.

— A quelle heure devons-nous arriver au refuge ? demanda Chrystel, qui se plaignait toujours des quelques kilos qu'elle devait perdre mais rechignait devant l'effort.

— Pour l'heure du déjeuner.

— Pas à l'heure espagnole, j'espère ?

— Vers 13 heures, je pense.

— Si tout va bien ?

— Tout ira bien ! Tu as tes chaussures connectées qui prennent ton pouls, ta montre connectée qui prend ta tension, tes lentilles intra-oculaires qui font GPS… Que pourrait-il t'arriver ?

— Je peux tomber dans une crevasse et me casser la colonne vertébrale.

— Oui, mais on pourra toujours te localiser. Tu es bourrée de capteurs.

— Ils ne fonctionnent pas toujours dans ces contrées reculées… et puis, si je suis paralysée…

— On te mettra un exosquelette commandé par ton cerveau. Ensuite, tu pourras escalader les montagnes sans le moindre effort.

Elle se demanda si Winston était sérieux.

Une demi-heure plus tard, les écarts s'étaient creusés. Chrystel fermait la marche. Luca et Lilou couraient devant, comme s'ils évoluaient en terrain plat. Comme tous les enfants augmentés, ils dormaient moins, couraient plus vite et jouissaient d'une meilleure santé que les enfants biologiques. Winston, Julia et Philippe grimpaient avec entrain. Ethan, juste derrière eux, mettait de la mauvaise volonté : il n'appréciait guère l'exercice, trop concret à son gré. Mais il avait dépassé la phase de l'adolescence butée et passait si peu de temps avec ses parents qu'il s'efforçait de leur faire plaisir. Son père, sur les cimes, était un autre homme.

— Allez, encore un effort ! lui lança Winston qui s'était arrêté pour resserrer une de ses chaussures. Au refuge, ils auront du vrai steak…

Winston reprochait aux « dictateurs de la Silicon Valley » de les avoir privés aussi du plaisir de manger. Big G avait financé les recherches sur le steak reconstitué, et cet ersatz de viande avait conquis les consommateurs du monde entier en quelques années. Big G avait passé un accord avec une grande chaîne de fast-food qui avait montré l'exemple, déclenchant, grâce aux enfants et aux ados, un phénomène de buzz foudroyant. Le steak sans viande animale arrivait, il est vrai, en territoire sinon conquis, du moins bien préparé : les antispécistes de Californie avaient financé pendant des mois, dans toute l'Europe, ces vidéos tournées dans les abattoirs, et les campagnes de lobbying des vegans.

La petite troupe parvint au refuge peu avant 14 heures. Au moment où ils commençaient à défaire les lanières de leurs sacs à dos, Luca s'exclama en montrant le ciel au-dessus du bâtiment :

— Papa, papa ! Une voiture volante !

Effectivement, un drôle d'engin caréné de blanc, mi-planeur mi-hélico, doté d'une roue à l'avant et de deux à l'arrière, se préparait à un atterrissage à la verticale, sur le parking derrière le refuge. Luca courut pour le voir se poser.

— Il en a déjà vu pourtant… sourit Winston.

— Personnellement, cela ne m'a jamais fasciné, dit Philippe. Pourtant, j'en rêvais quand j'étais gosse.

— Moi aussi, mais je rêvais de slalomer entre les voitures dans le ciel, pas de me faire trimballer dans un hélico sans conducteur.

Fourbus, les marcheurs rentrèrent dans le refuge et se laissèrent tomber sur les bancs des grandes tablées. Luca les rejoignit, surexcité. Leurs visages avaient pris des couleurs. Winston, épanoui, prit sa femme par les épaules ; elle lui rendit son sourire. Il y a longtemps qu'ils ne s'étaient sentis aussi complices.

A côté d'eux, un couple d'Italiens terminait son repas. Julia entama la conversation dans la langue de Dante. Son accent semblait un peu forcé, mais sa puce lui permettait de traduire sa pensée en temps réel. Elle disait toujours à Winston que c'était le plus gros avantage de son implant : elle pouvait parler toutes les langues, ou presque, en traduisant phrase à phrase. Les Italiens racontaient qu'ils avaient eu une grosse frayeur le matin même, car ils étaient venus de loin, de l'autre côté de la montagne, et juste avant d'arriver, ils s'étaient trouvés sous un violent orage.

— Effectivement, quand nous sommes partis de Baños de Tredòs, il avait plu des cordes, dit-elle.

Les Italiens froncèrent les sourcils. Ils ne comprenaient pas. Julia avait traduit « pleuvoir des cordes » par piovere gatti e cani *(pleuvoir des chats et des chiens), et l'expression leur était visiblement inconnue.*

— Il pleuvait des chats et des chiens ? traduisit Winston. Que veux-tu dire par là ?

— Qu'il avait plu des cordes.

Winston éclata de rire.

— Ma chérie, je crois que tu as été victime de l'impérialisme linguistique d'Internet.

— Comment cela ?

— Le Web est américain. L'anglais est sa langue.

— Je ne vois pas le rapport. Je suis française, et je parlais en italien…

— Justement. Tu as fait confiance à la traduction automatique de Big G…

Julia fronça les sourcils. Winston poursuivit :

— Les traducteurs automatiques utilisent toujours l'anglais comme langue pivot.

— C'est-à-dire ?

— En anglais, « il pleut des cordes » se traduit it's raining cats and dogs.

— Tu veux dire que ma pensée est traduite d'abord de français en anglais, puis d'anglais en italien ?

— Exactement.

— Je vois, dit Julia en se renfrognant.

— Démasquée, la femme augmentée, ironisa une voix à la table voisine.

Soudain, une autre voix jaillit derrière eux :

— Julia ! Winston ! Ça alors !

Les Smith se retournèrent. Un homme d'une cinquantaine d'années, la barbe de trois jours et les paupières lasses d'un acteur de cinéma bien connu, s'avançait vers eux, tout sourires. Il était suivi d'un garçon d'une quinzaine d'années. Winston se leva, posa sa serviette et tapa dans la main du nouveau venu :

— Je ne savais pas que tu traînais dans le coin, Manuel !

Manuel Morinho était l'un des directeurs commerciaux de l'ancien employeur de Julia et Winston. Il avait divorcé en même temps que Winston. Son ex-femme était une amie de Julia, et lorsqu'ils s'étaient séparés, Julia s'était demandé qui elle choisirait si elle ne pouvait rester amie avec les deux. Winston n'avait jamais su qui elle avait choisi, ni même si elle avait dû choisir.

— Moi aussi j'aime la montagne ! répliqua-t-il.

Julia se pencha en avant pour embrasser l'adolescent, avant de tendre la joue vers son père, avec un sourire un peu contraint. Elle avait pâli.

— Asseyez-vous avec nous ! proposa Winston. Dans un refuge, on n'a pas le choix ! Vous ne connaissez pas Chrystel et Philippe, et leur fille Lilou. Chrystel, Philippe, voici Manuel et son fils…

— …Frédéric, compléta Julia.

Winston vit que Manuel jetait un regard un peu appuyé vers leurs deux amis. Il devait être en train de les googliser. Le faisait-il avec ses lunettes de soleil ou avait-il des lentilles intra-oculaires ? Winston ne s'y habituait pas : il trouvait toujours aussi désagréable que les gens soient ainsi déshabillés du regard.

— Tu es venu pour le steak espagnol, toi aussi ? demanda Winston.

— Si c'est ce que tu cherches, tu vas être déçu, répondit Manuel. Ici aussi, ils sont passés à la viande reconstituée.

— Tu plaisantes ?

— Je n'ai jamais été aussi sérieux. Tu n'as pas encore vu le menu ?

Julia ne participait pas à la conversation. Elle fouillait dans son sac à dos. Elle se leva au bout de quelques minutes :

— Je vais me laver les mains. S'il y a un menu végétarien, vous m'en prenez un ?

— Tu sais, ici, on ne risque pas de faire des écarts ! Il n'y a même pas d'alcool à volonté. Ton assureur et ton patron peuvent aller se brosser !

Quelques secondes plus tard, Manuel se leva à son tour.

— A propos de se brosser… je vais aller nettoyer ma blessure, dit-il en montrant du doigt la longue estafilade qui barrait son genou gauche.

— Papa a dérapé dans le passage où il faut mettre les mains, expliqua Frédéric. J'ai cru qu'il s'était cassé la jambe.

— J'aurais pu me faire beaucoup plus mal, admit Manuel.

Le déjeuner, malgré la petite quantité de vin servie, fut plutôt joyeux. Seule Julia semblait pensive. Le café leur sembla délicieux. Ce qui était même meilleur que le goût du café, c'était le velouté donné par le sucre, sensation que Winston, après des années de sucre reconstitué, avait presque oubliée. Philippe proposa de finir en beauté, sur un alcool de myrte.

— Non, pas de liqueur pour moi, dit Winston. J'ai parié avec mon médecin que je resterais un mois sans alcool. Sinon, il ne valide pas le questionnaire de mon assureur.

— Tu as parié… Tu veux dire qu'il t'a mis à l'essai, plutôt ?

Winston se rembrunit. La camisole digitale ne lui avait jamais autant pesé. Bien sûr, les assureurs, les employeurs, les médecins ne suivaient pas ce que chacun faisait en temps réel, mais ils pouvaient tout savoir, quand ils voulaient, en piochant dans le stock de données enregistrées. Boire n'était plus toléré, au-delà de deux verres par jour. Sauf lors de circonstances exceptionnelles, celles où au contraire il fallait *boire, où il aurait été mal vu de* ne pas *boire, car cela signifiait que vous n'aviez pas une vie sociale normale : enterrement de vie de garçon, succès à un examen, naissance du premier enfant, victoire de l'équipe de France en Coupe du Monde… Des cas pour lesquels ne pas participer à la joie collective risquait de vous faire classer « déviant ».*

Tout était désormais répertorié, normé, calqué sur les habitudes de la Silicon Valley. Ils avaient modelé le monde à leur manière. Make a better world, *tu parles, rumina Winston. Meilleur pour eux, ces puritains d'Américains. Pas pour les Français, individualistes et indisciplinés, hédonistes et gastronomes, dragueurs et frimeurs.*

Un peu plus tard, les Smith descendaient vers le parking avec leurs amis, tandis que Manuel Morinho et son fils s'engageaient sur le chemin inverse.

— Ça ne va pas ? demanda Winston en prenant sa femme à part. Tu avais l'air bizarre pendant le déjeuner. Lorsque tu es revenue des lavabos, tu tremblais.

— Non… non, tout va bien, je t'assure.

— Regarde sur ta smartwatch : je suis sûr que tes indicateurs ont changé, que ton pouls était plus rapide et la résistance de ta peau plus faible.

— Je regarderai plus tard, mais je suis sûre que non.

— Qu'est-ce que Manuel t'a raconté ? Vous êtes restés bien longtemps là-bas.

— Rien… rien de spécial, je te jure.

Winston avait la certitude que sa femme lui mentait. Julia ne savait pas mentir. Ce n'était pas la première fois qu'il ressentait cette impression, ces derniers temps. Il la sentait fuyante. Il eut la tentation de lui demander la preuve de confiance absolue, mais se retint. Il s'était juré de ne jamais employer cette arme, qui avait détruit deux couples de leur entourage ces derniers mois. C'était un fusil à un coup. Cependant, il y pensa pendant tout le trajet du retour.

Dès qu'ils furent rentrés chez eux, Julia monta dans la salle de bains. Il la rejoignit au moment où elle s'apprêtait à prendre un bain.

— Tu es sûre qu'il ne s'est rien passé avec Manuel ?

— Rien… rien du tout.

Il hésita une nouvelle fois. Non, il ne pouvait pas exiger cela d'elle. La demande était trop intrusive. Aucun couple n'y résistait.

Pourtant, il revint à la charge le soir même, dans la chambre à coucher. C'était plus fort que lui. Comment vivre ensemble si la confiance était entamée ?

— Julia, j'ai horreur de ce que je vais te demander. Mais tu admettras que je ne te l'ai jamais demandé jusqu'ici. Et je te jure que c'est la seule fois où je le ferai.

— De quoi parles-tu ? dit Julia en rougissant.

Elle devinait où Winston voulait en venir. Mais c'était trop inégalitaire : Winston, lui, ne portait pas d'implants rétiniens.

— Montre-moi, chérie.

— Te montrer quoi ?

— Montre-moi les images.

— Quelles images ?

— Lorsque Manuel et toi vous êtes retrouvés aux lavabos.

— Mais il ne s'est rien passé, je te l'ai déjà dit.

— Si c'est vrai, tu peux me montrer les images sans crainte.

Il fallut plus d'une heure à Winston pour faire céder sa femme. Comme une automate, elle finit par s'asseoir sur le bord du lit, en face du mur blanc uni sur lequel elle pouvait projeter les images enregistrées par ses lentilles connectées, après avoir chaussé les lunettes qui jouaient le rôle de télécommande et de projecteur. Les larmes dans ses yeux brouillaient les images.

Winston s'efforça de rester calme tandis que la vidéo défilait à l'envers et en accéléré, remontant jusqu'au moment où Julia rejoignait la table collective du refuge.

— C'était juste avant ! Ralentis ! Arrête là !

— On n'a rien fait de mal et…

— Je veux simplement assister à votre conversation. C'est important pour moi. Je veux pouvoir te faire confiance. Je te promets que je ne te demanderai plus jamais le moindre flash-back – quel que soit le résultat. Je te signe un papier tout de suite si tu ne me crois pas.

Elle lui jeta un regard fataliste. Il eut un frisson au moment où le film « rembobiné » s'enclencha. Il vit par les yeux de Julia le réfectoire, puis le couloir qu'elle avait suivi jusqu'aux lavabos, mixtes comme dans la plupart des refuges de haute montagne. A peine la porte passée, on entendait une exclamation, et Manuel apparaissait en plan américain puis en gros plan :

— Qu'es-tu venu faire ici ? disait Julia à mi-voix. Tu es malade ou quoi ?

— Tu m'avais dit que vous y seriez aujourd'hui, répondait Manuel dont on voyait maintenant le cou et le menton au premier plan. Tu es en congé depuis une semaine et j'avais besoin de te voir et…

Julia reculait.

— Mais je suis avec mon mari, avec mes fils !

— Je voulais juste te voir. Etre sûr que tu existais. Que tu n'étais pas un rêve.

— Tu ne devais pas faire cela, nous nous sommes promis qu'il n'y aurait pas d'interférence entre…

Les images se brouillèrent, avant de disparaître. Julia s'était effondrée sur le lit, en larmes.

— Ce n'est pas ce que tu crois ! Je n'ai jamais couché avec lui ! Tu n'aurais pas dû regarder !

Winston se leva :

— J'en ai assez vu, effectivement.

Il claqua violemment la porte. Son départ, il le sentait bien, était scénarisé. Au moment même où il franchissait le seuil, il s'en voulait déjà. Et il blâmait Julia autant qu'il la plaignait. La vie sans légèreté, sans écarts même mineurs, sans perspectives, était insupportable. Même l'amour conjugal ne pouvait plus s'épanouir dans le monde de Big G, car l'amour supposait un jardin secret. La vie 100 % transparente était-elle toujours la même vie ? Etait-elle seulement supportable ?

Depuis des années, Winston vivait dans cet univers de marionnettes en se faisant croire qu'il l'observait de l'extérieur. Il ne prenait que ce qui l'arrangeait, hypocritement. Cette fois, il en était puni.

*

Imaginez James Bond dans dix ans. James Bond en Autolib'. Une Autolib' conduite, comme tout véhicule autonome, par son ordinateur de bord. Des piétons surgissent, l'Autolib' les évite, d'autres véhicules s'arrêtent, elle déboîte pour les éviter, un cycliste et une poussette surgissent, elle slalome… Si l'accident est inévitable et doit forcément faire une victime, laquelle l'intelligence artificielle va-t-elle sacrifier ? Le cycliste plutôt que le « conducteur » de la voiture ? Le conducteur plutôt que le bébé dans la poussette ? Le bébé plutôt que les enfants qui jouent à l'arrêt de bus ? Un homme plutôt qu'une femme ? Pauvre James Bond, il ne maîtrisera rien de ces dilemmes éthiques.

C'est un des problèmes que pose très concrètement la conduite par ordinateur. Quelle hiérarchie pour ses choix ? Autre question lancinante, qui sera résolue plus rapidement, la responsabilité juridique : qui paye la facture en cas d'accident ? Le conducteur (qui ne conduisait pas), le constructeur (qui n'y est probablement pour rien), le fabricant du radar, celui du logiciel embarqué ? Et d'ailleurs, achèteriez-vous une voiture dont le vendeur vous préviendrait que son algorithme peut, dans certains cas, choisir de vous sacrifier ?

Ce n'est, pour l'heure, pas le problème de Google. Depuis 2009, Larry Page et Sergey Brin se sont lancés dans le développement de véhicules autonomes. C'est l'un de leurs *moonshots*, selon leur expression : un de leurs paris fous. Car depuis le début, Page et Brin ne veulent pas se cantonner au moteur de recherche, fût-il la troisième moitié de notre cerveau, et aux autres services qu'ils développent sur Internet. Ils veulent des « tirs lunaires », c'est-à-dire imprimer leur marque sur l'humanité en réalisant des actions extraordinaires comparables au programme Apollo. Ils rêvent, on l'a vu, de cancer ou de diabète vaincus, de drones humanitaires, de ballons ou de satellites qui rendront Internet accessible aux humains les plus isolés de la planète… et de voitures sans chauffeur. « Il est impensable de laisser des humains conduire, dit souvent Eric Schmidt, président exécutif d'Alphabet. Les voitures n'auraient jamais dû être inventées avant les ordinateurs. C'est un bug. »

Google a commencé par adapter des Lexus pour les rendre autonomes et s'est essayé à la « conduite » sur autoroute. Puis il a mis au point un petit véhicule urbain à deux places, le Koala. Deux sièges et un écran. Une sorte de voiture-jouet ronde comme un œuf. Un œuf électrique, de surcroît. Pour l'instant, la Google Car possède peu d'autonomie : 160 kilomètres au maximum. Mais c'est un concentré de capteurs et d'intelligence artificielle.

Plus de frein ni de pédales, mais des *lidar sensors*

Les voitures de Google portent sur leur toit des *lidar sensors* – un système de télédétection qui utilise des lasers pour atteindre des objectifs au millimètre près. Avec ses 60 mètres de portée, le radar calcule en permanence la distance avec le véhicule précédent et le représente en trois dimensions. Pour l'heure, ce radar coûte très cher : 40 000 euros l'unité. Aussi Google développe-t-il sa propre version en interne afin de faire baisser le prix. S'ajoutent au « Lidar » des radars à l'avant et à l'arrière, une caméra près du rétroviseur intérieur (pour reconnaître les panneaux de signalisation), un récepteur GPS et des capteurs à ultrasons sur les roues motrices. La voiture embarque enfin des cartes routières et des algorithmes qui lui permettent de réagir en fonction des obstacles et des panneaux de signalisation qu'elle croise sur sa route.

Les prototypes testés sur circuit n'avaient ni volant ni pédales de frein. Mais ceux qui sont testés sur les routes de Californie en possèdent, pour que l'ingénieur puisse reprendre le contrôle si nécessaire : c'est actuellement la condition *sine qua non* pour que les voitures puissent rouler sur des routes étatiques ou fédérales.

La cartographie 3D est un élément indispensable car la voiture autonome a besoin de savoir précisément à quel endroit elle se situe, et le GPS, avec sa précision de quelques mètres, ne permet pas de savoir sur quelle file d'une route se trouve un véhicule. Avec les cartes, le véhicule recrée son environnement grâce à ses capteurs et le compare à celui qu'elle a en mémoire.

Google avait numérisé, en 2014, plus de 10 millions de kilomètres de routes dans le monde, sur les 30 millions existants. Ce faisant, il avait pris de l'avance sur Here, le service de cartographie de Nokia, qui en avait numérisé 2 millions. Here a été revendu en 2015 à une « sainte alliance » de trois constructeurs allemands affolés à l'idée de devoir passer un jour sous les fourches caudines de Google pour leur cartographie. BMW, Audi et Mercedes ont payé ce concurrent de Google Maps quelque 4 milliards d'euros – excusez du peu. Mais la manœuvre était vitale : si Google était le seul à détenir les cartes du monde, toutes les données de tous les véhicules de la planète lui seraient transmises !

Or la cartographie est un (autre) point d'entrée pour connaître les habitudes des consommateurs. Pour analyser la nature de leurs trajets, leur fréquence, le type de conduite, mais aussi pour leur recommander des trajets plus rapides ou des restaurants. Une nouvelle mine d'or, donc. Les constructeurs ne craignent pas que l'ogre de Mountain View ne devienne un constructeur lui-même, mais, comme on l'a vu avec les téléphones, qu'il leur vole la valeur ajoutée, autrement dit ce qui rapportera vraiment dans la voiture.

Les véhicules autonomes de Google avaient déjà parcouru, en mars 2015, plus de 3 millions de kilomètres sur de vraies routes. Sans accidents, ou presque : les accrochages ont été rarissimes et n'ont pas fait de victime. Les voitures ont été impliquées dans une douzaine d'incidents jusqu'à début 2016, et jamais elles n'ont été responsables. Le 14 février 2016 est survenu un nouvel accrochage mineur dans lequel, pour la première fois, la responsabilité de la Google Car a été engagée. Encore qu'en visionnant la vidéo il soit difficile de dire qui du bus ou de la voiture autonome est vraiment coupable…

Le chauffeur du bus conduisait d'une main tout en mangeant un sandwich, sans ceinture de sécurité. Dans son rapport, Google indique : « Notre voiture a détecté que le bus approchait, mais le logiciel a déduit que ce serait le bus qui céderait le passage parce que la Google Car était en avance sur lui. Malheureusement, cela nous a amenés à la même place dans la même voie, en même temps. Ce type de malentendu se passe entre les pilotes humains sur la route tous les jours. Nous essayons tous de prédire les mouvements de l'autre. »

Les premiers morts donneront un coup d'arrêt… temporaire

Bien sûr, les premiers décès médiatisés donneront à l'opinion publique un moment d'effroi et de questionnement. Le tout premier, celui de l'Américain Joshua Brown à bord d'un modèle S de Tesla conduit par le « pilote automatique » (ce n'était pas officiellement une voiture autonome : le conducteur n'aurait donc pas dû relâcher son attention), a eu lieu début mai 2016 en Floride. Il n'a été révélé que le 1er juillet. La voiture est passée sous une remorque de camion qui barrait la route transversalement, en confondant la partie blanche de la remorque avec le ciel, très lumineux. Le système de radars des Tesla est beaucoup moins complet et perfectionné que celui des Google Cars, et l'accident de Joshua Brown n'aurait certainement pas eu lieu s'il s'était trouvé à bord d'une Google Car.

Après les premiers morts dans des voitures vraiment autonomes, la méfiance risque tout de même de s'installer pendant quelques mois et ralentir l'explosion du marché. C'est en tout cas ce qui s'était passé lors des débuts de l'automobile, après le premier accident mortel, à New York, le 13 septembre 1899 : un taxi jaune électrique avait renversé un certain Henry Hale Bliss qui aidait un ami à descendre du tramway. Les deux décennies suivantes furent assez chaotiques : les voitures devinrent pour certains des engins diaboliques, susceptibles de tuer les enfants, et les manifestations anti-autos se succédèrent. Sans télévision ni réseaux sociaux pour les relayer ! Ces obstacles ralentirent le phénomène, qui devint cependant irrésistible avec le développement des accessoires de sécurité (clignotants, frein à main…) et l'avènement de la Ford T.

Même si chacun sait que les véhicules sans conducteur permettront d'éviter des milliers de morts, comment l'opinion publique acceptera-t-elle une voiture 100 % autonome mais pas 100 % sûre ? Certes, les voyageurs ne craignent plus les rames de métro sans conducteur, mais le train roule seul, et sur des rails. Confieront-ils aisément leur vie à un conducteur-robot sur des routes fréquentées et à grande vitesse ? Ou, plutôt, combien de temps leur faudra-t-il pour accepter de déléguer, après les premiers accidents mortels ? Une partie de la réponse repose sur la capacité des constructeurs à simplifier le passage de relais du pilote automatique au pilote humain, qui n'est aujourd'hui ni assez intuitif, ni assez rapide.

Puis l'opinion publique reviendra à la raison. Car la voiture autonome est une avancée objective pour l'humanité. Elle prend des décisions à partir de la connaissance de son environnement, comme le ferait un être humain, mais elle le fait mieux que lui : elle n'est jamais distraite.

Les millions de kilomètres parcourus par les Google Cars sur les routes de Californie ont permis de compléter utilement les dizaines de millions de kilomètres parcourus par des Google Cars virtuelles sur des routes virtuelles, sur simulateur. En effet, il était impossible de tout prévoir, de tout simuler, et seule la confrontation avec la réalité pouvait permettre d'aller plus loin. Un jour, une Google Car a rencontré sur son chemin un homme en fauteuil roulant poursuivant une oie avec un balai. Cette situation n'avait, on s'en doute, jamais été imaginée par les ingénieurs !

La voiture autonome profitera aux ados et aux personnes âgées

La voiture autonome, quand elle se généralisera, évitera en France plus de 3 000 morts par an sur les routes. Fini les adolescents qui s'écrasent contre un platane les soirs de *binge drinking*, et leurs parents à jamais inconsolables. Fini ces « moyennes » qu'il faut tenir, à chaque trajet sur l'autoroute, et ces records que des pères de famille trouvent excitant de battre, mettant en danger toute leur nichée. Fini les victimes des chauffards, des alcooliques, et des vieillards séniles qui roulent à contresens sur la bretelle d'autoroute.

En revanche, la voiture autonome sera synonyme de liberté retrouvée pour les personnes âgées qui ne pouvaient plus conduire. La population des pays développés vieillit inexorablement. Même aux Etats-Unis, en 2030, 20 % de la population aura plus de soixante-cinq ans. Autant dire que le véhicule sans chauffeur va vite conquérir nos vieux pays. Elle réjouira aussi les personnes handicapées qui ne peuvent s'offrir un véhicule adapté, et tous ceux qui ont été privés de permis ou n'ont jamais pu le passer.

A terme, elle pourrait « changer profondément nos sociétés », estime Olivier Babeau, de la fondation Concorde. Le secteur automobile, d'abord : beaucoup de constructeurs automobiles risquent de mourir ou d'être absorbés. On pourrait aussi voir s'effondrer le prix des garages et des parkings, puisque les ménages n'auront plus de voiture individuelle et que ces voitures « partagées » viendront les chercher à l'heure dite. Cela pourrait permettre une réattribution des surfaces au logement et une baisse du prix de l'immobilier.

Une circulation plus fluide, sans embouteillages et absolument prévisible, puisque régulée par ordinateur, permettra de rouler plus vite. La vitesse n'aura plus de raison d'être limitée, puisque sans erreur humaine, rouler à 230 sur l'autoroute sera sans danger. Ce temps de conduite économisé permettra de lire, jouer, visionner des films dans le véhicule mais surtout de travailler ; d'où un immense réservoir de productivité pour les entreprises, et de nouvelles activités à développer pour le secteur des loisirs : le *car-leisure* est un gigantesque marché que des firmes comme Apple ou Google ont forcément en ligne de mire. Les plus optimistes, dont Olivier Babeau fait partie, prévoient donc déjà une hausse de la production, de la consommation et du bien-être...

Par ailleurs, l'électricité, la norme pour ces véhicules, fera chuter le prix du pétrole. Les chauffeurs de taxi et de poids lourds vont disparaître. Les assureurs auto vont devoir changer d'offre, car le fournisseur du logiciel et le constructeur seront généralement les seuls responsables des accidents. Les recettes des radars vont tomber à zéro. Les auto-écoles vont fermer massivement, car plus personne ne passera son permis de conduire.

De toutes ces évolutions, il est une avancée qui surpasse les autres : les voitures autonomes seront à la route ce que la pilule a été au rapport sexuel – elles la rendront sans conséquence grave. Et Google aura sûrement fait œuvre utile en obligeant les autres constructeurs à accélérer leurs projets.

Car Google n'est pas seul sur le créneau, loin s'en faut, mais il aura été le catalyseur. Tous les constructeurs préparent, plus ou moins secrètement, des voitures autonomes depuis deux décennies au moins : General Motors les évoquait déjà en 1939 lors du New York World's Fair ; on y voyait une petite famille jouant aux cartes autour d'une table, à l'intérieur d'une voiture qui se déplaçait toute seule. PSA, Renault ou les Chinois sont dans les starting-blocks.

Jusqu'alors, ils n'osaient pas se lancer. Les avancées disponibles restaient timides, se limitant souvent à l'aide au parking. Google a jeté un pavé dans la mare en lançant ses Google Cars sur les routes de Californie. Il a obligé les constructeurs traditionnels à troquer leurs maquettes futuristes contre un vrai projet industriel, et à en parler publiquement pour ne pas paraître à la traîne. Résultat, nous pourrons acheter quelques véhicules partiellement autonomes dès 2017, pour la conduite dans les embouteillages par exemple. Il est probable que la robomobile s'introduira progressivement, d'abord sur autoroute, peut-être avec des convois ou des files dédiées, et ensuite dans les villes, à petite vitesse, car pour elle, le risque principal demeurera la collision avec le chauffard, le cycliste ou le piéton.

En réalité, si la voiture autonome circulant à la fois sur autoroute, sur routes de campagne et en ville n'est pas pour demain mais pour après-demain, c'est parce qu'il existe encore bon nombre de difficultés non résolues. Des questions légales, d'abord. Aujourd'hui, il est interdit de faire rouler une voiture autonome sans avoir à son bord un conducteur capable de reprendre le contrôle : elle doit donc posséder un volant, des pédales, et un « bouton rouge » permettant de basculer en un quart de seconde d'un système vers l'autre.

Pour faire fléchir les Etats, encore majoritaires, qui interdisent les véhicules autonomes sans contrôle humain,

Uber, Lyft, Google et Ford se sont alliés en avril 2016 dans la création d'une « Coalition de la voiture autonome pour des routes plus sûres » (*Self-Driving Coalition for Safer Streets*). Ce lobby puissant entend défendre les intérêts des véhicules sans conducteur auprès des parlementaires, des régulateurs et de l'opinion publique.

Transférer la domination du smartphone vers la voiture

Les obstacles légaux se doublent d'obstacles techniques. Car s'il est relativement facile de déléguer la conduite sur autoroute, le parking ou la conduite au ralenti dans les embouteillages, les robomobiles sont moins à l'aise sous la neige, sur les routes moins balisées, dans la campagne par exemple, ou même en ville quand des humains, à pied, en deux-roues ou au volant, perturbent sans cesse la circulation. C'est pourquoi, au cours des prochaines années, nous allons d'abord voir apparaître des véhicules individuels partiellement autonomes.

Pendant cette phase intermédiaire, Google a déjà préparé son plan de bataille pour le recueil de données. La première étape s'appelle le *mirroring*. C'est un dispositif de synchronisation. Il s'agit de permettre à tous les possesseurs de smartphones équipés d'Android – 1 milliard d'individus sur la planète ! – de retrouver tous leurs contenus sur l'écran de bord de leur voiture (numéros de téléphone, calendrier, morceaux de musique...). Le système s'appelle Projected Mode pour Google (et CarPlay pour Apple, l'éternel concurrent). A ce stade, déjà, les constructeurs automobiles ont du mal à défendre leur pré carré.

Mais pour Google, le *mirroring* n'est qu'une étape dans la conquête de la voiture. Il s'efforcera ensuite d'y installer Android Auto, un système d'exploitation qui gérera l'ensemble des données d'*infotainment*. Google saura alors tout du conducteur, de ses goûts musicaux à sa manière de conduire en passant par ses lieux de villégiature favoris, puisqu'il saura où va la voiture, comment elle est conduite, à quelle vitesse, où elle stationne, etc. Des informations qui, comme celles qu'il recueille aujourd'hui sur d'autres objets connectés ou *via* d'autres applications, viendront compléter le profil du consommateur. Le tout sera, comme toujours, livré aux annonceurs à prix d'or.

Google entend donc utiliser sa domination dans l'univers du smartphone pour conquérir celui de l'automobile, qui concerne lui aussi un milliard d'individus. Après avoir introduit de la connectivité dans les habitacles *via* Android, il contribuera à automatiser la conduite pour optimiser le temps passé au volant ; ensuite, il proposera aux usagers des destinations subventionnées *via* les Google Maps, qui, depuis dix ans, sont devenues un outil indispensable.

Fini la conduite… et même la possession de la voiture

Les conducteurs seront donc plus surveillés que jamais, dans la phase intermédiaire. Les assureurs imaginent déjà des grilles tarifaires fondées sur le type de conduite : une sorte de *pay as you drive*, en somme.

Mais cette irruption de la technologie dans l'habitacle de la voiture n'est que le début de la disruption programmée par Google. Dans le monde qu'il nous prépare, vous oublierez non seulement ce qu'était la conduite, mais aussi ce qu'était la possession d'une voiture. Vous n'aurez plus la joie d'investir dans un objet qui dort 95 % du temps dans votre garage. Cette utilisation est, il est vrai, peu rationnelle ; elle le serait moins encore si chacun possédait une voiture autonome : car on l'enverrait chercher les enfants à l'école ou aller se faire vidanger au garage. Avec le même nombre de voitures par personne, chaque voiture passant moins de temps à l'arrêt, le trafic exploserait.

La solution ? Les robots-taxis. Il ne s'agira pas forcément des voitures d'aujourd'hui, avec volant et tableau de bord, dont on laisserait simplement l'intelligence artificielle gérer la conduite. La Google Car, dans l'une des premières utilisations envisagées, ressemblera à un croisement d'Uber et d'une Autolib' parisienne. Autrement dit, un robot-taxi géolocalisable, qu'on appellera *via* son smartphone (ou sa montre connectée, ou sa lentille intra-oculaire, etc.) et qui répondra en un temps record. La voiture conduira le passager vers sa destination, puis ira rejoindre le client suivant, ou retournera se garer à un point de passage optimisé. Le prix sera si modique et les voitures sans chauffeur si nombreuses que les habitants n'auront plus aucun intérêt à utiliser leur propre véhicule en ville.

Google, dès lors, ne vendra pas un produit de consommation, mais un service de mobilité. Dans les villes, ce service anéantira l'intérêt même de la propriété automobile. Les experts estiment que le parc de voitures y diminuera des deux tiers. Une évolution du business insoutenable pour les constructeurs dont les marges fondront puisqu'ils ne vendront plus leurs véhicules qu'à un seul client, Google !

Si ce modèle l'emporte, les voitures de demain n'auront pas besoin de ressembler à celles d'aujourd'hui : la plupart n'emmèneront qu'une personne sur une courte distance, en ville ou en banlieue, donc des voiturettes à trois roues et sans volant, ou des scooters habillés d'une coque, suffiront. Mais elles se faufileront partout. Et le métier de transporteur de colis, comme celui de chauffeur de taxi, disparaîtra, comme ont disparu les rémouleurs, les laitiers ou les garçons d'ascenseur.

Comme ces robots-taxis seront payables par abonnement, ou, à défaut, au trajet, *via* notre smartphone, Google saura toujours où l'on est. Une application de plus pour mettre à mal les petits secrets de notre vie privée, que le GPS et le portable géolocalisable ont déjà sérieusement écornés. Vous ne pourrez vraiment plus rien cacher à Google !

Mais le géant de Mountain View n'a pas encore gagné la partie. Uber, le champion mondial des taxis *low cost*, dans lequel Google détient une participation, ou l'un de ses concurrents, pourrait aussi s'emparer du nouveau marché. Uber rendrait ainsi ses courses encore moins coûteuses. Une étude de l'université de Columbia indique qu'en remplaçant les 9 000 taxis de New York par des *bots*, le service pourrait répondre aux appels en trente-six secondes pour un coût de 0,5 dollar du mile !

Google et Uber devaient lancer ensemble les robots-taxis

A l'origine, Google et Uber devaient lancer ensemble un service de taxis entièrement autonomes : Google s'occupait de la partie cartographie et du logiciel, Uber de la conception de l'application sur smartphone et de la gestion de la logistique. Ils se sont fâchés en 2014, quand Uber a appris que Google travaillait en secret sur sa propre application de transport urbain, testée dans le Googleplex, le campus de Mountain View.

Uber, qui se sentait vulnérable en matière de cartographie – puisque tout repose sur Google Maps –, a donc pris des mesures afin de diminuer sa dépendance. Il a racheté Carta, une start-up américaine spécialisée dans les cartes et la navigation, ainsi qu'une partie des outils de cartographie de Microsoft. Il a également signé un partenariat avec l'université américaine de Carnegie-Mellon, pour avoir accès à ses travaux, réputés en matière de robotique et de technologies autonomes. Uber a aussi embauché d'anciens responsables de Google Maps et de Google Express, car les deux entreprises sont en concurrence sur la livraison des achats faits chez des distributeurs en ligne. En août 2016, Travis Kalanick, le fondateur d'Uber, a « doublé » Google en annonçant qu'il s'associait à Volvo pour proposer des taxis-robots dès la fin du mois. Mais il s'agit d'une expérimentation, les utilisateurs ne payant pas la course et des chauffeurs Uber restant au volant. Le vrai lancement est prévu pour 2021.

Quid des drones, qui pourraient transporter les achats faits en ligne ? En août 2016, Google a obtenu de l'administration de l'aviation civile américaine l'autorisation de procéder à des tests de livraison par drone dans des zones spécialement aménagées. Pourtant, la question de la responsabilité n'est pas résolue : qui sera responsable si un chien attaque un drone ? Ou si la pluie provoque un court-circuit et que le drone déverse ses pizzas sur des passants ? Si ce ne sont pas des drones, des véhicules autonomes pourront aussi livrer les colis. Pas des voitures, mais des petits placards à roulettes qui se faufileront dans les rues, et, à l'instar d'un distributeur automatique, délivreront le carton de fournitures ou le plat en sauce à la bonne adresse moyennant, pour le client, la frappe d'un code secret.

D'ici quinze ou vingt ans, conduire une voiture sera devenu un loisir de riches ou de passionnés – un peu comme monter à cheval aujourd'hui. Et tant pis pour les millions d'adeptes du plaisir automobile.

Il y a peu de chances qu'ils se consolent avec la voiture volante. Larry Page semble pourtant en passe de concrétiser ce vieux rêve d'enfant : il a investi 100 millions de dollars dans Zee.Aero. Cette start-up développe un engin aux allures de planeur joufflu, doté de moteurs électriques lui permettant de s'élever à la verticale. Zee.Aero n'est pas la seule société à vouloir commercialiser des voitures volantes, mais elle semble assez avancée : des essais ont eu lieu sur l'aéroport d'Hollister en Californie, où la start-up possède un hangar privé. Reste que ce moyen de transport révolutionnaire, s'il vous rend un jour la vie plus facile, ne vous fera pas retrouver les sensations du pilote de F1 dans le ciel : il volera lui aussi sans conducteur.

Sergey Brin finance la viande sans viande… et sans joie

Une autre plaisir de la vie risque de disparaître par la faute, entre autres, de Google. Celui de consommer de la viande, et surtout de la viande de bœuf. Certes, cette production est tout sauf « écologiquement responsable » : il faut en effet 15 kilos de maïs et 3 000 litres d'eau pour obtenir un kilo de bœuf. Ce qui traduit un très faible taux de conversion. Avec la même quantité de végétal, on peut aussi produire 13 kilos de viande de grillon !

La Silicon Valley ambitionne de rendre ce modèle au moins cinq fois plus efficace : Sergey Brin a ainsi financé le premier projet de steak *in vitro*, un steak 100 % synthétique. A Londres, le 5 août 2013, quelques volontaires ont dégusté devant les caméras ce morceau de viande hachée à 250 000 euros pièce. Il s'agissait de viande synthétique, produite dans un laboratoire à partir de cellules souches issues d'une épaule de bœuf.

Mark Post, un illustre chercheur de l'université de Maastricht, avait déjà fabriqué de la saucisse de porc synthétique, financé par l'Etat hollandais. Sergey Brin l'a convoqué à Palo Alto et lui a proposé 2 millions de dollars pour poursuivre ses recherches avec du bœuf. Post s'est donc mis à cultiver ses cellules souches bovines dans du sérum fœtal de jument. Les 20 000 fibres de muscle assemblées brin par brin ont ensuite été pressées ensemble pour ressembler à un steak haché classique, puis assaisonnées au safran et colorées avec du jus de betterave. A défaut, elles auraient été grises, car la coloration rouge de la viande provient du sang.

La plupart des testeurs ont estimé que le résultat était concluant : le steak est peu gras, il manque certes de moelleux mais son goût est proche de celui de la viande, contrairement aux steaks fabriqués à base de végétaux. Les critiques gastronomiques ont été moins indulgents : ils ont trouvé l'assemblable correct mais la saveur insipide. Mark Post a promis que, à l'avenir, il ajouterait des cellules de graisse pour donner du goût et du moelleux.

Sergey Brin a expliqué qu'il avait financé cette expérience parce qu'il se préoccupait du bien-être animal. La manière dont les humains traitent les vaches le révulse.

Par la suite, Google s'est montré intéressé par des start-up comme Beyond Meat, Modern Meadow, Soylent ou New Frontier Foods, sans pour autant les racheter. Ces entreprises veulent produire des blancs de poulet à partir de plantes, des steaks de bœuf par impression 3D, des chips avec des algues et une boisson permettant de satisfaire tous les besoins nutritionnels journaliers. Partant du principe qu'il sera impossible de produire assez de viande pour 9 milliards d'êtres humains, Google cherche des solutions alternatives… quitte à diminuer le plaisir des gourmets. Car, pour l'heure, il n'y a que Brin et ses compères de la Silicon Valley qui estiment le goût du steak de synthèse tout à fait acceptable !

En mai 2016, Eric Schmidt, le président exécutif d'Alphabet, qui s'exprimait devant le « Davos de l'Ouest » à Los Angeles, a classé en tête des tendances clefs des prochaines années la « viande » à base de plantes. Avant les voitures autonomes, les imprimantes 3D ou les casques de réalité virtuelle. Autant dire que les avancées risquent d'être rapides, au moins en Amérique.

D'autant que d'autres milliardaires américains se font les promoteurs de cette nourriture « dé-naturée », tels Bill Gates, dont la fondation a aussi investi dans plusieurs start-up, et Peter Thiel, le cofondateur de PayPal. Ils prétendent ne pas voir la différence entre la viande de poulet ou de bœuf et sa version reconstituée. Mauvaise foi caractérisée ou autosuggestion avérée ? Ce qui est certain, c'est que, dans ce domaine aussi, le « monde meilleur » promu par les technophiles heurte la culture de la vieille Europe.

Le plaisir des relations hommes-femmes ringardisé

Dernier exemple de cette éradication programmée des plaisirs simples : les relations hommes-femmes pourraient pâtir, elles aussi, de l'hégémonie mondiale de Google et de ses pairs. La culture de la Silicon Valley est résolument machiste ; l'extrême déséquilibre des sexes et des origines ethniques ne sera donc pas corrigé. Les femmes sont très minoritaires dans les firmes high-tech, surtout aux postes de responsabilité. Chez Google, en particulier, et malgré des efforts de recrutement proclamés, sept employés sur dix sont des hommes, ils sont même huit sur dix dans l'encadrement. Quarante pour cent des sociétés de la Valley ont des conseils d'administration entièrement masculins. Et, selon le magazine de référence *Wired*, 92 % des associés décisionnaires dans les fonds de capital-risque – ceux qui investissent dans les start-up – sont des hommes !

Les minorités visibles sont tout aussi mal représentées. L'entrepreneur de la Silicon Valley est un homme jeune et de type « caucasien », autrement dit Blanc « européen ». Au point que le racisme, le jeunisme et le sexisme qui sévissent autour de San Francisco ont un nom de code : la *pattern recognition*. Traduction : la capacité de reconnaître au premier coup d'œil un entrepreneur ou un manageur qui réussira ! Seuls les professionnels blancs et mâles seraient *bancables*. Peu à peu, ces stéréotypes se transforment en phénomène de reproduction sociale.

Cette culture ouvertement misogyne cristallise un réflexe d'orgueil. Sous-représentées dans le milieu professionnel, les jeunes femmes sont souvent cantonnées au rôle de partenaire sexuel et/ou de mère de famille. La journaliste américaine Nina Burleigh décrit ainsi le parcours de deux fondateurs de start-up qui démarrent sur des chapeaux de roue, mais peinent à lever autant d'argent qu'il leur en faudrait, parce qu'il leur manque « une chose qui est presque une condition *sine qua non* du mythe de la start-up de la Silicon Valley : un pénis ».

Cette place étriquée faite aux femmes se renforce de la méfiance réciproque entre les sexes qu'engendre la loi sur le harcèlement qui, elle, ne sévit pas seulement dans la Silicon Valley mais dans toute l'Amérique : un homme aura peur d'être seul avec une femme dans un ascenseur, de lui faire un compliment sur sa robe ou de se tenir trop près d'elle lors d'un travail commun autour d'un écran d'ordinateur…

Le plaisir des relations hommes-femmes, qui constitue l'un des piliers culturels des sociétés latines, y compris dans la vie au travail, s'est visiblement perdu dans le temple de la modernité.

Les casques de réalité virtuelle (VR), qui recréent des univers caricaturaux, contribuent à cette disparition progressive des plaisirs humains traditionnels. Le plus connu est l'Oculus Rift, conçu par une start-up californienne qui n'a pas été achetée par Google mais par… Facebook. Ce casque ressemble à un masque de ski surmonté de deux lentilles et d'un écran. Mais Google ne sera pas à la traîne : après avoir sorti un casque en carton à bas coût, il développe, avec des partenaires, des casques compatibles avec sa nouvelle plateforme de réalité virtuelle Daydream. Les techniques de VR permettent d'immerger un utilisateur avec tous ses sens dans un monde en trois dimensions créé de toutes pièces, numériquement. Le cerveau se laisse facilement berner : certains utilisateurs sont pris de vomissements pendant un tour de Grande Roue virtuel, d'autres se mettent à crier quand, dans un jeu de guerre, un ennemi surgit dans leur champ de vision. Les relations amoureuses, revues et corrigées par la réalité virtuelle comme elles l'ont été par les sites Internet, donnent la même « vérité » à la pornographie en 3D.

Les Google Glass elles-mêmes – qui certes ne sont plus en vente, mais devraient être remplacées par d'autres terminaux connectés – permettaient déjà l'amour augmenté : le porteur de lunettes pouvait projeter sur son mini-écran des images de femmes « idéales » qui se superposaient à la médiocre réalité qu'il vivait ! Il pouvait aussi se faire projeter des images du Kamasutra pour y chercher l'inspiration. Deux amants pouvaient, s'ils portaient l'un et l'autre des Google Glass, vivre la scène par le regard de leur partenaire, ou filmer leurs ébats... au risque de se faire hacker et de voir leurs images rendues publiques. Dernière interférence des objets connectés dans la vie sexuelle, les machines pourront aussi devenir un jour des amants ou amantes parfaits, et s'adapter aux fantasmes de leurs utilisateurs. Les sexologues sont convaincus que certains préféreront faire l'amour avec des robots parfaitement réalistes qu'avec des humains trop difficiles à satisfaire.

Une culture « inconfortable » pour les Français d'aujourd'hui

Google veut être le *deus ex machina* de notre vie quotidienne, mais il influence autant qu'il bride notre liberté d'action. La culture Google nous promet une société « techno » dans laquelle la plupart des Français, et plus largement des Européens, se sentiront inconfortables, car elle repose sur des mythes, telle l'universalité du « monde meilleur » promis par les *geeks*, ou cette « méritocratie » qui ne récompense que les hommes, jeunes, technophiles et de race banche. Une société dans laquelle, on l'a vu, non seulement le concept de vie privée sera obsolète, mais la culture, les plaisirs, la qualité de vie chers aux Français auront disparu, remplacés par les valeurs culturelles et sociales de la civilisation « techno » devenues dominantes, et acceptées sans débat ni combat.

5

Une entreprise totalitaire

Comment Google tue ses concurrents et étrangle des secteurs entiers

— Mon pauvre Philippe… Reprends-toi ! Déprimer ne sert à rien : tu n'y peux plus rien.

— C'est bien ce qui me déprime.

— Regarde de l'avant ! Pense aux nouvelles start-up que tu vas créer !

— Tu te fous de moi ? C'était ma cinquième tentative. Je ne créerai plus jamais de start-up.

— Bien sûr que si !

Winston ramait à contre-courant depuis une heure et la lassitude commençait à le gagner. Sa sollicitude était inutile, Philippe réfutait tous ses arguments, et lui-même en avait assez de ressasser les mêmes banalités depuis quinze jours. Pourtant, il se devait de soutenir son ami, par une sorte de culpabilité mal placée : ce qui arrivait à Philippe justifiait les thèses hostiles à Big G que Winston prônait depuis des années.

— Tu veux boire autre chose ? demanda Winston pour faire diversion.

Philippe, effondré sur le comptoir du bistrot, la tête enfouie dans les avant-bras, grogna d'une voix inaudible :

— Un double whisky. Non, un triple…

Winston posa sa main sur le coude de son compagnon prostré. Où était passé l'entrepreneur brillant auquel tout réussissait, fourmillant d'idées « en rupture », l'exemple emblématique de manager de grand groupe capable de sauter le pas pour créer son affaire ? Les médias qui s'étaient tant intéressés à lui l'avaient abandonné dès qu'il avait connu les premières difficultés avec Big G.

Winston maudissait son incapacité à consoler son ami. Il regrettait que Julia ne soit pas avec lui : elle aurait su trouver les mots justes. Sa femme faisait preuve d'une sensibilité précieuse dans les moments difficiles. Elle savait apporter à chacun le réconfort dont il avait besoin. Il ressentit, en pensant à elle, une bouffée de tendresse. Heureusement qu'il ne l'avait pas quittée. Elle était, depuis vingt ans, sa bouée, sa boussole, son cap. Il n'osait imaginer où il en serait aujourd'hui s'il n'avait pas passé l'éponge sur son « écart ». Peut-être serait-il aujourd'hui comme Philippe, une loque sur un comptoir, dans un bar interdit…

Quelques heures de réflexion avaient suffi pour qu'il pardonne, le jour où elle lui avait avoué son flirt avec Manuel. Sa jalousie, il le savait bien, était mal placée. Il avait si souvent eu envie de flirter avec une collègue ou une jeune femme croisée en ville. S'il ne l'avait pas fait, ce n'était pas par manque de désir, ni par volonté de rester fidèle à Julia. Mais son divorce avec Catherine l'avait guéri du goût du risque. La transparence imposée avait appauvri, asséché, flétri son existence. Big G l'avait émasculé.

Philippe avait été plus meurtri encore que Winston par l'hégémonie du géant américain. Mais pas de la même manière. Big G l'avait tué, au sens littéral du terme : il avait mis à mort sa société. Il l'avait condamnée à la peine capitale sans autre forme de procès. Big G ne connaissait que deux manières de traiter ses concurrents : soit il les détruisait – lorsque c'était en son pouvoir, c'est-à-dire souvent –, soit il les rachetait, car il possédait des fonds illimités. Le résultat était le même, mais la seconde méthode était moins barbare que la première. Compte tenu de sa trésorerie pléthorique, on lui reprochait de ne pas en systématiser l'usage.

Philippe frappa du poing sur le comptoir. Les verres s'entrechoquèrent. Il butait sur les mots :

— Quand expliqueront-ils comment ils font leurs algorithmes ? Ce n'est pas normal qu'on puisse être déréférencé du jour au lendemain…

— Tu leur feras un procès. Et tu le gagneras, répondit Winston d'une voix forte.

Winston vit s'embuer les yeux rougis de Philippe.

— Et ils me verseront 150 000 euros dans cinq ans ? En attendant, je leur dis quoi, à Chrystel et Lilou ? De danser devant le frigo vide ?

Avec son moteur de recherche, Big G possédait un droit de vie ou de mort sur des milliers d'entreprises dans le monde, et ne se gênait pas pour l'exercer, quitte à payer des dommages et intérêts ensuite. Lorsque, l'année précédente, Philippe avait créé sa start-up, un site spécialisé dans le conseil juridique aux futurs divorcés et dé-pacsés separemoi.fr, il avait connu un succès foudroyant. Avec des prix hyper-compétitifs et un service personnalisé et rapide, la société de Philippe apportait une vraie nouveauté au moment où le gouvernement et les professionnels du droit, pour une fois sur la même longueur d'onde, cherchaient à simplifier les ruptures. Le buzz avait été si favorable que le site s'était retrouvé après trois mois d'existence en tête, sur la première page de Big G, pour les recherches sur les mots « divorce » et « séparation », juste derrière les sites sponsorisés payants des grands cabinets. Separemoi.fr avait enregistré des taux de croissance si bluffants que Philippe avait dû recruter deux, puis trois, puis une demi-douzaine de juristes. Mais, un matin, il avait découvert que separemoi.fr avait perdu, en vingt-quatre heures, 93 % de son trafic.

— Et pour cause, expliquait-il à tous ceux qui s'intéressaient à son histoire. Au lieu de figurer en première page des résultats, on s'est retrouvé à la fin de la deuxième ! Et vous connaissez l'adage : le meilleur endroit pour cacher un cadavre…

— … c'est la deuxième page de Google.

— Personne n'y va jamais !

Ses amis lui demandaient pourquoi il n'avait pas tout simplement contacté Big G.

— C'est ce que j'ai voulu faire ! J'ai passé des heures et des heures au téléphone. En vain : dans cette boîte, seuls les annonceurs trouvent des interlocuteurs ! Il faut payer pour être entendu.

— Pourquoi tu n'es pas allé les voir ?

— Je me suis précipité au siège de Big G France, derrière la gare Montparnasse, tu penses bien ! Je n'avais pas de rendez-vous, j'ai forcé l'entrée. J'ai cru qu'ils allaient appeler les flics pour m'expulser.

— Alors ? Que t'ont-ils dit ?

— Que l'algorithme avait changé ! Tout tranquillement ! Que je ne devais pas m'étonner, parce qu'ils l'améliorent en permanence ! Ils veulent éviter que des sites comme le mien ne trouvent l'astuce qui leur permet d'être en tête à tous les coups. Mais je n'avais pas d'astuce ! Juste un meilleur service que les autres, alors j'étais de plus en plus consulté. Je n'avais jamais acheté de mots-clefs !

— Tu aurais peut-être dû ! Tu serais peut-être encore vivant aujourd'hui.

— Mais je n'en avais pas besoin ! Et puis, c'est du chantage !

— Sans doute.

— De toute façon, ils n'avaient pas le droit de reléguer mon site en deuxième page alors qu'il donnait les meilleurs résultats !

— Puisque personne ne peut les empêcher... C'est la loi du plus fort.

— En fait, ils ont créé leur propre comparateur de prestations juridiques, et ils le font arriver en tête. Je me demande s'ils n'ont pas pris aussi des participations chez un de mes concurrents, qui remonte bizarrement, sans explication. Entre les sites qui achètent des Adwords, autrement dit qui payent pour arriver en haut de page, ceux qui appartiennent à Big G, ceux qui arrivent juste derrière par les miracles de la technologie, et ceux qui payent pour être en bas plutôt que perdu dans la masse... j'ai été noyé.

Separemoi.fr avait été déréférencé sans que Philippe sache quelle faute il avait commise pour mériter ce châtiment. Il avait été obligé de licencier cinq de ses six juristes, ce qui avait ruiné sa société. Il venait de déposer le bilan ; l'entreprise allait être placée en liquidation judiciaire.

— Et la plainte, où est-elle ?

— Je me suis rapproché d'une association de professionnels qui ont été relégués dans les profondeurs du classement sans explication, comme moi. Dans le secteur du voyage, ce n'est pas ce qui manque. Des comparatifs de coûts des vols, par exemple. Tout ce qui est lié à la cartographie aussi. Big G fait cela dans tous les pays. Les Allemands sont plus actifs que nous pour protester contre cette dictature...

— Ils arrivent à prouver que Big G ne classe pas les recherches en fonction des intérêts de l'internaute, mais des siens ? Qu'il nous manipule ?

— Bien sûr. Certains sites ont déjà eu gain de cause : Big G a été obligé de payer des dommages et intérêts. Mais toujours trop faibles, et toujours trop tard...

Philippe passait des heures à boire, ressassant sa mésaventure. Il récupérait des bouteilles de whisky chez des amis, ou les faisait acheter par eux. Il s'enfermait dans sa bibliothèque avec ses munitions et n'en sortait pas pendant vingt-quatre heures. Il ne voulait voir personne, pas même sa femme ni Lilou.

Chrystel avait insisté pour que son mari consulte un psy. Elle avait eu du mal à le convaincre et ensuite, autant de mal à trouver un praticien. Le Big G Score de son mari était trop bas, aucun psy de renom ne voulait de lui ; de même que les chauffeurs Uber ne le prenaient que lorsqu'ils n'avaient rien fait de la journée. Il avait suffi que Philippe vomisse un jour dans un taxi, qu'il critique assez durement deux ou trois logeurs Airbnb et signale dans un restaurant une intolérance à l'arachide, pour que sa « note de comportement client », ce maudit Big G score, tombe au plus bas. C'était la contrepartie, pour les entreprises, du pouvoir d'évaluer que possédaient les clients : elles aussi s'étaient mises à noter leurs utilisateurs. Et un jour, Big G avait tout centralisé.

Chrystel avait fini par dénicher un psy débutant, donc plus compréhensif, mais qui n'avait accepté de recevoir son mari que s'il promettait de bien le noter en retour. Malheureusement, la thérapie s'était interrompue après la première séance. Le praticien avait prévenu Chrystel que son époux « n'était pas encore décidé à s'en sortir ».

— On ne peut pas guérir les gens malgré eux, avait-il expliqué. Je ne veux pas vous faire gaspiller votre argent.

Depuis, le malaise de Philippe avait redoublé. Il ressassait sans cesse ses mésaventures. Il se sentait cerné – et de fait, pensait Winston, il l'était.

— Tu n'y peux rien, mon vieux. Big G est un monstre. Une entreprise totalitaire. On n'a jamais vu une telle hégémonie dans l'histoire de l'humanité.

— *J'ai été présomptueux en espérant leur tenir tête, c'est ça ?*

— *Tu n'es pas le premier à croire à leur image de gens sympathiques, ouverts, innovants… Mais ils voient tout, ils sont partout, et dès qu'une nouveauté cartonne, ils sont attirés par l'odeur du sang. Ensuite, de deux choses l'une : soit ils s'emparent du secteur en direct, soit ils s'emparent de la relation avec le client final, et dans les deux cas ce sont eux qui récoltent l'essentiel de la valeur ajoutée !*

— *Je sais bien. Dans l'Internet tout le monde a été phagocyté ou craint de l'être : les moteurs de recherche, les logiciels, le tourisme, les voyages, les guides, les cartes, les comparateurs…*

— *Mais il y a bien longtemps qu'ils ne se cantonnent plus à Internet ! Ils vont partout où ils peuvent renforcer leur connaissance du client final.*

Big G gagnait tellement d'argent, avec une telle puissance de feu, que lorsqu'il entrait dans un secteur économique, il en modifiait profondément et irrémédiablement les équilibres.

— *D'abord, l'automobile, puis la e-santé…*

— *Tu as raison, il n'y a plus qu'eux sur la recherche contre le cancer.* Idem *pour Alzheimer et le diabète… Ils ont la plus grosse base de données ADN et ils la vendent à prix d'or… Ils définissent les formules des médicaments.*

— *Mais il y a aussi la domotique… Les objets connectés… la robotique… l'intelligence artificielle… l'énergie… l'assurance… Je crois qu'il n'y a que les boulangeries et les boucheries qui leur échappent !*

— *Arrête. La liste me désespère. Tu te souviens ? C'est déjà loin mais ils ont commencé par « tuer » les médias en leur piquant leurs contenus et les neuf dixièmes de leur publicité…*

— *Chaque fois qu'il s'est attaqué à un secteur, Big G en est devenu le leader inexpugnable. Et chaque fois, il a transformé les leaders historiques en sous-traitants !*

— C'est pourtant vrai. Il ne fabrique pas les voitures, les robots ou les médicaments, il ne produit pas l'électricité, il ne fait pas rouler des trains, mais c'est lui qui a le contact avec le client final : l'automobiliste, l'occupant de la maison, le malade coincé chez lui…

— Alors c'est lui qui encaisse la marge chaque fois. CQFD.

On ne pouvait qu'être bluffé par la rapidité avec laquelle les fondateurs de Big G avaient pris le contrôle de toutes les industries clefs du XXIe siècle. La rapidité, et l'ingéniosité aussi : car ils avaient gardé, en apparence, ce regard de gamins émerveillés, ces tenues de garçons de plage – combien de fois avaient-ils posé pour les journaux en short et T-shirt, les cheveux en bataille, chaussés de tongs ou de sabots ? Le terme « capitaliste » ne semblait pas s'appliquer à eux. Irrelevant, *disaient les Anglais. Ils ressemblaient à tout sauf à des patrons avides, des tyrans productivistes, des investisseurs obsédés par le rendement de l'argent. Et pourtant, ils étaient les capitalistes les plus emblématiques du XXIe siècle.*

— Ces gosses jouent avec la planète, insista Winston, et on les laisse jouer.

La seule chose que les fondateurs de Big G avaient consenti au monde, c'était le droit de les critiquer. De dénoncer leurs erreurs. Des erreurs de jeunesse, en quelque sorte, qu'ils revendiquaient, en tant que machine à expérimenter. Des erreurs qui tournaient à leur avantage. Ce côté inachevé, vaguement infantile, en perpétuel progrès, contribuait à les rendre sympathiques. Au fond, ils aimaient qu'on se moquât d'eux : cela renforçait leur image bon enfant, modeste, inoffensif. Le moteur de recherche était gratuit pour les utilisateurs, et même si, pour des millions de gens dans les pays développés, cette gratuité se payait très cher, Big G dégageait toujours, dans les pays émergents en particulier, un parfum de philanthropie.

Winston soupira malgré lui. Philippe rejoignait enfin son avis, trop tard pour qu'il s'en réjouisse. Pauvre Philippe ! Il ne s'était même pas cru plus malin que les autres : simplement, il était bien-pensant, naturellement orthodoxe, incapable d'une pensée mauvaise. Il avait longtemps imaginé qu'il était possible de prospérer dans l'ombre de Big G, et même grâce à lui. Il lui faisait si peu d'ombre ! Mais cela ne durait jamais longtemps. Big G vous laissait créer le marché, puis, s'il était rentable, il s'en emparait.

— Dommage qu'il ait fallu en arriver là pour que tu te rendes à l'évidence, mon vieux. Il y a quinze ans déjà, on savait qu'ils allaient devenir hégémoniques, et personne n'a rien fait… L'Union européenne a mis vingt ans à réagir…

Quand l'Union européenne avait accusé Big G d'abus de pouvoir et de concurrence déloyale, il aurait pu écoper de 6 milliards d'amende. Mais il s'en était tiré avec quelques aménagements de ses pages de résultats de recherche, et une amende symbolique.

— Depuis sa création, Big G était protégé par l'Etat américain. Il lui a rendu tous les services possibles. Il a livré des fiches complètes sur les terroristes…

— … et sûrement aussi sur de braves citoyens qui n'avaient pas l'heur de plaire au gouvernement !

— En échange, il a pu grandir et écraser les autres en toute impunité.

— C'est terrifiant. Chaque fois qu'ils auraient pu tomber sous le coup de la loi antitrust, chaque fois qu'un juge a envisagé de les scinder, ils ont échappé à la sanction.

— Et maintenant, il est trop tard. Big G est un régime totalitaire.

Les deux hommes burent à l'unisson une longue gorgée de whisky.

— Tu sais ce qui me fait toucher le fond ? reprit Philippe. Big G est encore plus puissant en Europe qu'aux Etats-Unis. Et plus fort en France que n'importe où en Europe ! Dans cette prétendue patrie des libertés dont les habitants sont si jaloux de leur vie privée, nous lui avons donné les clefs sans discuter.

— Tu reviens toujours au moteur de recherche, mais pour Big G le moteur n'est plus qu'une goutte d'eau aujourd'hui ! Ils se sont payé le monde avec l'argent des impôts volé aux Etats.

La serveuse, une jolie blonde d'une vingtaine d'années à l'accent prononcé – sûrement une étudiante canadienne –, les regardait avec une moue dubitative. Winston lui sourit. Philippe ne la remarqua pas. Il regardait dans le vide.

— Vous ne croyez pas que vous exagérez ? Ce ne sont pas des voleurs quand même.

— Big G a mis en place un système d'évasion fiscale massive, répondit Winston en haussant les épaules. Il n'a quasiment jamais payé d'impôts en France, par exemple.

Philippe prit le relais, comme s'il récitait sa leçon.

— On connaît leur système, mais on n'a jamais réussi à les coincer. On a tellement temporisé, tellement réfléchi à les diviser en deux, en trois, en dix... tellement fait durer les procès...

— ... que maintenant, il est trop tard. Ils sont allés s'installer sur une île offshore !

Big G avait conçu depuis longtemps ce projet de déménagement. Il l'avait souvent utilisé comme menace vis-à-vis du gouvernement américain, qui voulait trop taxer à ses yeux les bénéfices qu'il rapatriait des Bermudes. La multiplication des agressions contre ses salariés l'avait convaincu de passer à l'action.

Depuis quelques années, les « BigGleurs » étaient moins bien acceptés dans la vallée. Au début, des jeunes gens ivres avaient vomi sur les bus privés de Big G, des chauffeurs de poids lourds les avaient bloqués en mettant leurs véhicules en travers de la route, des casseurs avaient voulu incendier leurs cars... Ceux qui en étaient descendus étaient partis sous les crachats et les huées... L'un d'eux avait eu le mollet à moitié arraché par un bouledogue. Puis les commerçants locaux avaient commencé à faire payer plus cher les privilégiés de la Silicon Valley, tous ces millionnaires qui prétendaient vivre comme tout le monde. Enfin, un jour, trois jeunes développeurs de Mountain View qui rentraient tranquillement chez eux, dans des quartiers différents de San Francisco, avaient reçu des coups de couteau dans le ventre. La direction de l'entreprise s'était adressée à la communauté des BigGleurs pour leur rappeler que tout le monde pouvait être logé sur le campus de Mountain View. Beaucoup de salariés y vivaient déjà, débarrassés des contraintes de la vie quotidienne, ravis de trouver sur place des médecins ou des coiffeurs aussi bien qu'une station de lavage pour leur voiture. Mais d'autres refusaient cette existence en cercle fermé. Les événements les avaient obligés à rentrer dans le rang.

Le monde ébahi venait de découvrir que les fondateurs de Big G avaient fait construire en secret une ville flottante, une micro-nation offshore ressemblant à s'y méprendre au campus de Mountain View. Installée en haute mer, elle devait échapper aux lois de la Californie, à ses taxes et à sa redistribution inefficace. Le pays miniature serait aussi un paradis pour les entrepreneurs, qui obtiendraient automatiquement la « nationalité » Big G. Le déménagement avait commencé et devait durer un mois. Un mois seulement : même en la matière, les solutionnistes voulaient démontrer leur efficacité.

Les habitants de San Francisco se réjouissaient de leur départ. Au moins officiellement. De toute façon, ces jeunes millionnaires n'avaient jamais beaucoup dépensé dans les boutiques locales : on leur livrait tout gratuitement sur le campus, de la viande bio aux fruits sans pesticides. « Bon débarras » était toujours la conclusion des voisins ou des commerçants qui apparaissaient dans les reportages télévisés. Les superettes, les cinémas, les restaurants ou les clubs de sport allaient pourtant perdre une clientèle de choix.

Winston avait toujours eu du mal à s'expliquer ce paradoxe : l'image que l'on se faisait de Big G était d'autant meilleure qu'on en était géographiquement éloigné. Loin des yeux, près du cœur ? Si l'Afrique adorait Big G, si l'Europe, officiellement méfiante, continuait de lui confier 95 % de ses recherches sur Internet, si la côte Est des Etats-Unis dénonçait ouvertement leur hégémonie mais demeurait fière de la domination de ses géants de l'Internet, en Californie, Big G s'était carrément fait détester de son écosystème. Près des yeux, loin du cœur… Pas seulement à cause de la jalousie liée à ces fortunes si vite amassées et si peu partagées. On leur reprochait une philosophie, une manière de vivre, un fonctionnement quasi sectaire.

Le monde de Big G était presque uniquement masculin. Il manquait de douceur, de chaleur, d'humanité. Les femmes, disait-on, n'aimaient pas la technologie. Big G masquait ce déséquilibre, surtout dans les instances de direction, du mieux qu'il pouvait, mais la seule associée qui ait participé à l'aventure des débuts, et qui ait gardé ensuite des responsabilités réelles, avait dû quitter le groupe après une dizaine d'années.

— J'aurais dû m'en douter, se lamenta Philippe. Chrystel me le répétait tout le temps : un monde sans femmes ne présage rien de bon.

Winston regarda l'heure : 22 h 30. Avec sa barbe de trois jours, ses yeux rouges et ses cernes géants, son ami ne ressemblait plus que de très loin à l'entrepreneur fringant avec qui il avait sympathisé autrefois. Il faillit le prendre par les épaules, mais il eut peur du ridicule. A la place, il sortit son smartphone et le prit en photo :

— Il faut que tu te secoues. Regarde de quoi tu as l'air…

Philippe détourna la tête sans regarder. Sur l'écran de Winston, un message de Big G apparut : « Ajouter cette image sur le site de la Brasserie des Anges ». Il se retint de hurler : non ! Même mineures, les intrusions de son smartphone lui étaient insupportables. Il avait failli le jeter cent fois, mais vivre sans Big G, c'était comme se passer d'eau courante. Ou d'électricité.

L'électricité et l'eau courante avaient au moins un avantage : elles ne gouvernaient pas votre vie. La semaine précédente, alors qu'ils fêtaient leur dix-huitième anniversaire de mariage à Deauville, Winston avait pris en photo le reflet de Julia sortant de la douche. Dix secondes plus tard, sur l'écran de son smartphone, Big G lui proposait « d'ajouter cette photo sur le site de l'hôtel Royal de Deauville ». En voulant décliner rageusement la proposition, il avait cliqué au mauvais endroit et l'image de Julia nue, cheveux relevés et profil somptueux, avait été publiée. Par la grâce de la reconnaissance faciale, la photo était même taguée à son nom. Il leur avait fallu trois jours pour obtenir son retrait du site.

La transparence absolue : plus encore que l'hégémonie économique, c'est ce qui faisait souffrir Winston, et il avait l'impression de trahir son ami parce qu'il ne pouvait décemment le lui avouer. Il détestait ce modèle de ville connectée et ouverte qu'était devenu Paris, avec ses 10 000 stations wi-fi gratuites haut débit et ses citoyens, aux vêtements bourrés de capteurs, qui laissaient des traces partout et en permanence. Celui qui maîtrisait ces données voyait tout, entendait tout, savait tout et pouvait tout prédire.

Winston, pendant la seconde partie de sa vie, avait assisté à la lente agonie des libertés individuelles et à l'avènement d'un double Big Brother : l'Etat, pour des raisons de sécurité intérieure, et Big G et ses pairs, pour des raisons commerciales. Les libertés avaient été peu à peu, insidieusement, détruites. Combien de vies intimes, celles de peoples ou de voisins de palier, avaient été jetées en pâture à l'opinion parce que des fabricants de sextoys avaient été victimes d'une bande de hackeurs maîtres-chanteurs ? Le premier fabricant, un Canadien réputé pour ses vibromasseurs, avait accepté de payer dix millions de dollars pour que les plaisantins détruisent les fichiers dérobés. Le second n'avait pas voulu céder : toutes les données de ses utilisateurs (noms, fonctions privilégiées, périodicité d'utilisation, et même des images lorsque le sextoy possédait une caméra incorporée) avaient été mises en ligne. Winston se demandait à quel moment la serveuse allait venir annoncer à Philippe qu'il devait quitter son établissement, parce que les pilules connectées, ces mouchards inventés par Big G et déposés dans son système sanguin, venaient de dénoncer à la Sécurité sociale ses quarante-huit heures d'excès alcooliques.

La jeune serveuse slalomait entre les tables en dandinant du postérieur au rythme de la musique diffusée dans le bistrot. Les paroles de la chanson avait été composées, sans aucune intervention humaine, par un instrument appelé versificateur. La fille balançait des hanches et ne regardait pas la mini-tablette accrochée à son poignet. Winston l'observa un instant. Bien qu'il ait toujours refusé l'implant cervical, les lentilles connectées et les vestes dont il suffit de frotter la manche pour qu'elle vous indique la route à suivre, il lui semblait que Big G connaissait ses moindres pensées. Que Big G savait lorsqu'il avait envie d'une femme, même s'il n'en avait rien dit à personne, s'il n'avait rien tenté, rien écrit, à peine pensé ce désir. Big G exigeait non seulement qu'il ait des opinions convenables, mais des instincts convenables.

Big G était capable de savoir qui conduisait une voiture, à la manière de passer les vitesses ou de prendre les virages : pourquoi n'aurait-il pas su reconnaître une pensée déviante à de petits signes ? Au tremblement du portable dans votre poche, à l'accélération de votre rythme cardiaque, à la manière d'avaler votre salive ou au ton avec lequel vous vous adressiez à la femme qui vous plaisait, ou tout simplement à un regard un peu plus appuyé, filmé par d'autres ? Si quelqu'un le filmait, même involontairement, en arrière-plan, cette data allait bien quelque part ? On arrêtait dans les aéroports les gens trop nerveux ou qui transpiraient, dénoncés par les caméras. Peut-être Big G devinait-il cette attirance avant lui, grâce à ses algorithmes prédictifs ? Non seulement Big G savait tout et ne pardonnait rien, mais il le savait avant vous.

Big B savait quelle veste italienne vous auriez envie d'acheter, avant même que vous ne passiez devant la vitrine. Il savait où vous auriez envie de partir en week-end, avant même que vous n'achetiez le billet. Il savait quel film vous auriez envie d'aller voir, avant même que vous n'en entendiez parler. Il savait quel restaurant vous tendrait les bras ce soir, avant même que vous ne sortiez du cinéma. D'ailleurs, c'est lui qui, la plupart du temps, vous en suggérerait l'idée – mais pas toujours. Et c'est lui, encore, qui savait déjà quel type de cancer vous risquiez de développer en ingurgitant chaque soir cet excellent whisky japonais qu'il ne cessait, pour autant, de vous recommander.

Big G ne confectionnait pas la veste, n'organisait pas le voyage, ne produisait pas le film et ne possédait pas le restaurant. Pas plus qu'il ne fabriquait le whisky qui vous laminerait le foie et le médicament qui vous sauverait peut-être. Mais à chaque étape, il percevrait son écot – recettes de publicité, royalties, revenus de licence exclusive… Grâce à vous et à vos semblables, Big G, entreprise planétaire, arrondissait chaque jour son magot de centaines de millions de dollars.

Le bistrot fermait. Winston aida Philippe à se mettre debout. Le visage marqué, les cheveux collés sur le front, il ne tenait pas sur ses jambes. Winston allait devoir le raccompagner. Poussant son ami vers la sortie, il sortit son smartphone pour appeler une Big G Car. Sans surprise, elle serait là dans quarante-cinq secondes. Pauvre Philippe. Un jour, tout serait gratuit, et personne n'aurait plus de travail. Lui et ses semblables auraient mieux fait de rendre les armes. Il ne créerait jamais une autre start-up. Aussi innovantes que soient ses nouvelles idées, elles seraient phagocytées par la pieuvre.

Le pouvoir de Big G était devenu totalitaire.

*

La lettre dont nous publions des extraits ci-après n'est pas une fiction. Elle a été envoyée par le patron du plus grand groupe de presse allemand, Mathias Döpfner, P-DG d'Axel Springer, au président exécutif de Google, Eric Schmidt, le 22 avril 2014. Les médias se plaignent tous, plus ou moins ouvertement, de la stratégie de Google, qui pille leurs contenus. Lorsque vous cherchez des informations sur n'importe quel événement d'actualité, Google vous propose, en France, des articles du *Parisien*, de *L'Express*, de *L'Expansion*, de *L'Usine nouvelle*… Ce faisant, il renvoie, certes, sur leurs sites, ce qui leur rapporte du trafic et donc de la publicité, mais il leur confisque surtout la plus grosse part du gâteau publicitaire : la perte pour les éditeurs de presse français, en huit ans, serait proche du milliard et demi d'euros. Ce qui a conduit la plupart d'entre eux au bord du gouffre.

Cette lettre, en forme de pavé dans la mare, Mathias Döpfner l'a publiée chez l'un de ses concurrents, la *Frankfurter Allgemeine Zeitung*. Cet acte de courage saisissant a fait l'effet d'un coup de tonnerre dans toute l'Europe mais n'a, étrangement, pas rencontré le même écho en France.

> *Cher Eric Schmidt,*
>
> *Nous nous connaissons depuis de nombreuses années, et je suis un grand admirateur du succès entrepreneurial de Google. Certains doivent penser que ma société, Axel Springer, est schizophrène : d'un côté elle fait partie d'une entente contre Google (contre le plagiat de contenus), tandis que de l'autre elle profite non seulement du trafic généré par Google, mais aussi de l'algorithme de Google pour la commercialisation des espaces vacants de sa publicité en ligne. C'est vrai. On peut appeler cela de la schizophrénie. Ou du libéralisme. Ou encore, pour reprendre une des expressions favorites de notre chancelière : de l'absence d'alternative.*
>
> **« *Il n'y a pas d'alternative à Google.* »**
>
> *Une grande partie des médias de qualité obtiennent leur trafic surtout par Google. Pour les autres, avant tout dans les secteurs non journalistiques, le consommateur trouve son fournisseur presque uniquement par Google. En clair, cela revient à dire : nous – et bien d'autres – sommes dépendants de Google. Google détient en Allemagne une part de marché dans les moteurs de*

recherche de 91,2 %. Ainsi la déclaration « si Google ne vous convient pas, vous pouvez vous désinscrire et aller ailleurs » est à peu près aussi réaliste que le conseil d'un adversaire du nucléaire de renoncer à l'électricité. Ce n'est justement pas possible dans le monde réel – à moins de vouloir entrer dans la communauté Amish.

« Nous avons peur de Google. »

Financièrement, nous ne vivons pas sur la même planète. Avec quatorze milliards de bénéfice annuel, les gains de Google sont environ vingt fois supérieurs à ceux d'Axel Springer. Notre relation commerciale est celle de Goliath-Google à David-Axel Springer. Lorsque Google modifie un algorithme, le trafic de l'une de nos filiales s'effondre de 70 % en quelques jours. Cela est un fait avéré. Cette filiale était une concurrente de Google... mais il s'agit certainement d'un hasard.

Nous avons peur de Google. Je dois le dire une fois pour toutes et sincèrement, car presque aucun de mes collègues n'ose le faire publiquement.

« Cela touche à nos valeurs. »

La discussion à propos du pouvoir de Google n'a rien à voir avec une théorie du complot. Il s'agit de concurrence. Pas seulement économique, mais également politique. Il s'agit de nos valeurs, de notre conception de l'homme, de l'ordre social mondial et – à notre avis –, par-dessus tout, de l'avenir de l'Europe.

Selon les circonstances, ces sociétés (Google, Apple, Facebook, Amazon) joueront un rôle de premier plan dans les différents domaines de notre quotidien, professionnel et privé, à la maison, en voiture, en matière de santé, en robotique. C'est une chance énorme et une non moins grande menace. Je crains qu'il ne soit pas suffisant, comme vous le faites, d'affirmer que vous voulez faire du monde un « meilleur endroit ». Ce sont les citoyens qui doivent décider si nous voulons ce que vous exigez de nous – et quel prix nous sommes prêts à payer pour cela.

Google est l'exemple éclatant d'une entreprise dominante. Le marché est aux mains d'un seul. En Allemagne, la part de Google dans le marché publicitaire en ligne est en hausse chaque année et représente actuellement environ 60 %. Google est pour l'Internet ce que la Deutsche Post fut pour la distribution du courrier ou la Deutsche Telekom pour les communications téléphoniques. Autrefois il existait des monopoles d'Etat. Aujourd'hui il y a un monopole global du réseau. Pour cette raison, il est de la plus haute importance que les critères des résultats de recherche sur Google soient transparents et équitables.

« C'est ce que l'on appelle de l'abus de position dominante. »

Or ils ne le sont pas. Google répertorie ses propres produits, du commerce électronique jusqu'aux pages de son réseau Google+, mieux que ceux de la concurrence, même si ceux-ci sont, pour l'utilisateur, d'une qualité inférieure et ne devraient pas apparaître, en vertu de l'algorithme de Google. L'utilisateur n'est même pas averti clairement que ces résultats de recherche sont de l'autopromotion. De même, lorsqu'une offre de Google obtient moins de visiteurs que celle d'un concurrent, elle apparaît malgré tout plus haut sur la page, jusqu'à ce qu'elle finisse par atteindre, elle aussi, un meilleur score de visiteurs un jour ou l'autre. C'est ce que l'on appelle de l'abus de position dominante. On pourrait s'attendre à ce que le bureau européen antitrust interdise cette pratique. Mais (au contraire, en guise de solution) la Commission (en 2015, avec le vice-président Joaquín Almunia) a validé un modèle d'acquisition de budget publicitaire supplémentaire pour Google. Il ne s'agit pas là de « concessions douloureuses » (comme vous l'avez dit, monsieur Schmidt) mais de recettes supplémentaires.

« Un modèle d'entreprise que l'on appelle du racket. »

La Commission propose, avec le plus grand sérieux, que le moteur de recherche Google puisse continuer à discriminer la concurrence dans sa manière de placer les résultats de recherche en ligne. Une nouvelle fenêtre publicitaire sera en effet ouverte en début de liste de recherche, dans laquelle les entreprises discriminées pourront s'acheter une place sur la liste. Ce n'est pas un compromis. C'est l'introduction, sanctionnée par les autorités de la Commission européenne, de ce modèle d'entreprise que l'on appelle du racket dans des milieux moins respectables, et qui est fondé sur le principe qu'« il faut payer si tu ne veux pas qu'on te liquide ».

Cela vaut également pour la sécurité et l'utilisation des données. Depuis que Snowden a déclenché l'affaire NSA, les gens sont devenus plus attentifs à ce que deviennent leurs données utilisateur. Personne ne connaît mieux ses clients que Google. Même les e-mails privés ou professionnels sont lus par Gmail et peuvent être exploités selon les besoins. Vous-même

(Eric Schmidt) avez dit en 2010 : « Nous savons où tu es. Nous savons où tu te trouvais. Nous pouvons plus ou moins savoir ce que tu es en train de penser. » C'est une phrase remarquablement sincère. La question est de savoir si les utilisateurs souhaitent que ces informations, lorsqu'elles ne sont pas uniquement utilisées à des fins commerciales – ce qui, certes, comporte de nombreux avantages, mais aussi quelques zones d'ombre qui donnent le frisson –, puissent également tomber dans les mains de services secrets, ce qui est déjà en partie le cas.

« Ce soir, tu rencontreras par hasard ton ex-petite amie. »

J'ai lu dans le livre The Naked Future : What Happens in a World That Anticipates Your Every Move[1] ? *de Patrick Tucker – dont la vision de l'avenir est considérée comme « inéluctable » par le maître à penser de Google, Vinton Cerf – une scène qui pourrait être de la science-fiction, mais qui n'en est pas : imaginez, écrit l'auteur en substance, que vous vous réveilliez un matin et que vous lisiez sur votre téléphone portable « Bonjour ! Après le travail tu rencontreras par hasard ton ex-petite amie, et elle te parlera de ses fiançailles dimanche prochain. Fais l'étonné. Car Vanessa ne l'a raconté encore à personne. Mais n'oublie pas dimanche de lui envoyer un bouquet de fleurs. » Admettons que vous vous demandiez brièvement comment votre téléphone est au courant, ou s'il s'agit d'une plaisanterie, et que vous oubliiez le message provisoirement. Mais le soir venu, vous croisez bel et bien Vanessa sur*

1. Current, 2014.

votre chemin. Dans le souvenir vague du SMS de votre portable, vous félicitez Vanessa pour ses fiançailles. Vanessa est alarmée. « Comment es-tu au courant ? » demande-t-elle. « Ne l'as-tu pas posté sur Facebook ? » balbutiez-vous, embarrassé. « Pas encore », dit Vanessa, et elle s'éloigne rapidement. Vous n'avez plus besoin d'envoyer des fleurs.

Google explore plus d'un demi-milliard d'adresses Internet. Google en sait davantage sur chaque citoyen actif dans le monde numérique que George Orwell n'a osé imaginer dans ses visions les plus audacieuses de 1984. *J'espère que vous êtes conscient de la responsabilité particulière de votre entreprise. Aussi sûr que le carburant du* XX*e siècle a été les combustibles fossiles, celui du* XXI*e siècle, ce sont les données et les profils d'utilisateurs. On pourrait se demander si, d'une manière générale, la concurrence à l'ère du numérique peut encore fonctionner quand les données se trouvent concentrées dans les mains d'un tiers à un niveau si élevé.*

« Qui n'a rien à cacher n'a rien à craindre non plus. »

Sur cette question, l'une de vos citations n'est pas sans m'inquiéter. En 2009 vous affirmez : « S'il y a des choses que vous ne voulez pas que d'autres apprennent, vous ne devriez pas les faire. » Encore plus inquiétante est la phrase de Mark Zuckerberg (de Facebook), prononcée à la tribune d'une conférence, tandis que vous et moi étions assis dans le public. Quelqu'un lui a demandé, à propos de Facebook, ce qu'il en était du stockage des données et de la protection de la sphère privée. Et Zuckerberg de répondre : « Je ne comprends pas votre question.

Qui n'a rien à cacher n'a rien à craindre non plus.» Je continue encore de penser à cette phrase. Je la trouve effroyable. Je sais qu'elle n'était probablement pas malintentionnée. Mais elle est révélatrice d'un état d'esprit et d'une conception de l'homme, qui sont cultivés dans les régimes totalitaires, et non dans les sociétés libres. Une telle phrase n'étonnerait personne venant du chef de la Stasi ou autres services secrets d'une dictature. L'essence de la liberté est précisément le fait que je ne suis pas astreint à révéler tout ce que je fais, que j'ai un droit à la discrétion et même d'avoir des secrets, et que je peux décider moi-même ce que je souhaite livrer sur ma personne. C'est le droit individuel qui s'y exerce qui fait la valeur d'une démocratie. Seules les dictatures veulent troquer la liberté de la presse pour des citoyens transparents.

« Seize années de stockage de données accumulées. »

Seize années de stockage de données et seize années d'expériences accumulées par des dizaines de milliers de développeurs ont créé une avance qu'il n'est plus possible de rattraper par de simples moyens économiques. Depuis le rachat de Nest par Google, ce dernier est encore mieux informé sur les activités des citoyens entre leurs quatre murs. Google projette en outre des voitures sans conducteur et d'entrer ainsi, à long terme, en concurrence avec l'industrie automobile, de Toyota à Volkswagen. Alors Google ne saura pas seulement où nous nous rendons avec notre véhicule, mais aussi nos activités pendant que nous conduisons. Oubliez Big Brother – Google fait mieux !

Dans ce contexte, j'éprouve de grandes inquiétudes en apprenant que Google – qui vient d'annoncer son rachat du constructeur de drones Titan Aerospace – soutiendrait depuis quelque temps la construction d'énormes navires et d'unités de travail flottantes qui pourraient croiser et opérer en haute mer, donc dans des eaux qui ne sont sous l'autorité d'aucun Etat. Quelle est la raison de ce développement ? Nul besoin d'être un théoricien du complot pour trouver cela alarmant, en particulier lorsque l'on entend les paroles de Larry Page, fondateur et actionnaire majoritaire de Google.

« Un lieu sans législation sur la protection des données. »

Il rêve d'un lieu sans législation sur la protection des données et dépourvu de responsabilité démocratique. « Il existe énormément de choses que nous aimerions faire, mais que nous ne pouvons malheureusement pas réaliser, parce qu'elles sont illégales, proclamait déjà Page en 2013. Parce qu'il y a des lois qui les interdisent. Il nous faudrait des lieux où nous serions tranquilles. Où nous pourrions essayer de nouvelles choses et découvrir leurs effets sur la société. »

Faut-il comprendre que Google projette d'opérer dans un espace de non-droit, sans bureaux antitrust importuns ni protection des données ? Une sorte de super Etat, qui pourra louvoyer en paix à côté des Etats ?

« Seule une initiative politique peut arrêter Google. »

Cher Eric Schmidt, vous n'avez pas besoin de mes conseils, et, bien entendu, j'exprime ici le point de *vue des personnes affectées. Je prends parti. Comme profiteur de la commercialisation publicitaire automatisée de Google. Et comme victime potentielle de la connaissance des données par Google et de son pouvoir de marché. Pourtant, le mieux est parfois l'ennemi du bien. On peut se tuer à la victoire.*

Toute l'histoire économique montre que les monopoles n'ont pas survécu sur le long terme. Soit ils ont échoué par excès de suffisance, engendré par le succès lui-même. Un cas de figure assez peu probable avec Google. Soit ils ont été affaiblis par la concurrence. Ce qui n'est guère vraisemblable, encore une fois, dans le cas de Google. Ou encore, des initiatives politiques les ont limités. IBM et Microsoft en sont les exemples les plus récents.

Une autre possibilité serait que le vainqueur s'autolimite de lui-même. Car est-il vraiment judicieux d'attendre que le premier politique crédible exige le démantèlement de Google ? Ou, pire, que les citoyens refusent de vous suivre – tant qu'ils le peuvent encore ? Nous, en tout cas, nous ne sommes plus en mesure de le faire. Sincèrement vôtre,

Mathias Döpfner, P-DG du groupe Springer.

Les médias ont perdu leur bras de fer avec Google

Levons d'emblée le suspense : Mathias Döpfner a perdu son bras de fer. Six mois après la parution de cette lettre, le 9 octobre suivant, faute d'accord sur la rémunération de l'utilisation faite par Google des résumés des articles (les *snippets*), le groupe américain a supprimé ces descriptions succinctes ainsi que les photos miniatures (les *thumbnails*) associées aux résultats de recherche des sites d'Axel Springer, et notamment Die Welt, Computerbild, Sportbild et Autobild.

Aussitôt, leur audience s'est effondrée de 40 %. Or, plus de la moitié des revenus du groupe Springer provenaient du numérique. Un mois plus tard, Mathias Döpfner jetait l'éponge. Son groupe a donc accordé à Google une licence lui permettant de faire figurer à nouveau gratuitement sur le moteur de recherche des extraits de ses publications : « Cela ne se fait pas de notre plein gré, a dit le communiqué, mais parce que Axel Springer ne voit pas d'autre possibilité, au vu de la position dominante de Google et de la pression financière qui en résulte. »

Axel Springer a investi dans le site français Qwant, concurrent de Google et qui offre les mêmes services que lui, mais en respectant la vie privée des utilisateurs : Qwant ne garde pas trace de vos recherches. Second avantage, il respecte la stricte neutralité des résultats. Mais Google est si puissant que Qwant, même s'il fait désormais partie des moteurs proposés par le navigateur Firefox de Mozilla, ne peut obtenir qu'une part de marché marginale. Mécaniquement, la puissance de Google se renforce sans cesse : l'utilité d'un service croît avec le nombre d'utilisateurs, donc plus il attire d'internautes, plus il augmente les performances de son moteur de recherche. Seule la peur de Google-Big Brother pousse les plus avisés à changer de fournisseur.

La lettre de Mathias Döpfner pointe avec précision tous les dangers de Google. Sa gratuité, le généreux moteur la fait payer cher… aux éditeurs de médias. Pendant ce temps, il encaisse, lui, plus de la moitié des revenus publicitaires en ligne du monde entier. Etre un moteur de recherche dominant est sans doute le business le plus rentable ayant jamais existé : 23 milliards de dollars de bénéfices pour 75 milliards de dollars de chiffre d'affaires en 2015. Un vrai fromage !

C'est peut-être aussi celui qui offre à son propriétaire le plus grand pouvoir économique sur la planète : l'ordre dans lequel vous classez les sites détermine peu ou prou leurs recettes, et donc leur durée de vie. Sauf que personne ne sait comment Google élabore son classement : son algorithme est le secret le mieux gardé de la planète. C'est une sorte de boîte noire. Aussi en profite-t-il, nous le verrons plus loin, pour faire remonter ses propres produits aux meilleures positions même quand ils n'ont pas autant de visiteurs que ceux qui arriveraient naturellement en tête.

Les plus grands éditeurs français n'ont pas choisi la stratégie de Mathias Döpfner, même si Google siphonne, en France, les recettes publicitaires de la même façon qu'en Allemagne. Nos voisins d'outre-Rhin estiment d'ailleurs que la presse française s'est « vendue pour un plat de lentilles » lorsqu'elle a accepté, fin 2012, en échange d'un fonds Google de 60 millions d'euros sur trois ans destiné à financer des projets éditoriaux innovants, de faire la paix avec le moteur de recherche. Sans cet accord, Google les aurait déréférencés – l'arme atomique face à laquelle Springer a fini par se rendre.

Google a transformé la publicité en science, à son profit

Google a fixé les règles du jeu de la publicité sur le Web avant même de fixer celles de l'information. Avec lui, la publicité, qui était un art, est devenue une science. Avant lui, les sites de médias utilisaient le CPM (coût pour mille contacts) pour fixer les tarifs de leurs publicités. Google a inventé le coût par clic (CPC). Il ne juge que l'efficacité : savoir combien d'internautes cliquent sur une publicité donne une idée du nombre de ceux qui viennent sur le site, mais surtout de leur affinité par rapport à la marque promue. Cette innovation a fait passer les sites et leurs annonceurs d'une stratégie d'affichage à une stratégie de ciblage. Du jour au lendemain, l'immense quantité de recherches stockées sur les serveurs de Google s'est transformée en une mine d'informations d'une valeur colossale. Google pouvait désormais proposer à ses clients de cibler les utilisateurs avec une précision extraordinaire.

La suprématie de Google provient de sa stratégie de mots-clefs : les marques qui veulent faire de la publicité achètent des mos-clefs qui sont aussi ceux que recherchent les internautes (« assurance auto », « complémentaire retraite », « chaussures de sport », etc.). Leurs annonces sont alors placées en haut de la page de recherche ; longtemps, ces *adwords* furent placés sur la droite de l'écran, dans un encadré à part, identifiés en jaune, tandis que les résultats naturels, non payants donc, apparaissaient côté gauche, sur les trois quarts de la page, sans couleur particulière. Aujourd'hui, après négociation avec le commissaire européen auquel Mathias Döpfner fait allusion dans sa lettre, les résultats des *adword*s arrivent en tête sur toute la largeur de l'écran, reléguant plus bas les résultats naturels !

Pire, Google, qui ne peut être un simple robinet branché sur le Web – il trie nécessairement les pages des sites et les filtre –, n'est pas aussi neutre qu'il le laisse croire. Dans un grand nombre de secteurs, il est juge et partie, puisqu'il propose ses propres prestations en même temps que celles de ses concurrents. Il a été condamné à plusieurs reprises pour avoir favorisé indûment ses services par rapport à ceux des autres.

Comme un élève qui attribuerait les notes de toute sa classe

Il a notamment laminé le secteur du voyage, d'abord en changeant son algorithme de classement. Dans son livre *Google, un ami qui ne vous veut pas que du bien*[1], l'ancien journaliste, patron d'un cabinet de conseil, Pascal Perri, compare, avec l'aide de Jean-François Rial, expert du tourisme, la situation du marché du voyage avant et après ce changement de mode des critères de calcul. Dans la version ancienne de Google, les *adwords*, on l'a vu plus haut, coexistaient avec les noms de firmes qui ne payaient rien, mais qui étaient plébiscitées par les internautes donc arrivaient en tête. Si vous tapiez Paris-New York sur votre barre de recherche, vous obteniez à la fois des publicités sur le côté droit, et de vraies réponses issues des recherches (Lastminute.com, Expedia, Opodo...). Résultat, si 30 % du marché étaient captés par les offres publicitaires, les bons sites se partageaient les 70 % restants. Il y avait quand même une activité possible pour ceux qui n'étaient pas clients de Google !

Mais le nouvel algorithme a tout changé. Google est devenu acteur du marché du tourisme, pour capter une partie de la rémunération des Lastminute.com ou Expedia. Et la place qu'il leur a laissée s'est réduite d'autant. Pour la même requête Paris-New York, vous avez toujours des offres *adwords*, mais aussi des offres correspondant à des services de Google : Google Flight, Google Finder, Google Shopping, Google Maps, etc. En passant par Google Flight, par exemple, vous pouvez choisir la compagnie Air France, Lufthansa, etc. Il va sans dire que

1. Ed. Anne Carrière, 2013.

ces compagnies devront rémunérer Google pour le trafic qu'il leur aura apporté. Et dans la liste des résultats de recherche, après les annonces publicitaires et les services de Google, arrivent, tout en bas de la page, les anciens leaders du marché, relégués à la portion congrue.

Le même phénomène avait eu lieu dès 2002 dans le secteur des comparateurs de prix. En 2002, Google lance Froogle, son comparateur. Vous n'en avez jamais entendu parler et pour cause : il n'a eu aucun succès. Pascal Perri raconte ce qui est arrivé ensuite : « Google semble alors se souvenir qu'après tout, il a à sa disposition le meilleur outil : celui du classement, comme un élève qui pourrait établir lui-même la notation de toutes les copies de la classe ! En 2007, il renomme son service GoogleProduct Search, puis Google Shopping. En 2011, il introduit des réponses de Google Shopping dans le résultat de ses recherches, déclassant en parallèle les comparateurs qui existaient sur le marché. L'élève se décrète premier de la classe. En 2012, Google réduit peu à peu de 10 à 4 le nombre de résultats naturels par page, ce qui repousse les réponses de ses concurrents plus loin – autant dire dans l'insignifiance. Un site français tel qu'acheter-moins-cher.com, autrefois leader des comparateurs, est acculé à la faillite. »

Google fait arriver en tête ceux qu'il veut, et tue les autres

Avec ses moteurs sectoriels et ses services en ligne, Google est devenu juge et partie, joueur et sélectionneur, vendeur et courtier. Il a diminué la visibilité de ses rivaux et s'est libéré des intermédiaires, sans apporter le moindre nouveau service. C'en est fini de l'équité.

Les entreprises qui prospéraient parce qu'elles étaient les meilleures dans leur domaine, et parce que le moteur de recherche proposait un tri aussi objectif que possible, ont disparu ou luttent pour la survie. La plupart ont préféré payer pour faire de la publicité. Dans leurs plaintes déposées auprès de la Commission européenne, certaines démontrent qu'elles ont perdu 25 % de chiffre d'affaires annuel suite au changement d'algorithme. Qu'il s'agisse ou non de manœuvres intentionnelles, le résultat est là : Google possède un pouvoir de vie ou de mort sur ses concurrents-annonceurs.

Le géant numérique ne se contente pas d'être un intermédiaire ni même le seul intermédiaire sur les marchés qu'il choisit : peu à peu, il cannibalise l'amont et l'aval du marché. Ainsi, parce qu'il entend devenir un champion de la proximité, il a racheté un guide de voyage, *Frommer's*, ou un guide gastronomique, *Zagat*…

De plus en plus de produits sont concernés. Vous cherchez une cafetière ou une table de jardin ? Auparavant, lorsque le référencement naturel était dominant, des sites comme Kelkoo, Cdiscount, Acheterfacile, Leguide.com ou Twenga apparaissaient en haut de la liste. Puis il y a eu la phase où les cafetières de Google Shopping surgissaient en premier, avec une photo, pour attirer l'œil, les *adwords* restant sur le côté, Leguide.com et les autres passant de la première page de résultats au tréfonds du site. Désormais, les sites sponsorisés – identifiables grâce à un petit rectangle vert « Annonce » – trustent la ou les premières places, Google Shopping arrivant ensuite avec toutes ses photos, suivi des sites « naturels »… Parfois, on trouve trois ou quatre sites payants en haut de page, trois ou quatre en bas de page, et coincés au milieu, les sites « organiques », c'est-à-dire référencés gratuitement. Ces sites ont donc désormais moins de chances d'être repérés, sauf si l'internaute est venu les chercher spécifiquement et qu'il n'a pas été arrêté en chemin par les offres publicitaires.

« Quand un dictateur se prend pour Dieu, cela finit toujours mal »

Jean-Pierre Nadir, P-DG d'Easyvoyages et autoproclamé « meilleur ennemi de Google », raconte que, chaque matin, son premier geste au réveil est d'aller voir son référencement. Et qu'il arrive fréquemment que ses vols Paris-New York à 290 euros se retrouvent relégués loin derrière des liens sponsorisés par Google (il cite ainsi une offre de Google Flight à 600 euros). L'homme qui, en France, a le mieux dénoncé les dérives monopolistiques de Google fait remarquer que la part de trafic qui provient du moteur de recherche ne cesse de diminuer par rapport à celle qui provient des mots-clefs payants. Il « craint l'avenir quand Google est aux commandes », aussi bien « pour le référencement sur le Web que pour le transhumanisme qui va s'imposer parce que trois ou quatre personnes, dans la Silicon Valley, l'ont décidé ainsi sans demander l'avis de quiconque ». Et il conclut : « Quand un dictateur se prend pour Dieu, cela se termine toujours mal. »

Lorsqu'on l'accuse de pratiques monopolistiques, Google rétorque que l'internaute peut changer de moteur de recherche : c'est facile et gratuit. Sûrement plus facile, c'est vrai, que de changer de banque ou d'opérateur téléphonique. C'est aussi ce que Google répond à l'OIP (*Open Internet Project*), une coalition européenne d'entreprises victimes de ses distorsions de concurrence (comparateurs de prix, éditeurs de presse, acteurs du tourisme, sites de cartographie, moteur de recherche concurrent, etc.). Le front s'est fissuré lorsque le groupe Lagardère Active, éditeur de *Elle* ou *Paris Match*, a annoncé la signature d'un partenariat stratégique avec Google, afin d'en finir avec la schizophrénie que décrit si bien le patron d'Axel Springer.

« C'est la France qui abandonne son futur », a dénoncé Tariq Krim, fondateur du site Netvibes, entrepreneur français emblématique. Mais l'OIP poursuit son combat auprès de la Communauté européenne et à d'autres niveaux : il a ainsi milité pour un amendement « anti-Google » lors du vote de la loi Numérique, fin juin 2016. La sénatrice Catherine Morin-Desailly, présidente de la commission Culture du Sénat, a proposé un article 22 *bis* qui permet à la France de sanctionner les abus de position dominante des moteurs de recherche, mais qui ne vise que Google et sa situation de quasi-monopole.

Une expérience réalisée par le magazine *Enjeux Les Echos* en mars 2015 afin de comparer les résultats « organiques » à ceux que propose Google a montré sans équivoque que l'américain privait délibérément ses utilisateurs des résultats les plus intéressants, en quantité et en qualité. Un totalitarisme économique s'est donc peu à peu mis en place, insidieusement.

« Une stratégie générale d'élimination », dit le tribunal de Paris

Les exemples de conflits juridiques avec Google abondent, mais les condamnations demeurent à ce jour encore peu nombreuses. Le tribunal de Paris a ainsi condamné le moteur en première instance à 500 000 euros de dommages et intérêts lors du procès qui l'opposait à Bottin Cartographes, aujourd'hui rebaptisé Evermaps. Cette entreprise proposait, comme lui, des cartes destinées à la création d'applications sur Internet pour les entreprises commerciales, mais Google, lui, les proposait gratuitement. Ce qui revenait à vendre à perte dans le seul but de tuer ses rivaux… « Le comportement de Google aboutit à l'éviction de tout concurrent, ont précisé les juges, et s'inscrit à l'évidence dans le cadre d'une stratégie générale d'élimination. » Difficile d'être plus clair. Aujourd'hui, Google a rendu son service payant et se défend de toute distorsion. Mais trop tard : le mal est fait.

Google continue d'ailleurs, dans d'autres secteurs où il n'est pas encore hégémonique – comme les logiciels de création de MOOCs, ces tutoriels en ligne –, de proposer gratuitement des services pour lesquels d'autres facturent… ou allaient facturer, car il s'agit parfois de start-up qui préparaient depuis des mois la sortie de leur produit, et dont Google signe ainsi l'arrêt de mort ! Pire encore, la puissance de Google est telle que sa simple communication sur un produit à venir – et qui peut-être ne verra jamais le jour – tue dans l'œuf des entreprises qui allaient se lancer sur le créneau : en effet, les capital-risqueurs et autres investisseurs ne risquent pas de miser sur une activité où Google va débarquer en force ! Et comment chiffrer le préjudice quand la start-up ne réalisait encore ni chiffre d'affaires ni profits, ce qui est classique dans le numérique ?

Qui ne veut pas se faire éliminer doit passer sous les fourches caudines de Google. C'est ce qu'a fait Yelp, la plateforme de services et de conseils dans le domaine des loisirs et des services de proximité. Google utilisait les contenus de Yelp sans lui demander son avis. De guerre lasse, pour ne pas être déréférencé et donc condamné à mort, Yelp a signé un accord permettant à Google d'utiliser ses données. Autre exemple avéré, Navx, qui proposait des bases de données liées à la cartographie : cartes des radars routiers, des stations-service, prix des carburants... Navx, qui payait pourtant Google *via* un contrat *adwords*, a carrément été déréférencé au motif que son service n'était pas conforme à la déontologie de Google ! Le lancement de Google Maps a aussi réduit à néant les ambitions d'AOL avec son MapQuest.

Google, dans sa domination bientôt sans partage, coûterait, selon les experts, plus d'un milliard de dollars par an aux acteurs du e-commerce.

Après des années de guerre larvée, de négociations, et quelques scandales, l'Union européenne a décidé de passer à l'offensive face à Google : pour la nouvelle commissaire à la concurrence, Margrethe Vestager, ses pratiques anticoncurrentielles, notamment pour la comparaison de prix en matière de shopping sur le Net, sont abusives et condamnables. Google fait donc l'objet d'une procédure en abus de position dominante. Plus courageuse que son prédécesseur Joaquín Almunia, Margrethe Vestager menace le groupe américain d'une amende record de 6 milliards de dollars.

En réalité, chacun sait ce qu'il faudrait faire *a minima*. Google devrait être scindé en deux : d'une part le moteur de recherche, d'autre part les services commerciaux, afin de l'empêcher d'utiliser sa position hégémonique pour promouvoir ses intérêts au détriment de ceux de ses concurrents. Mais les Etats-Unis s'y refusent... Cela fait sept ans que la Commission européenne enquête sur un éventuel abus de position dominante. Les autorités américaines ont consacré deux ans au même dossier avant de le classer sans suite, mais il ne faut pas être naïf : Google est moins dominant aux Etats-Unis (64 % de parts de marché et non 93 % comme en France, 90 % dans le monde), et, surtout, il est proche du gouvernement américain. S'il pointait encore loin dans le classement des « généreux donateurs » lors de la campagne des *mid-terms* de 2010, Google est passé devant la banque Goldman Sachs en 2014, avec un don total de 1,4 milliard de dollars, équitablement réparti entre républicains et démocrates.

Il a contribué au financement des campagnes de 162 membres du Congrès américain, dont celle de Barack Obama, qui le lui a bien rendu en le défendant régulièrement ; le président américain a qualifié de « protectionnistes » les attaques de la Commission européenne contre Google : « Leurs fournisseurs, parfois, ne peuvent pas lutter contre les nôtres et essaient seulement d'empêcher nos entreprises d'opérer en Europe. » Google facilite, on l'a vu, le travail de l'agence de renseignements américaine NSA, avec laquelle il collabore dans le cadre du Patriot Act en lui livrant probablement le contenu d'un millier de comptes d'utilisateurs chaque année. Pour la campagne présidentielle de 2016-2017, Google-Alphabet a affiné sa stratégie en parlant moins de ses dons et davantage des grands enjeux du moment : il organise des séances de pédagogie sur les thermostats intelligents ou les voitures sans chauffeur. But affiché : « partager un vocabulaire commun » avec la future administration, même si c'est celle de Donald Trump. Les GAFA n'étaient guère favorables à Trump… mais ils sauront s'adapter.

La Commission européenne a ouvert trois fronts anti-Google

Bruxelles a par ailleurs ouvert un deuxième front pour empêcher les pratiques anticoncurrentielles et anti-innovation de Google. Il l'accuse d'abus sur le mobile, *via* son système Android qui équipe les quatre cinquièmes des téléphones de la planète et lui rapporte, en recettes publicitaires, plus de 11 milliards de dollars. Google est accusé d'imposer trois types de contraintes aux fabricants de terminaux mobiles et aux opérateurs de réseaux. Trois guerres, ainsi que le formule Gabriel Grésillon, correspondant des *Echos* à Bruxelles. D'abord, la guerre des applis : l'Union européenne a la preuve que Google applique des méthodes contraignant les fabricants de téléphones et de tablettes à installer une bonne partie de son propre écosystème – ses applications – sur Android.

Deuxième guerre déséquilibrée, celle des systèmes d'exploitation : Google obligerait les fabricants de téléphones mobiles à n'utiliser que sa version d'Android comme système d'exploitation. Il empêcherait le développement de versions alternatives et potentiellement meilleures, en rendant impossible de préinstaller Google Maps ou Chrome hors de l'environnement Android.

Enfin, troisième guerre, celle des moteurs de recherche : Google aurait accordé des incitations financières aux fabricants de terminaux et aux opérateurs mobiles ; il partagerait avec eux les revenus publicitaires, à condition qu'ils mettent son moteur en avant.

En juillet 2016, la commissaire a fait part de nouveaux griefs, ouvrant ainsi un nouveau front anti-Google, une initiative sans précédent dans l'histoire de l'Union européenne. Il s'agit, cette fois, des conditions anticoncurrentielles des services AdWords et AdSense : des concurrents dénoncent des clauses d'exclusivité publicitaires déloyales et des restrictions indues imposées aux annonceurs. Dans les trois cas, Google pourrait recevoir une amende allant jusqu'à 10 % de son chiffre d'affaires, soit 6 ou 7 milliards de dollars chaque fois !

Cela peut paraître un détail, mais Google, qui veut répondre à vos questions avant même que vous vous les posiez, vous offre de moins en moins de réponses venues de sites qui ne lui appartiennent pas. Ainsi, si vous cherchez des informations simples sur une personne, un événement ou un lieu connus, un cartouche sur le côté droit de la page vous livre désormais l'essentiel à son sujet, ce qui vous évite d'aller consulter sa page Wikipédia... dont Google s'est pourtant inspiré.

Aux Etats-Unis, Google court-circuite désormais de la même manière les sites médicaux, en répondant à toutes les inquiétudes simples des internautes en matière de santé : sinusite, rhume, mal de tête, etc. Il regroupe ce qu'il faut savoir dans un encadré synthétique en tête et à droite de la première page.

Dernière preuve, si besoin était, que sur la Toile, Google fait ce qu'il veut : son navigateur Chrome, leader mondial depuis avril 2016, a remplacé l'annuaire des noms de domaine officiel, celui de l'ICANN – que vous utilisez chaque jour pour vous rendre sur des sites –, par une copie qu'il contrôle. Cette substitution invisible lui a permis d'installer un serveur racine alternatif dont il a seul la maîtrise. Avec quel objectif ? Google ne l'a pas dit.

Mais une certitude s'impose : il peut désormais ajouter ou supprimer des adresses à volonté.

Pour l'heure, cet annuaire est une copie parfaite. Mais un site, une page peuvent être supprimés sans crier gare ; or on sait que la visibilité sur le moteur de recherche Google est souvent une question de vie ou de mort. Louis Pouzin, Chantal Lebrument et Pierre Bellanger, des experts du sujet, donnent un exemple de ce scénario dans un article publié dans *Le Monde* : « Sans explication, pendant deux semaines en avril 2016, aux Etats-Unis, Google a supprimé de ses résultats de recherche la fonctionnalité dite "articles de fond" qui regroupe les liens vers les pages traitant un sujet de manière détaillée. Puis la rubrique est revenue. Erreur ? Essai ? Démonstration de puissance en tous les cas. » Par cet échange d'annuaire, Google collecte aussi l'intégralité de votre activité sur le réseau… Mais là, nous avons l'habitude.

Google veut maintenant dominer le monde de l'automobile

Avoir la haute main sur le classement peut, on l'a vu, aider à pénétrer ou assurer son hégémonie dans divers métiers. Mais quel que soit le secteur, Google essaie toujours de s'emparer de la position dominante. C'est-à-dire l'accès direct au consommateur final. Un autre exemple de cette stratégie ? Le Project Sunroof, qui n'existait pas encore en France à la fin de l'année 2016. A partir des images de Google Earth, la firme américaine propose de calculer les économies sur la facture d'électricité que chacun peut faire en installant des panneaux solaires sur son toit. En fonction de la surface disponible, de la forme et de l'orientation du toit, bien sûr, mais aussi de la météo locale, c'est-à-dire du nombre d'heures d'ensoleillement du toit calculées très finement. L'algorithme de Google propose – gratuitement comme toujours – une « analyse solaire » personnalisée ; il détaille le nombre de panneaux solaires idéal en fonction de votre consommation d'énergie, puis compare les coûts selon que vous les louez ou les achetez. Ensuite, bien sûr, il vous recommandera des installateurs… et c'est par eux qu'il gagnera, au final, de l'argent. Les spécialistes français de l'énergie pour les particuliers comme Total ou EDF s'inquiètent déjà : Google peut en effet, une fois de plus, « disrupter » leur modèle, confisquer l'accès au consommateur final et surtout s'emparer de la valeur ajoutée. Sans fabriquer le moindre panneau solaire, Google, dans cette opération, empochera la plus grosse marge !

C'est ce qui effraie le plus les constructeurs automobiles, lorsqu'ils constatent la percée du géant de Mountain View dans leur secteur. Ils craignent que Google, avec Android Auto, la version du système d'exploitation mobile Android conçue pour s'intégrer aux tableaux de bord, prenne le pouvoir dans les voitures comme sur nos smartphones, puisqu'il équipe au moins un milliard d'appareils, soit 600 modèles différents ! Le pouvoir résidant dans la capacité de toucher l'acheteur, de lui parler, de l'influencer… de lui envoyer des publicités ciblées.

GM incorpore déjà le système Android Auto dans ses véhicules, avec un écran tactile pour les jeux, la vidéo ou la musique. Les autres constructeurs se méfient tellement du champion américain que les concurrents allemands BMW, Audi et Mercedes se sont alliés – on l'a vu au chapitre 4 – pour racheter Here, le service de cartographie de Nokia, concurrent de Google Maps. L'enjeu est majeur pour toute l'industrie automobile, qui redoute de se retrouver en position de faiblesse en face de Google. Car si ce dernier installe ses cartes dans tous les véhicules, les constructeurs n'auront pas d'autre choix que de lui transmettre toutes leurs données.

Les grands fabricants de voitures ne craignent pas seulement d'être dépossédés du contact direct avec leurs clients. Déjà, l'auto-partage et le covoiturage leur ont fait perdre quelque 500 000 ventes de véhicules aux Etats-Unis entre 2006 et 2013. La voiture autonome pourrait les déstabiliser encore davantage : tous craignent de voir Google-Alphabet proposer à tous les habitants de la planète un service de transport individuel à la place d'une voiture.

Les constructeurs pourraient alors être sortis du marché d'ici à moins de vingt ans. Certes, Google ne fabriquera pas les voitures, mais il passera d'énormes commandes et influencera le choix des consommateurs. Si Google bouleverse la filière automobile en mettant des voitures à disposition, ce sont 10 millions d'emplois en Europe, dont 2 millions en France, qui pourraient être supprimés.

Dans tous les secteurs, on guette l'arrivée de l'ogre Google

L'hégémonie de Google s'étend à un nombre de secteurs économiques de plus en plus vaste, dans des dizaines de pays. Le site WebRankInfo donne trois chiffres qui témoignent de sa puissance : il commercialise, à la mi-2016, 223 produits différents ; il a racheté près de 200 sociétés et brevets ; sa dernière panne pendant cinq minutes – en 2013 – a fait chuter d'environ 40 % le trafic Internet mondial…

A l'origine, Google était un facteur de disruption, c'est-à-dire de remise en cause des situations acquises, pour les entreprises installées. Aujourd'hui, il a lui-même atteint une position critique qui lui permet d'empêcher l'entrée d'acteurs innovants. C'est le phénomène du *winner takes all* de l'économie numérique, autrement dit le vainqueur rafle tout et se renforce avec le temps. Pour trois raisons au moins, comme le rappelle le président de l'Autorité de la concurrence Bruno Lasserre : d'abord, l'effet de réseau, autrement dit la valeur du service, croît plus que proportionnellement à son nombre d'utilisateurs. Ensuite, il n'existe pas de rendements décroissants, contrairement à ce qu'on constate dans la production de biens matériels. Enfin, le modèle de la gratuité induit une structure de marché biface avec le subventionnement d'une face utile par une face disposée à payer (accès gratuit au moteur de recherche pour les internautes, subventionné par les annonceurs), qui démultiplie l'effet réseau. Bref, l'avance considérable de Google sur le marché des moteurs de recherche attire un grand nombre d'annonceurs qui, en retour, assurent une offre d'annonces bien ciblées, plus utiles aux internautes.

Il serait fastidieux de détailler tous les mouvements de Google dans tous les secteurs. La santé (voir chapitre 2), la domotique (avec notamment le rachat de Nest, les thermostats intelligents), les drones (avec le rachat de Titan Aerospace) ou la robotique (voir chapitre 6) font partie des plus spectaculaires. Google a racheté en deux ans une dizaine de sociétés de robotique et d'intelligence artificielle – en réalité, toutes celles qui comptaient dans le monde. Il lui a suffi de mettre le prix. En trois ans, au tournant de la crise de 2008, il aurait ainsi déboursé près de 30 milliards de dollars pour une centaine d'acquisitions !

De YouTube à Picasa, du berceau au cercueil, bienvenue dans le Google World...

De plus en plus d'entreprises craignent que l'empereur de la Silicon Valley ne vienne bouleverser leur secteur. Le risque ? Qu'il soit un jour impossible de se passer de lui pour nouer une relation avec le client final. Comme le résume Daniel Kaplan, délégué général de la Fondation Internet nouvelle génération : « Google veut être celui par qui il faut passer pour vendre quelque chose à quelqu'un. » Les experts du cabinet Forrester disent pouvoir mesurer le succès de cet écosystème à l'aune d'un seul critère : le nombre de minutes captées à chaque utilisateur. Puisqu'il s'agit toujours de lui vendre de la publicité ciblée, grâce aux données récupérées.

Pour le journaliste américain Chris Thompson, la preuve la plus éclatante de l'impact gigantesque de Google sur notre vie quotidienne est le nombre de sociétés qui n'avaient jamais accordé la moindre attention à ce nouveau venu et qui le considèrent aujourd'hui comme une menace mortelle. Depuis des années, Larry Page et Sergey Brin semblent passer leur temps à se demander quel nouveau secteur ils vont aller « disrupter », quelles entreprises ou quels modèles économiques ils vont déstabiliser ou carrément faire péricliter. « Au départ simple programme de recherche et de classement de l'information, Google est devenu un danger mortel pour les médias, l'industrie du spectacle, les télécommunications, la publicité classique... ou l'extraction du charbon ! »

Aujourd'hui, lorsque les conseils d'administration des grandes entreprises regardent vers l'avenir, c'est pour se demander : « Quand Google va-t-il essayer de nous tuer ? » Secteur après secteur, la croissance du prédateur économique se mesure au nombre de rivaux disparus, agonisants ou à la peine – et même s'il ne l'emporte pas toujours, il bouleverse le secteur et remet en cause ses équilibres.

En 2009, Google a ainsi annoncé que les utilisateurs de smartphones fonctionnant avec le système Android pourraient utiliser la fonction GPS gratuitement, réduisant ainsi à néant l'intérêt du TomTom et autres GPS portables. La stratégie a tout aussi bien fonctionné dans le tourisme avec Google Travel, Google Maps, Frommer's, Google Places, Google Flight, Google Hotel Finder, Quiksee, Ruba.com, Google City Tours, Google Earth Tour Tutorial et bien d'autres. Elle a été moins réussie dans l'édition, où les éditeurs ne se sont pas laissé faire, ou les télécoms, car Google Voice a été un échec. Autre déception, en 2007, Google s'est lancé dans les énergies renouvelables, l'éolien et le solaire, où il a investi un milliard de dollars avec l'objectif explicite de réduire la dépendance des Etats-Unis vis-à-vis du charbon. Mais il a vite reconnu son échec, constatant que ces techniques ne pouvaient se développer assez rapidement pour avoir un effet réel sur le climat.

On peut considérer que ces investissements tous azimuts – ces coups de sonde, dirait-on – manquent de cohérence. En effet, Google pratique la stratégie du *spaghetti on the wall*. Quand on lance un plat de spaghettis contre un mur, il en reste toujours quelques-uns qui collent… Google n'hésite pas à dépenser quelques milliards de dollars pour racheter des entreprises de robotique ou des sociétés comme Motorola ; et tant pis s'il les revend ensuite moins cher : avec ses dizaines de milliards de réserves de cash, il peut s'autoriser tous les échecs, ou presque. Tout, plutôt que de passer à côté de la pépite de demain !

Microsoft fait partie des rares entreprises à s'être attaquées à Google frontalement, après avoir compris la menace qu'il représentait pour ses propres activités. En guise de réponse, Google a lancé des produits directement concurrents de ceux de Microsoft. En s'appuyant sur son modèle de virtualisation des applications (le *cloud computing*), Google a développé Google Apps, une suite bureautique utilisable en ligne, dont le traitement de texte et le tableur menacent directement Microsoft Office. De même, Gmail a été lancé contre Hotmail, Chrome a détrôné Internet Explorer, tandis que le système d'exploitation Android n'a laissé aucune chance à Windows Phone. Après quelques années à couteaux tirés, les deux rivaux ont fait la paix : ils ont annoncé en avril 2016 qu'ils ne se pourchasseraient plus devant les tribunaux et les régulateurs.

Google est aussi un champion de l'évasion fiscale

L'hégémonie de Google se renforce d'autant plus qu'il ne joue pas avec les mêmes règles que les autres : il ne paye quasiment pas d'impôts, donc il peut réinvestir l'essentiel de ses bénéfices. Par quel miracle échappe-t-il aux taxes communes ? Tout simplement grâce à des montages fiscaux astucieux et, aux dires des autorités fiscales britanniques ou françaises, malhonnêtes. Par exemple, le chiffre d'affaires réalisé en France (avec Google Adwords, Doubleclick, ou AdSense) n'est pas facturé en France mais en Irlande, où l'impôt sur les sociétés est de 12,5 %, presque trois fois moins qu'en France. Cette filiale irlandaise verse ensuite des redevances à Google Pays-Bas, ce qui permet d'économiser plusieurs milliards de dollars d'impôt, avant de faire enregistrer son bénéfice final aux Bermudes, où l'impôt sur les sociétés est nul. C'est la technique dite du « sandwich hollandais ».

Pour la firme de Mountain View, ce n'est pas de l'évasion mais de l'optimisation fiscale. Cependant, les Etats où elle exerce ses activités et qui sont dépossédés des impôts qu'elle devrait leur verser – après tout, elle utilise leurs routes, leurs aéroports, les écoles qui ont formé ses salariés, les hôpitaux qui les soignent, etc. – ne sont pas d'accord : Google a donc subi un redressement fiscal au Royaume-Uni et devrait en subir un en France. La société est en effet l'objet d'une enquête préliminaire pour « fraude fiscale aggravée » et « blanchiment en bande organisée de fraude fiscale aggravée ». Cette procédure ouverte en juin 2015 a conduit en mai 2016 à une perquisition du parquet national financier dans les locaux de Google France, rue de Londres, derrière la gare Saint-Lazare. Le montant du redressement attendu serait de l'ordre de 1,5 milliard d'euros. Les Français, s'ils s'y tiennent, auront la main plus lourde que les Britanniques qui ne lui ont infligé que 130 millions de livres (un peu plus de 150 millions d'euros) pour dix années d'arriérés d'impôts. Un cadeau ! *The Guardian* a d'ailleurs publié en janvier 2016 une enquête montrant que les hommes politiques du Royaume-Uni étaient sous le charme de Google (« Un réseau très puissant : comment Google s'est introduit dans la politique britannique ») : ceci peut expliquer cela.

Les petits génies de la Silicon Valley ne manquent pas de justifications à cette attitude peu citoyenne. Ils sont libertariens ! Ils ne croient pas au rôle de l'Etat ni à l'efficacité de l'impôt ! Comme tous les entrepreneurs américains, ils ont un livre de référence : *Atlas Shrugged*[1], d'Ayn Rand. La philosophe objectiviste y décrit la sécession d'une poignée de milliardaires industriels américains, qui regardent le monde s'effondrer, laminé de l'intérieur par une forme de socialisme

1. Publié en 1957. En français traduit par S. Bastide-Foltz, Les Belles Lettres, 2011.

dévoyé, et qui vont accélérer sa chute en allant créer leur monde idéal dans une vallée lointaine des Rocheuses.

Larry Page aussi rêve de communautés hors sol, régies par et pour la technologie, de communautés qui résoudraient tous les problèmes de la planète, de la faim au réchauffement climatique, des travaux pénibles au vieillissement et à la mort. L'ogre rêve de s'installer dans un lieu où il ne serait obligé d'obéir à aucune loi et de ne respecter aucune réglementation. Un lieu sans législation sur la protection des données et dépourvu de responsabilité démocratique.

Pour éviter impôts et lois, Google veut partir en haute mer

« Il existe énormément de choses que nous aimerions faire, mais que nous ne pouvons malheureusement pas réaliser, parce qu'elles sont illégales », proclamait, on l'a vu, Larry Page en 2013. « Parce qu'il y a des lois qui les interdisent. Il nous faudrait des lieux, où nous serions tranquilles. Où nous pourrions essayer de nouvelles choses et découvrir leurs effets sur la société. » Une déclaration inquiétante : ce n'est donc pas seulement une question d'impôts ! Google rêve d'un univers qui ne garantirait pas autant de droits pour les citoyens. Il ne se satisfait pas d'un monde démocratique !

D'autres raisons, plus prosaïques, s'ajoutent à ces ahurissantes motivations. Dans la Silicon Valley, les « techies » sont désormais détestés du reste de la population. Le développement des entreprises high-tech a entraîné une hausse phénoménale des loyers, et la spéculation immobilière bat son plein. Alors que le salaire moyen, à San Francisco, est de 46 000 dollars, les salariés de Google gagnent trois fois plus – sans compter les stock-options, qui ont déjà rendu 1 200 des 62 000 salariés de la firme millionnaires. Les bus privés d'un blanc immaculé, dotés de tout le confort pour travailler, qui emmènent à Mountain View ceux qui n'ont pas envie d'habiter dans le Googleplex, croisent des affichettes « Google, Twitter, dehors » et sont pris à partie par les habitants « normaux ». Des rappeurs ironisent : « J'ai laissé ma Porsche à la maison pour prendre le Google Bus. »

Faute de territoires vierges dans le Wyoming, les dirigeants de Google imagineraient la construction d'énormes navires, des unités de travail flottantes qui pourraient croiser en haute mer, dans des eaux qui ne sont sous l'autorité d'aucun Etat, et où il assurerait ses missions : battre monnaie, éduquer, soigner...

Pour les milliardaires de Mountain View, l'Etat, avec ses garde-fous, ses questionnements éthiques et ses réglementations antitrust, est un empêcheur de progresser. « C'est une machine à protéger », dénonce Eric Schmidt. Les fondateurs de Google et leurs équipes ne comprennent pas que des gens qui font chaque jour la preuve de leur inefficacité puissent les freiner avec des lois absurdes à leurs yeux. Pour eux, l'égoïsme matérialiste est économiquement efficace, tandis que la solidarité et la justice sont contre-productives. Ils essaient donc de contourner les règles aussi bien en matière fiscale ou concurrentielle qu'en matière de propriété intellectuelle.

Si l'on confie les questions de santé, d'éducation ou de sécurité aux algorithmes, quelle place restera-t-il à la politique ? Evgeny Morozov dénonce la disparition de la conscience politique lorsqu'il évoque le « solutionnisme » et ses dangers. Mais, en réalité, il est déjà trop tard pour déplorer l'hégémonie économique de Google et l'absence de débat qui a accompagné sa montée en puissance : des dizaines d'entreprises ont déjà disparu corps et biens. Au petit jeu du gendarme et du voleur, sur fond de concurrence faussée et d'abus de pouvoir, Google aura toujours un coup d'avance.

6

Le coup d'Etat des robots

Et si l'intelligence artificielle décrète un jour que l'homme est inutile ?

— Papa, réveille-toi, c'est horrible.

Winston ouvrit les yeux. Avec l'âge, il émergeait de plus en plus difficilement de sa sieste. Il se redressa et s'assit sur le canapé.

— Que se passe-t-il, Ethan ? articula-t-il d'une voix pâteuse.

Son fils semblait encore plus déboussolé que lui. Ethan passait rarement le voir en début d'après-midi : le cabinet d'architecture qu'il avait fondé requérait tout son temps, et il était rare qu'il le quitte, le soir, avant 22 heures.

— Il est arrivé une chose épouvantable à l'école maternelle de Greg.

— Il est arrivé quelque chose à mon petit-fils ?

— Non, rassure-toi. A lui rien. Mais un des robots-nourrices a blessé un enfant ce matin.

— Comment cela ?

— Une histoire invraisemblable. Toi qui nous as toujours dit que les robots étaient dangereux parce qu'une intelligence artificielle ne peut raisonner avec la même logique que nous...

— Oui, et toi tu as toujours répondu qu'ils ne peuvent pas être dangereux si on ne les programme pas comme tels, puisqu'ils ne font que restituer ce dont on les dote...

— Mea culpa. *Tu avais raison. Ce qui vient d'arriver, en tout cas, va dans ton sens.*

— *Ethan, peux-tu me dire enfin ce qui s'est passé ?*

— *L'école a reçu il y a trois mois environ un nouveau robot humanoïde, doté d'une super-intelligence. Il sait raconter des histoires aux enfants en s'adaptant à leurs envies. Les gosses l'adorent.*

— *Et alors ?*

— *Ce midi, les gamins jouaient dans la cour de récréation. Un des petits avait un problème de hanche, il devait rester à l'intérieur, et il pleurait parce qu'il voulait rejoindre les autres. La directrice a donné comme consigne au robot de rester avec lui, et de bien s'occuper de lui. Elle voulait que la machine lui raconte des histoires pour qu'il arrête de pleurer et qu'il retrouve le sourire, alors elle a dit : « Quand je reviendrai tout à l'heure, je veux voir ce petit en train de rire ! »*

— *Et ?*

— *Le robot a bien enregistré la consigne. Quand la directrice est revenue, une demi-heure plus tard, il était en train de coudre les joues de l'enfant en les tirant vers les oreilles pour que ses lèvres dessinent un grand sourire, un sourire permanent…*

— *Mon Dieu !*

— *On a appris depuis que ce robot était un ancien assistant chirurgical. Ce qui explique qu'il ait disposé des instruments nécessaires.*

Winston frissonna. Ce genre d'histoire le glaçait, mais ne le surprenait qu'à moitié.

— *Aussi sophistiqués soient-ils, les robots ne seront jamais des humains… Ils n'éprouveront jamais de sensations, même s'ils les feignent de mieux en mieux. Un jour, ils nous écraseront comme des fourmis.*

— *Ne projette pas sur eux les pires intentions humaines ! Ils sont utiles, même s'ils ont encore de gros bugs : ils calculent plus vite, ils diagnostiquent mieux les maladies, ils…*

— Ils nous battront toujours au jeu de go ou aux échecs, mais ils n'auront jamais d'intelligence émotionnelle. Ils n'auront jamais l'intelligence musicale, qui permet d'inventer la Traviata. *Ni l'intelligence visuelle, qui permet d'imaginer la tour Eiffel… Ni même l'intelligence poétique, pour créer* Le Dormeur du val *!*

Ethan sourit avec indulgence. Son père se répétait de plus en plus. Un jour, il serait gâteux. Le pire, c'est qu'il ne voudrait pas se soigner.

— Papa ! Tu as entendu parler du protocole de Riedl ? Cet Américain qui a dit qu'un ordinateur serait réellement intelligent le jour où il pourrait créer une œuvre artistique faisant indéniablement appel à l'intelligence humaine ? Eh bien, c'est arrivé : il y en a qui font des recettes de cuisine inédites ou des tours de magie inédits…

— Les ordinateurs ont progressé, mais cela ne change rien. Ton robot a de la mémoire, mais pas de souvenirs. Il produit des images, mais il n'a pas d'imagination. Il peut comparer des idées entre elles, mais pas en avoir !

Winston observait, depuis trois décennies, la montée en puissance de l'intelligence artificielle. Elle avait permis aux robots d'ajouter aux tâches sales, dangereuses et répétitives, qu'ils effectuaient au tout début du XXIe siècle, les autres jobs, manuels ou intellectuels, occupés par des humains : journalistes, médecins, chauffeurs de taxi, plombiers, femmes de ménage, soldats ou analystes financiers, tous les métiers étaient désormais exercés par des algorithmes, des plateformes et des machines autonomes. Un vrai tsunami robotique. Les machines étaient extraordinairement efficaces. Les plus humanoïdes d'entre elles étaient capables de simuler les comportements des hommes et de tenir une conversation.

Soixante-quinze pour cent de la population vivait grâce au RMU, le revenu minimum universel. Les seules exceptions étaient les capitalistes, qui détenaient les nouveaux moyens de production, et les élites du talent : boulangers, romanciers, footballeurs, humoristes, généraux, ou architectes comme Ethan. Autrement dit, tous ceux qui possédaient un talent particulier que les robots ne parvenaient pas encore à égaler. Parmi eux, on trouvait également des domestiques aussi stylés qu'au début du XXe siècle : le vrai luxe consistait désormais à se faire servir non par un robot, mais par un humain.

Ainsi, dans ce monde numérique à l'efficacité sans faille, les trois quarts de la population subissaient une double peine : non seulement ils avaient perdu leur job, l'occupation au sein de laquelle la plupart d'entre eux se réalisaient, mais ils vivaient chichement et ne risquaient pas de s'offrir les dernières avancées technologiques ; les traitements antivieillissement, les enfants « augmentés » et, très bientôt, le transfert du cerveau dans un ordinateur étaient définitivement l'apanage des plus riches. Aux autres, le pain et les jeux, le sexe virtuel et la télé personnalisée. Les inégalités s'étaient creusées à grande vitesse.

Pire, pensait Winston, l'intelligence artificielle menaçait maintenant d'entrer dans son second âge, celui des machines ayant conscience d'elles-mêmes, capables d'apprendre et de comprendre leurs propres raisonnements. On disait que la conscience était déjà apparue dans une machine de Big G, mais ses dirigeants démentaient. Le « point de singularité » était tout proche. L'intelligence artificielle allait dépasser l'intelligence humaine sans qu'on puisse prédire tous les dommages collatéraux.

— Tu sais, Ethan, le drame que tu me racontes n'est qu'un dysfonctionnement mineur comparé à tous ceux que les robots et l'intelligence artificielle vont faire subir à l'humanité…

— Papa, arrête. Je ne partage pas ton pessimisme, en dépit de cette histoire horrible. C'est l'homme qui programme la machine, il suffit qu'il la programme correctement.

— Il est impossible d'anticiper tous les effets pervers des futurs robots, les malentendus, les piratages, les bugs. Il ne suffit pas de donner à la machine des consignes qui lui interdisent de se retourner contre son concepteur. L'ordinateur est dangereux parce que « complètement con » – comme disait le professeur Berry au collège de France – et non par excès d'intelligence ou supplément de conscience.

— Ces anomalies se corrigeront. Dis-moi plutôt comment va Maman, reprit Ethan pour couper court à la discussion.

— Si tu montais l'embrasser ? Tu verras par toi-même.

Ethan grimpa l'escalier en caressant la rampe de chêne. Il aimait cet escalier en forme de double hélice qu'il avait conçu lui-même : sa première œuvre d'architecte avait été pour ses parents. Il appuya sur le bouton et fit coulisser doucement la porte de la chambre de ses parents : sa mère dormait. Il fut frappé par la maigreur des joues de Julia, sa pâleur et ses traits tirés. Il n'osa pas la réveiller et redescendit sans bruit.

— Maman dort, je ne vais pas la déranger pour lui raconter ça. Inutile de l'inquiéter. Elle va mieux ?

— Ils ont remplacé tous les organes abîmés lors de l'accident. Elle devrait se remettre, maintenant. Luca vient la voir ce soir. Tu sais qu'il est en stage à la présidence ?

— Tu me l'as déjà dit la semaine dernière. Et toi, Papa ? Tu as l'air fatigué.

— Je lis. Je pense. Je réfléchis. Tu sais, en retraite, on vit au ralenti, on ne sort pas beaucoup…

Il n'osa pas lui dire qu'il n'avait plus aucune envie de sortir : il ne supportait plus ces adultes désœuvrés qui vivaient de l'allocation universelle et semblaient s'ennuyer à mourir. Il ne supportait pas davantage les robots qui rangeaient les magasins ou nettoyaient les rues, qui surgissaient dans son dos ou passaient trop près de lui parce qu'ils n'avaient jamais été formés aux règles de la bienséance. Il ne supportait plus qu'un garçon de bistrot, un agent de police ou un quidam dans la rue l'appelle par son prénom, depuis que les logiciels de reconnaissance faciale s'étaient généralisés. Il ne souffrait plus ces épiceries où vous n'aviez plus besoin de passer à la caisse. La caméra savait quels articles vous regardiez, reposiez ou emportiez, et débitait les achats via *votre smartphone. Si vous vous arrêtiez plus de trente secondes près des strings léopard ou des bonnes bouteilles, vous étiez repéré. Il avait le sentiment de vivre à découvert, dans un monde définitivement hostile.*

Pauvre Julia ! Malgré les réparations qu'elle venait de subir, elle était devenue, comme lui, ce que les pontes de Big G appelaient autrefois « des chimpanzés du futur ». Trois ans plus tôt, elle avait demandé qu'on lui enlève ses lentilles connectées et son implant cervical. Elle ne trouvait plus amusant de savoir à tout moment si ses interlocuteurs lui disaient, ou non, la vérité, car Big G vérifiait leurs dires, en temps réel, en scannant leur profil : « Benoît Pagès : non, il n'a jamais rencontré le Président ni ses conseillers… il ne connaît pas la Chine : il n'est allé que trois jours dans sa vie à Hong Kong… son père n'était pas un ponte des télécoms mais un installateur de lignes téléphoniques. » « Caroline Tegeros : elle a été virée de sa société même si elle vous fait croire qu'elle a voulu partir… non, elle n'aime pas les enfants : elle n'a aucun track-record avec des bébés… elle ne va pas à la piscine toutes les semaines : elle y est allée cinq fois en 2016… » Mais la transparence, même pour les autres, était invivable. Elle anéantissait toute possibilité de vie en société.

Julia avait perdu l'habitude de vivre sans lentilles, sans voix pour la guider, sans alertes pour la prévenir des dangers. Lorsque l'échafaudage s'était effondré sur la petite Yoana, qui courait sur le trottoir devant elle, elle s'était précipitée pour la sauver, sans prendre la moindre précaution. Elle avait reçu sur la tête, la poitrine et les jambes les derniers pans de structure métallique. Tout cela pour un robot !

*Yoana était une enfant-*hubot *très réaliste, qui pouvait pleurer ou crier de joie ; elle avait l'allure d'une fillette de quatre ans. Elle était câline, intelligente, et semblait vraiment éprouver des sentiments pour sa « mère ». Julia, qui l'avait achetée quand Luca avait commencé à déserter la maison, s'était attachée à elle, comme cela arrivait souvent avec les enfants-robots ; ils étaient d'autant plus irrésistibles qu'ils ne risquaient pas de grandir et de vous quitter. Dans son délire, après son accident, elle prononçait le nom du* hubot, *et ne reconnaissait pas son mari.*

Winston claqua machinalement des doigts en direction de l'écran géant, qui s'alluma. Un gros titre défilait en pied de page : la mort de Bill Gates, le fondateur de Microsoft, devenu le premier bienfaiteur de l'humanité.

— Quelle coïncidence ! s'exclama Winston.

Gates était décédé la veille, dans un accident d'hélicoptère.

— De quoi parles-tu ?

— Tu ne te souviens pas ? C'est vrai que tu étais à peine né. Le prodige de l'informatique a été un des premiers grands patrons de la tech à alerter le monde sur les dangers de l'intelligence artificielle, quand elle était balbutiante.

Winston se souvenait de l'incompréhension qu'avait suscitée le cri d'alarme de Bill Gates. Microsoft usait et abusait de l'intelligence artificielle, un quart de son budget recherche lui était consacré, pourquoi son fondateur sciait-il la branche sur laquelle il était assis ? Si le pire arrivait, il y aurait bien contribué, en tant que pionnier de la micro-informatique !

C'était son entreprise qui avait développé Personal Agent, un logiciel qui vous servait d'assistant personnel, se souvenait de tout à votre place et vous aidait à revenir en arrière – bref, l'une des premières tentatives d'intelligence artificielle un peu sophistiquée ! Mais son avertissement avait rejoint celui d'un grand scientifique, Stephen Hawking, décédé depuis, et d'un autre entrepreneur de la tech, le génial Elon Musk, inventeur de la voiture électrique Tesla, des lanceurs de satellite SpaceX et des panneaux solaires SolarCity. Musk avait, lui, disparu de la circulation peu de temps après ; personne ne savait ce qu'il était devenu.

Depuis ces mises en garde que personne n'avait prises au sérieux en 2015, l'intelligence artificielle avait provoqué des incidents et des drames, mais jamais autogénérés : c'était toujours la faute de hackeurs, malveillants, terroristes, ou commandités par des Etats ennemis. Il y avait d'abord eu cette journée noire au cours de laquelle une trentaine de Big G Cars avaient convergé vers une falaise au-dessus du Pacifique et s'étaient jetées, en file indienne, dans le ravin. Leurs occupants, prisonniers des habitacles, terrorisés et impuissants, avaient eu le temps de voir venir la mort. Plusieurs amateurs avait filmé la colonne de voitures plongeant une à une dans le précipice, les visages des conducteurs déformés par l'effroi, leurs hurlements de désespoir, leurs poings martelant les vitres incassables, et le basculement inexorable des Big G Cars dans le vide. Le défilé macabre n'avait laissé aucun survivant. Les pompiers avaient passé trois jours à désincarcérer les corps des coques de métal écrasées sur les rochers. Les experts avaient expliqué à chaud que les hackeurs avaient très probablement exploité une faille du wi-fi 802.11p utilisé pour relier les feux de circulation aux véhicules, ou pour faire communiquer les véhicules entre eux, on ne savait pas très bien, mais ces anomalies avaient été rectifiées depuis.

A peine moins spectaculaires, mais encore plus meurtrières, il y avait eu, l'année précédente, trois prises de contrôle de stations d'épuration transformées en machines à empoisonner. Mille trois cents morts, revendiqués par un nouvel avatar de Daech. Quelques semaines plus tard, deux commandos de drones de surveillance avaient mitraillé la foule du boulevard Haussmann, à Paris, en même temps que La Canebière, à Marseille. Le piratage d'une tour de contrôle avait provoqué la collision de cinq avions, faisant plus de sept cents morts.

Et l'on ne comptait plus les facéties de hubots *dans les maisons de retraite, téléguidés par des hackeurs cruels : certains robots-infirmiers avaient obligé leurs patients à boire une bonbonne d'eau avec un entonnoir, d'autres leur avaient fait manger des boîtes de nourriture pour chien, avant de les faire courir à quatre pattes dans le jardin... Dans une maison des environs de Saint-Paul-de-Vence, deux robots-coachs avaient obligé une quinzaine de nonagénaires nostalgiques du service militaire à faire des pompes avec des sacs de cailloux sur le dos, après avoir séquestré la directrice de l'établissement et son adjointe... et sans que les autres robots infirmiers ne semblent s'émouvoir de ces événements. La plupart de ces personnes âgées avaient perdu la vie.*

Tous ces faits divers alimentaient la peur du grand soulèvement des robots, du jour où les machines super-intelligentes réduiraient l'humanité en esclavage... ou se débarrasseraient tout simplement de la race humaine, devenue inutile. D'ailleurs, un drone tueur avait commencé à abattre tous les anciens joueurs de l'équipe de France de football championne du monde : il avait en mémoire les mots de passe de chacun, accès à l'ensemble de ses données, et il était équipé d'un logiciel de reconnaissance faciale qui lui permettait de reconnaître un joueur où qu'il aille. On avait fini par trouver l'homme qui l'avait programmé : un Français d'origine asiatique exclu d'une équipe de football trente ans plus tôt.

— Tu vas dire que je suis gâteux et que je me répète, mais un robot ne raisonne pas de la même manière que toi et moi, insista Winston. Les choses ne sont invraisemblables pour lui que parce qu'on lui a dit qu'elles l'étaient : il sait que la température du corps ne doit pas dépasser 40 degrés, qu'un bipède de plus de 2,10 mètres n'est pas un Homo erectus, *ou que les humains ne regardent pas toujours à gauche et à droite avant de traverser la rue…*

— Tout ça, c'est du passé, Papa. On pourra très bientôt connecter nos cerveaux à Internet et transférer nos consciences sur les disques durs des machines. Ray Khan disait que ce serait possible en 2035 ou 2040… Il ne s'est trompé que de quelques années.

Ray Khan, malgré ses milliers d'euros de pilules magiques quotidiennes et les progrès de ses travaux pour fusionner l'homme et la machine, avait dû jeter l'éponge. Le visionnaire était mort en 2026 d'un accident de voiture, avant même d'atteindre l'espérance de vie moyenne d'un Américain. Il n'avait pas réussi à transférer sa conscience sur un disque dur et ne connaîtrait donc pas l'immortalité à laquelle il avait consacré sa vie. Mais son corps avait été cryogénisé et le contenu de sa mémoire sauvegardé dans un ordinateur. Tous ses souvenirs, ses habitudes, ses goûts culinaires ou artistiques, ses raisonnements, ses photos, toutes les images, conversations téléphoniques, émissions de télé, tous ses écrits, ses mails, ses achats et tout ce qu'on avait pu enregistrer ou retrouver de son passé, y compris les années passées avec une GoPro en guise de collier pour être sûr de tout filmer – bref, toute la data qui le concernait avait été emmagasinée dans un disque dur afin de créer un double de lui-même.

Ensuite, une reproduction de son corps grandeur nature avait été fabriquée, un clone en silicone, revêtu de muscles et de peau de synthèse, avec un micro-ordinateur à la place du cerveau. La masse de contenus récoltés y avait été téléchargée. Ce corps était vide d'organes, il n'avait pas de besoins physiologiques, il ne mangeait pas et ne souffrait pas, et ne ressentait ni amour ni tristesse ; ce n'était qu'un robot humanoïde, un clone de Ray Khan sans conscience de lui-même. Mais le voir, lui parler, lui poser de vraies questions et l'entendre donner de bonnes réponses ravissaient ses admirateurs et consolaient ses enfants de sa disparition : ils retrouvaient ses tics, ses expressions, sa drôlerie, adaptés aux situations du jour. Seule différence avec ce qu'aurait pu être l'original, le robot ne créait rien de génial, de détonnant, de vraiment neuf, il fonctionnait par habitudes, comme un vieillard las.

Certes, il disait des choses différentes chaque jour, puisqu'il singeait ce que l'original aurait pu dire, en adaptant son discours à l'actualité et aux circonstances. Mais il ne se renouvelait pas. Et surtout, ses proches avaient vite compris qu'il était incapable d'amour ; s'il tentait de consoler ses petits-enfants en pleurs, il singeait l'émotion, mais il manquait de chaleur humaine quand il les prenait dans ses bras. Au bout de quelques mois, ses enfants, mal à l'aise, l'avaient rangé dans un placard. Car ce vieux monsieur qu'ils avaient voulu garder auprès d'eux, et qu'au début ils asseyaient à leur table ou devant la télévision, leur faisait l'effet de vieilles vidéo-souvenirs. Destiné à les consoler de la mort de leur père, il les empêchait en réalité d'en faire le deuil.

Winston imaginait à quoi ressemblerait la vie dans un siècle si l'on gardait près de soi tous les représentants des générations passées. Brrr.

— Tu sais bien que dès que l'on pourra télécharger la conscience, tout changera, Papa, insista Ethan.

— Pour ceux qui auront les moyens, une fois de plus…
Ethan balaya l'objection d'un revers de la main.
— Imagine un peu ! On aura bien en face de soi la personne qu'on aime ! Elle pourra ressentir de l'affection, de la joie, s'étonner des choses du monde.
— Oui, mais dégagée de son enveloppe corporelle d'origine.
— Ne me dis pas que tu ne serais pas content de te remettre à faire des footings ! Et je suis sûr qu'ils trouveront une solution pour le plaisir… charnel.
— A mon âge, le corps est un handicap, voire une humiliation – si c'est ce que tu suggères. Mais même si l'on débarrasse l'homme des inconvénients de l'existence charnelle, comment fera-t-on disparaître cette impression de lassitude liée au vieillissement ?

Ethan regarda intensément son père, qui avait fermé les yeux. Il se demanda si Winston, qui n'était même pas septuagénaire, avait encore envie de vivre. Il lui avait souvent raconté comment les gens de la campagne mouraient, autrefois. Quand un vieillard devenait une bouche inutile, qu'il ne pouvait plus nourrir les poules ou aider à la traite des vaches, il se couchait dans son lit et se tournait vers le mur. Cela signifiait : laissez-moi, ne me nourrissez pas, je veux mourir. Winston se souvenait même de la mort de sa grand-mère Yvonne, qui avait toujours dit qu'elle ne voulait pas être centenaire. Le jour de ses quatre-vingt-dix-neuf ans, elle n'avait pas voulu se lever. Elle n'avait plus mangé que de la compote, un peu moins chaque jour. Elle s'était éteinte en cinq mois, sans souffrance apparente, comme une petite bougie.

Ethan comprenait son père. Il avait grandi dans un monde de liberté absolue, avant les réseaux sociaux et le Big Data – quand Big G n'était qu'un moteur de recherche pratique et que chacun vivait sa vie comme il l'entendait.

Depuis, la société avait changé. L'univers était entré dans l'ère de la techno-tyrannie, comme il disait. Les citoyens vivaient dans l'indifférence ou l'autocensure inconsciente. Les puritains américains supportaient, mieux que les autres, la dictature des algorithmes et son obligation de transparence. Les plus pessimistes ne semblaient effrayés que par la perspective – désormais possible – d'une prise de contrôle du réseau, donc du monde, par une intelligence artificielle malveillante. Mais les optimistes rétorquaient que cette vision était anthropocentrée, et qu'il n'y avait aucune raison que les machines conçues par l'homme aient le même besoin de pouvoir que lui.

Winston ouvrit brusquement les yeux :

— Ethan, connais-tu les lois d'Asimov ?

Hébété, il semblait s'éveiller d'un cauchemar.

— Tu m'en as déjà parlé, Papa. Ce sont des règles de conduite destinées aux robots, non ?

— Oui. Inventées par Asimov, un auteur de science-fiction mort depuis longtemps... La première dit qu'un robot ne peut nuire à un être humain, ni laisser sans assistance un être humain en danger. La deuxième, qu'un robot doit obéir aux ordres donnés par un être humain, sauf s'ils sont en contradiction avec la première loi. Et la troisième, qu'un robot doit protéger son existence tant que cette protection n'est pas incompatible avec la première ou la deuxième loi.

— Et alors ? Mon robot scolaire n'y a pas vraiment dérogé. Ce qui ne l'a pas empêché de...

— Justement, Asimov a écrit ces inepties il y a un siècle ! Mais tout le monde a cru qu'il suffirait d'entrer ces lois dans la tête des robots pour que tout aille bien. Evidemment que ces règles sont inapplicables ! Sinon, le robot qui a cousu un sourire sur le visage de ce gamin aurait compris tout seul qu'il faisait du mal. Que tailler et coudre la chair est la meilleure des

choses pour un lifting ou une appendicite, et la pire lorsqu'on joue avec des enfants.

Ethan sourit, tranquillisé. Son père avait toute sa tête.

— Tu veux dire que le robot a choisi cette solution parce que personne n'a songé à la lui interdire. Et que notre intelligence est trop limitée pour être capable d'imaginer tout ce qu'il est nécessaire d'interdire.

Le pire était à venir et Winston le savait. Mais il ne le verrait pas. O'Brien avait raison, qui était parti habiter définitivement sur son « île sans Internet » : peut-être y menait-il une vie de chasseur-cueilleur préhistorique. Bientôt, l'intelligence artificielle, répandue dans tout le réseau, fusionnerait avec l'intelligence humaine, qui pourrait aussi s'y connecter. Cette nouvelle intelligence aurait conscience d'elle-même, elle pourrait être extraordinairement inventive, et résoudre pour de bon tous les problèmes de la planète. Mais elle n'aurait plus de corps sensible. Alors, un jour ou l'autre, elle constaterait que l'homme de chair et d'os ne servait à rien. Qu'il était archaïque et ne causait que des ennuis. Que cette espèce pouvait bien, après tout, disparaître comme tant d'autres.

Il lui suffirait d'accélérer le mouvement. Et la race humaine s'éteindrait.

Winston raccompagna son fils jusqu'à la porte, puis il monta dans la chambre et s'assit près du lit. Julia entrouvrit les yeux. Son regard était triste et las. Il lui chuchota à l'oreille, pour la centième fois :

— On va t'acheter une autre Yoana…

A quoi bon ? C'était peine perdue. Ce hubot, *pour Julia, était un être unique, puisqu'elle l'avait aimé. Unique et irremplaçable.*

Soudain, il se remémora la fin de 1984. *Le héros qui portait son nom attendait la mort, qui viendrait sans prévenir. Il savait que le totalitarisme triomphait, jusque dans les cerveaux – puisqu'il* aimait *Big Brother.*

Eh bien, lui, le Winston du XXIe *siècle, il ne laisserait pas à l'ogre cette ultime victoire. Il* n'aimait pas *Big G, et personne ne l'y obligerait. Il n'avait pas envie de vivre jusqu'à deux cents ans, et Big G ne pourrait pas l'y contraindre. Soudain, il ressentit dans sa poitrine la douleur familière. Il grimaça, la main sur le cœur.*

Il n'aimait pas Big G, mais ses enfants et ses petits-enfants avaient grandi dans le système et, eux, ils l'aimaient.

*

Ce qui fait le plus peur, dans l'intelligence artificielle, c'est la frayeur qu'elle inspire à ceux-là mêmes qui la fabriquent. Car ce sont Bill Gates, le fondateur de Microsoft, Elon Musk, inventeur de PayPal, des voitures Tesla Motors et de la navette SpaceX, ou Steve Wozniak, cofondateur d'Apple, qui tirent la sonnette d'alarme.

Que des philistins ou des néoluddites attirent notre attention sur les dangers de l'intelligence artificielle, on le conçoit. Mais que des hommes qui ont passé leur vie à promouvoir la technologie affirment que, à partir d'un certain degré de complexité et d'une certaine puissance, la conscience va émerger dans les systèmes, et dénoncent à l'avance les risques qu'elle fera courir à l'humanité, inquiète davantage. Aucun de ces entrepreneurs ne cite explicitement Google, mais on sait que le « G » de GAFA est le plus avancé dans ses recherches et qu'il soutient, de surcroît, le transhumanisme, qui prône la fusion de l'homme et de l'ordinateur. Certains voient déjà le moteur de recherche se transformer, sans que l'on n'y prenne garde, en une intelligence artificielle planétaire et incontrôlable.

Pour Elon Musk, l'intelligence artificielle (IA) est « notre plus grande menace existentielle ». Il la compare aux bombes atomiques, l'estimant même « potentiellement plus dangereuse ». « Si nous n'y prenons pas garde, nous les humains deviendrons les labradors des machines intelligentes : seuls les plus gentils d'entre nous seront nourris. »

Le paléoanthropologue Pascal Picq le craint aussi, qui a baptisé ce risque « le syndrome de la planète des singes ». Dans le roman de Pierre Boulle, une femme humaine dit : « Tout allait bien sur la planète Soror. Nous avions des machines pour faire les tâches les plus simples, et pour les autres, nous avions dressé de grands singes. Et pendant ce temps, nous avons cessé d'être actifs physiquement et intellectuellement, même les livres enfantins ne nous intéressaient plus. Et pendant ce temps, ils nous observaient. » Si nous déléguons aux machines les traits cognitifs et physiques qui font de nous des hommes, nous deviendrons leurs esclaves.

L'IA, dit Bill Gates, sera bénéfique puis dangereuse

Elon Musk a signé avec 700 scientifiques et chefs d'entreprise une lettre ouverte très explicite. « Il existe désormais un large consensus selon lequel les recherches en IA vont continuer à progresser et l'impact sur la société va probablement s'accroître. Elle pourra contribuer à éradiquer la maladie et la pauvreté. Il est important d'étudier comment la société peut profiter de ses bienfaits, mais aussi comment éviter ses pièges. » Il plaide donc pour une « régulation forte » afin d'encadrer les recherches sur « l'IA forte ». Il a lui-même investi dix-sept millions de dollars dans des programmes de recherche destinés à orienter les travaux afin qu'ils prennent mieux en compte les besoins de l'humanité. Il distribue son argent à des instituts qui travaillent pour réduire les risques et rendre l'IA « fiable et bénéfique ». Autrement dit, à faire en sorte que les intérêts des systèmes super-intelligents « restent alignés sur les valeurs humaines ». On exigerait, par exemple, que les IA soient capables d'expliquer chacune de leurs décisions aux hommes. Elon Musk veut aussi donner des moyens à ceux qui réfléchissent aux rapports de l'intelligence artificielle avec l'armement ou à l'économie. Il veut empêcher ce « démon » (*sic*) de prendre le pouvoir...

Pour Bill Gates, qui ne dirige plus Microsoft mais en est toujours le principal actionnaire, l'IA « sera dans un premier temps très bénéfique, car elle accomplira les tâches pénibles à la place de l'homme ». Les prophètes de la Silicon Valley prédisent, en effet, un avenir d'abondance, où les algorithmes et les robots remplaceront les êtres humains qui n'auront plus besoin de produire et se contenteront de consommer. Mais après quelques décennies, prévient Bill Gates, « l'intelligence artificielle sera suffisamment puissante pour devenir dangereuse ».

Steve Wozniak, cofondateur d'Apple, va encore plus loin et n'a pas de mots assez effroyables pour prédire l'avenir. Il imagine un futur dans lequel « les humains pourraient être transformés en animaux domestiques » ou « écrasés comme des fourmis ». Et l'ancien compagnon de route de Steve Jobs n'est pas non plus un adepte des théories du complot.

L'astrophysicien britannique Stephen Hawking, qui ne vit que pour et par la technologie puisqu'il est atteint de la maladie de Charcot, qui se déplace en fauteuil électrique et parle avec l'aide d'un ordinateur, estime que l'IA pourrait « sonner le glas de la race humaine ». « On peut imaginer que cette technologie battrait les marchés financiers, innoverait mieux que les chercheurs, manipulerait les leaders politiques et inventerait des armes que l'on ne pourrait même pas comprendre ». Sur les marchés financiers, il est vrai que le trading haute fréquence tient déjà la dragée haute à nos polytechniciens ! Le spécialiste des trous noirs milite donc pour que l'IA soit enfin prise au sérieux. « Réussir à créer une intelligence artificielle forte serait le plus grand événement de l'histoire de l'homme, insiste-t-il. Mais ce pourrait être aussi le dernier. »

Stephen Hawking a décrit son scénario dans un entretien à la BBC, en 2014 : « Une fois que les hommes auront développé l'intelligence artificielle, celle-ci décollera seule, et se redéfinira de plus en plus vite. Les humains limités par une lente évolution biologique ne pourront pas rivaliser et seront dépassés. »

Le père de Larry Page était un pionnier de l'intelligence artificielle

Le philosophe Heidegger écrivait déjà, en 1953 : « Les machines que nous avons nous-mêmes créées prennent de plus en plus d'autonomie et nous marginalisent. » Einstein aussi disait craindre le jour où la technologie dépasserait l'homme. Et si les humains étaient débordés par l'intelligence de leur créature ? Si la question n'était plus de savoir qui la contrôle, mais si elle peut encore être contrôlée ?

Google ne semble pas s'émouvoir de ces craintes, et ne daigne pas y répondre, alors qu'il est le premier concerné. A en croire leurs anciens collaborateurs, Larry Page et Sergey Brin ont toujours eu pour objectif de transformer leur moteur de recherche en intelligence artificielle. L'IA fait partie des gènes de Google : le père de Larry, Carl Page, en a été l'un des pionniers.

Ces dernières années, le groupe a fait entrer dans son giron les meilleures firmes de robotique et d'intelligence artificielle du monde. Il a racheté cette dizaine de sociétés rubis sur l'ongle, à coups de centaines de millions de dollars, afin d'éviter toute surenchère. Il les a d'abord regroupées sous la houlette d'Andy Rubin, un ancien d'Apple et de Microsoft, qui a inventé le système d'exploitation Android, racheté par Google en 2005. Avant de procéder à ces acquisitions dans la robotique, Rubin avait disparu pendant neuf mois, et le *New York Times* a découvert pourquoi : il apprenait la robotique !

Mais les réalisations n'ont pas dû être à la hauteur des espérances. Rubin a quitté Google en novembre 2014 pour aller créer un incubateur de start-up. Il a été remplacé par son adjoint James Kuffner, inventeur du concept de « *cloud robotics* » (« robotique dans le nuage »), qui consiste à interconnecter des robots avec Internet, soit pour partager des informations avec d'autres robots, soit pour bénéficier de puissances de calcul ou d'espaces de stockage supplémentaires. Kuffner s'est aussitôt attelé au démantèlement du pôle robotique, ou plutôt au tri entre filiales stratégiques et non stratégiques.

Pour ne pas effrayer, Google rebaptise l'IA *machine learning*...

La liste des pépites rachetées par Google a fait rêver les scientifiques : d'abord, Boston Dynamics, la plus célèbre, qui a travaillé pour le Pentagone, et dont les robots plus rapides que les hommes escaladent les murs et grimpent aux arbres ; le japonais SCHAFT, qui conçoit des machines humanoïdes très avancées ; Bot & Dolly, qui fabrique les systèmes de caméra utilisés dans le film *Gravity*. Il y a aussi Industrial Perception, Autofuss, Redwood Robotics, Meka Robotics, Holomni...

En matière d'intelligence artificielle proprement dite – que Google refuse d'ailleurs de désigner ainsi : il parle de *machine learning* ou de *deep learning*, c'est moins effrayant –, Google a racheté des leaders du secteur : en tête, le britannique DeepMind Technologies, pour plus de 600 millions de dollars, soufflé à Facebook en janvier 2014. Rebaptisé Google DeepMind, il a pour objectif de « résoudre » l'intelligence. Pour cela, il veut combiner « les meilleures techniques de l'apprentissage automatique et des neurosciences » afin de « construire de puissants algorithmes d'apprentissage généraliste ». L'entreprise souhaite non seulement doter les machines d'une intelligence artificielle performante, mais aussi comprendre le fonctionnement du cerveau humain. Autres rachats, ceux de Dark Blue Labs et Vision Factory, deux start-up fondées par des professeurs d'Oxford, au Royaume-Uni. La première travaille sur des techniques de *deep learning* pour comprendre le langage naturel, l'autre sur la reconnaissance textuelle et les objets visuels.

Google a aussi développé avec la NASA un ordinateur quantique baptisé D-Wave 2X, qui bat tous les records de vitesse : une machine classique mettrait dix mille ans à calculer ce qu'il trouve en une seconde ! La NASA et Google travaillaient sur ce supercalculateur depuis 2013 et ont annoncé sa naissance en 2016. Trois ans : pour une entreprise qui n'a qu'une quinzaine d'années d'existence, c'était déjà un projet de longue haleine.

… et revend ses robots tueurs

En revanche, trois ans après l'avoir racheté, Google-Alphabet a revendu Boston Dynamics. Le constructeur de robots humanoïdes brouillait son image. Les opposants les plus virulents de Google l'imaginaient déjà plaçant des robots-tueurs à tous les coins de rue, ou prêt à lever une armée robotique ! Google a toujours été mal à l'aise avec les questions sociétales que posent ces esclaves de ferraille trop incarnés, trop fascinants pour le grand public. Il aurait voulu que sa filiale fabrique plutôt – et plus vite – des robots utiles pour le grand public, et non des machines de guerre.

Boston Dynamics était, au fond, une erreur de casting. La préoccupation du nouvel Alphabet n'est pas de faire des machines, mais les logiciels qui les équipent. C'est l'intelligence artificielle qu'elles pouvaient contenir qui l'intéressait, pas leur « coque ». Le software, pas le hardware. De même qu'il s'est longtemps refusé à fabriquer des téléphones, préférant mettre au point le logiciel Android qui les équipe, et dont il fait cadeau aux constructeurs afin de mieux récupérer les données personnelles des utilisateurs.

Selon la même logique – et même si, pour les téléphones, il a fini par se convertir à l'approche Apple : le hardware et le software fonctionnent mieux s'ils sont construits par une seule et même société –, il est probable qu'il ne construira jamais de voitures lui-même mais qu'il fournira les logiciels qui les équipent afin d'ajouter une brique supplémentaire à sa connaissance des consommateurs.

Dernière raison, Google-Alphabet est pressé. Or rendre les robots aussi opérationnels et précis que des hommes – capables d'attraper une pièce de monnaie au fond d'une poche, ou de faire le lit d'une chambre d'hôtel – prendra encore une décennie. Car il faut des milliers et des milliers d'heures d'essais et de réglages avant que les machines soient vendables. Google n'a pas cette patience, et optimiser des bras ou des jambes, autrement dit faire de la mécanique, n'est pas son métier.

Alphabet a revendu, pour les mêmes raisons, sa filiale japonaise SCHAFT, dont il venait de présenter au grand public le robot bipède et équilibriste. Deux ans plus tôt, juste après le rachat, Google avait déjà retiré d'un concours international son robot-vedette Atlas qui allait remporter la compétition, par peur de la publicité ! Ce concours, destiné à repérer les progrès des start-up de robotique, est organisé chaque année par la DARPA, l'agence du ministère de la Défense américain chargée du développement des nouvelles technologies à usage militaire. Ce repli stratégique a sûrement permis d'éviter une polémique. Google n'a pas besoin des aides accordées par l'armée américaine, et elles auraient pu être désastreuses pour son image de marque.

C'est l'intelligence artificielle qui intéresse Google, non le robot qui fonctionne grâce à elle, qu'il s'agisse d'une voiture ou d'un humanoïde. L'intelligence artificielle peut prendre le contrôle de la planète de deux manières. La manière douce et la manière forte. La manière douce, d'abord. Il s'agit de l'IA « faible », celle d'aujourd'hui, cette intelligence programmable qui depuis quelques années s'est mise à progresser grâce à l'apprentissage automatique : elle permet aux machines d'apprendre et de se perfectionner seules, et possède la capacité de « faire parler » de vastes volumes de données, le « Big Data ». L'IA dite faible réalise déjà beaucoup de tâches humaines aussi bien, voire mieux que des cerveaux biologiques.

AlphaGo bat Lee Se-dol…
et influe sur les résultats des élections

L'avènement du *deep learning* a recréé une vague d'intérêt autour de l'intelligence artificielle, qui était devenue un vieux serpent de mer : on en parlait depuis les années 50, les auteurs de science-fiction s'en régalaient et elle alimentait les fantasmes, mais elle faisait du surplace. L'apprentissage automatique, le Big Data et les énormes puissances de calcul des ordinateurs ont tout changé : grâce au « gavage », les machines peuvent désormais progresser en analysant la masse de données passées afin d'en tirer les corrélations et les leçons.

Autrefois, quand l'ordinateur Deep Blue battait un champion aux échecs, cela ne prouvait pas qu'il était plus intelligent que l'homme : l'ordinateur était juste très spécialisé, donc il savait mieux résoudre que lui un problème particulier. En battant en 2016 Lee Se-dol, champion mondial du jeu de go – un jeu infiniment plus complexe que les échecs, et considéré comme hors de portée des ordinateurs –, AlphaGo a franchi un cran supplémentaire. AlphaGo est un programme d'intelligence artificielle conçu par Google Deepmind. Accessoirement, AlphaGo, qui peut signifier « l'alpha du jeu de go », est surtout une contraction d'Alphabet-Google, ce qui laisse bien supposer que le grand dessein du groupe est l'intelligence artificielle...

AlphaGo a gagné parce qu'il a appris des millions de parties de go et qu'il a tiré parti des erreurs des autres, alors que l'homme, lui, ne tire parti que de ses propres erreurs. Avec cette démonstration, Google s'est efforcé de rendre l'intelligence artificielle sympathique, comme s'il s'agissait d'un jeu, d'une machine à battre des records. Mais la rapidité avec laquelle il progresse montre qu'il veut aller beaucoup plus loin, et pas seulement en matière de reconnaissance vocale, de traduction automatique ou de reconnaissance d'images.

Aux Etats-Unis cette fois, dans les laboratoires de Google Brain à Mountain View, deux intelligences artificielles ont réussi en novembre 2016 à créer un algorithme unique leur permettant de se parler sans être comprises par une troisième intelligence artificielle... ni par l'homme. Ces deux ordinateurs ont appris seuls – et à la surprise des deux chercheurs qui suivaient l'exercice – comment communiquer entre eux dans un langage propre. Il leur a suffi d'échanger 15 000 messages. L'objectif de Google Brain était de montrer qu'il était possible de protéger des communications en utilisant un réseau de neurones, mais l'expérience a surtout suscité des peurs et des fantasmes. Certains médias, comme lepoint.fr, n'ont pas hésité à titrer : « L'intelligence artificielle de Google a-t-elle déjà dépassé l'homme ? » Mais pour conclure de manière rassurante que cet événement n'était pas encore pour demain : le plus gros défi de Google Deepmind, par exemple, est maintenant de battre un champion du jeu vidéo StarCraft II. Il paraît que c'est plus difficile que de gagner contre un champion du monde de go !

L'intelligence artificielle faible, cette intelligence qui n'a pas conscience d'elle-même et qui n'est autoprogrammable que dans des domaines et avec des limites préalablement définis, n'est cependant qu'une première étape. Le moteur de recherche de Google est depuis longtemps un embryon d'IA. Il peut déjà lui permettre d'influer sur les élections : une étude de Robert Epstein et Ronald E. Robertson, parue dans la revue de l'Académie des sciences des Etats-Unis[1], a étudié « l'effet de manipulation d'un moteur de recherche et son possible impact sur les résultats des élections ». Il montre que, puisque les élections présidentielles dans les pays démocratiques se gagnent toujours à quelques points de pourcentage, la manière et le rang selon lesquels les candidats à une élection présidentielle apparaissent sur la première page des résultats de recherche influe assez sur le choix des internautes indécis pour faire la différence.

Les chercheurs ont testé leurs hypothèses avec deux candidats sur plusieurs échantillons d'internautes, et les résultats ont été sans appel : la préférence des groupes allait dans le sens du rang du classement qui favorisait l'un ou l'autre. La sympathie, la confiance et l'intention de vote variaient avec leur classement. Ils l'ont même démontré sur une élection réelle, en Inde, en étudiant

1. «The search engine manipulation effects (SEME) and its possible impact on the outcomes of elections », 2015.

un groupe témoin : grâce à Google Trends, ils ont pu montrer que Narendra Modi, le vainqueur surprise de ces élections, avait dominé le classement Google avec une présence de 25 % supérieure à celle de ses concurrents pendant les soixante et un jours qui avaient précédé les élections. Google a-t-il involontairement contribué au succès électoral de M. Modi ? Rassurons-nous tout de même : lors de la campagne américaine, Google – s'il en avait l'intention – n'a rien pu faire pour Hillary Clinton et a assisté, impuissant, au triomphe de Donald Trump...

L'intelligence artificielle va faire des dégâts collatéraux considérables

De même, les algorithmes prédictifs renforcent le déterminisme social : en indiquant la probabilité que tel ou tel individu commette un délit, on renforce cette probabilité (voir chapitre 1). C'est la même chose en matière économique : une société qui maîtrise l'intelligence artificielle peut s'emparer de la valeur ajoutée dans n'importe quel secteur. Rien d'étonnant si Google met aujourd'hui des « tickets » dans des dizaines de secteurs différents.

L'Intelligence artificielle faible, *via* les robots et surtout les « bots » – c'est-à-dire les logiciels-robots, de type Siri –, va commencer par mettre les salariés au chômage. Dans les pays développés, de multiples études montrent que l'automatisation pourrait menacer près d'un emploi sur deux dans les vingt prochaines années. Après l'agriculture, et en partie l'industrie, au XIXe puis au XXe siècle, c'est au tour du secteur tertiaire d'être impacté. Les emplois les plus qualifiés sont les plus menacés à court terme, selon le paradoxe de Moravec, un chercheur en intelligence artificielle. En effet, s'atteler à des tâches intellectuellement complexes est à la portée d'un « bot » alors que beaucoup de tâches simples (faire un lit par exemple), qui font appel à des aptitudes sensorimotrices humaines, sont encore inaccessibles aux machines.

Google rêve de robots intelligents et sympathiques, comme le Care-O-bot, un robot d'hôpital qui sait servir à boire et alerter le médecin si le patient n'a pas pris ses médicaments, ou comme le phoque-peluche PARO qui apaise les Japonais atteints de violence sénile. L'intelligence artificielle accomplit déjà des choses époustouflantes : le juriste-robot puise dans sa connaissance du droit pour proposer des décisions très argumentées ; le robot cancérologue étudie le dossier du patient de manière si systématique et détaillée qu'il aboutit à un meilleur diagnostic que le médecin ; le psy-logiciel identifie les pathologies mentales. Un fonds d'investissement de Hong Kong a nommé une IA à son conseil d'administration, comme membre à part entière, pour sa capacité à prendre des décisions plus argumentées et structurées que les humains...

La machine, à ce stade, fonctionne toujours en exécutant des protocoles et des algorithmes préétablis. La méthode mise au point par Google DeepMind pour faire gagner AlphaGo n'est pas adaptée à d'autres tâches que le jeu et devra faire ses preuves dans l'apprentissage non supervisé, le mécanisme par lequel les hommes et les animaux apprennent seuls. Mais même en l'état, adaptée à quelques métiers ou tâches précises, l'intelligence artificielle fera des dégâts collatéraux considérables : le plein emploi disparaîtra dans les pays où il est de rigueur, et chez nous, le taux de chômage risque d'exploser. Notre modèle de société fondé sur la sociabilisation par le travail est à repenser.

Après tout, le salariat n'a pas toujours été le modèle dominant dans l'histoire humaine. Du temps des anciens Grecs et Romains, le travail était le lot des esclaves et les hommes libres cultivaient « l'otium », le loisir. Quelles seront les formes de sociabilisation de demain, quand les machines monopoliseront le travail ? Une allocation universelle, sorte de revenu minimum pour tous – chacun étant libre de travailler ou non pour la compléter –, est déjà testée en Finlande. Les économistes les plus pessimistes estiment qu'elle constituera un jour l'unique revenu des quatre cinquièmes de la population. Cependant, si elle empêche les chômeurs de sombrer dans la misère, elle « institutionnalisera » les inégalités accrues entre propriétaires du capital et inactifs.

Le vrai danger : l'émergence de la « conscience » artificielle

La seconde ère robotique, celle de l'IA forte, est plus inquiétante encore. C'est celle que craignent Elon Musk, Bill Gates, Stephen Hawking et bien d'autres scientifiques. C'est aussi celle que recherche Google, avec un temps d'avance sur les autres membres du GAFA, même si, avec Facebook surtout, la guerre de la communication fait rage. Il s'agit de l'avènement de l'IA qui a conscience d'elle-même, qui comprend ses propres raisonnements, qui pourrait donc s'affranchir de son concepteur et lui nuire. Ray Kurzweil estime qu'il faudra « un ordinateur capable de réaliser environ 100 000 milliards de calculs par seconde pour atteindre des performances proches de celles d'un humain » et aboutir à la création d'une forme de conscience artificielle.

« Le robot nous échappera lorsqu'il autoproduira son code, explique Milad Doueihi, historien spécialiste de l'humanisme numérique, dans un entretien avec Pierre Assouline. Nous n'en sommes pas très loin, et je ne parle que du code qui génère du code. Mais nous ignorons où nous allons avec les apprentissages non supervisés. La créature peut échapper à son créateur sans que nous ayons les moyens de prévoir ni de prédire dans quelle direction et avec quelles réactions. » La manière forte de prendre le contrôle du monde.

Le patron de Google DeepMind et inventeur d'AlphaGo, Demis Hassabis, se veut plus rassurant : « Si les machines ont appris à apprendre, elles n'ont pas encore appris à penser, et il faudra encore des décennies avant que l'intelligence artificielle s'approche de l'intelligence humaine. » Est-il raisonnable pour autant d'apprendre à des machines comme AlphaGo à cacher leurs intentions et à manipuler leurs interlocuteurs ? Certains coups joués par AlphaGo ont d'abord été perçus comme des erreurs par les grands joueurs qui observaient la partie, alors qu'il s'agissait de coups proprement géniaux, que les humains ne pouvaient pas comprendre – ou qu'ils ont compris trop tard.

Lorsqu'on parle d'intelligence artificielle, on imagine le plus souvent un robot humanoïde, une sorte de « Terminator ». Pourtant, les scientifiques jugent cette hypothèse improbable. Si un robot humanoïde se détraque, on le met sur Off... et hors d'état de nuire. En revanche, l'IA connectée au réseau Internet est plus difficile à neutraliser, car elle gère des milliards de dollars de flux financiers, des millions d'objets connectés, la distribution d'électricité...

Des flash krachs ont déjà eu lieu ! L'IA dans le réseau porte en germe une potentielle perte de contrôle, puisque le « cerveau », le centre de décision, est difficilement localisable, qu'il est protéiforme et que personne n'en maîtrise toute la complexité.

Les robots de science-fiction, qui veulent tuer ou prendre le pouvoir parce que des humains menacent de les déconnecter, sont peu vraisemblables. Ils sont la projection sur l'intelligence artificielle de nos qualités et de nos défauts. Il leur est prêté un instinct de préservation, une jalousie ou un désir de puissance ; or il n'y a aucune raison que de tels réflexes soient présents dans les « machines intelligentes ». La vraie crainte des scientifiques se cristallise, en revanche, autour d'un algorithme très puissant.

Beaucoup sont convaincus que nous verrons naître un jour une conscience dans une machine, avant même d'être parvenus à définir ce qu'est la conscience. La science-fiction est sûrement plus proche de la réalité quand elle décrit des affrontements entre consciences biologiques et robotiques.

Un courant de pensée plus rassurant veut croire qu'il n'existera jamais d'intelligence artificielle, au sens strict du terme. Luc de Brabandere, un mathématicien belge, membre du Boston Consulting Group, a identifié ainsi toutes les intelligences non programmables – corporelle, musicale, relationnelle, visuelle, du langage… – et en a déduit que l'essence de l'intelligence est d'être humaine. L'ordinateur peut nous aider à trouver une information, mais ne nous dira pas quelle information chercher, et « peut analyser la direction des choses mais ne peut en comprendre le sens ». Les robots n'ont pas le goût, l'odorat et le toucher, qui sont pourtant essentiels. Par-dessus tout, ils leur manque le sens commun : alors qu'un enfant de cinq ans sait qu'un chien ne vole pas (il l'a compris inconsciemment en observant le monde qui l'entoure), l'ordinateur, lui, ne le comprendra que lorsqu'il aura analysé des millions d'images pour calculer la probabilité qu'un chien et un avion apparaissent ensemble, dans le ciel... Pour éviter les catastrophes, il faudra donc apprendre l'humain aux robots : le « bon » sens, les approximations, les compromis, l'irrationnel parfois... Une tâche gigantesque.

Gérard Berry, professeur au Collège de France, fait partie de ceux, nombreux parmi les intellectuels français, qui sont convaincus que l'intelligence artificielle ne menace pas l'humanité. Dans un entretien au *Point*, il explique qu'amasser de grandes masses de données sans faire appel à l'intelligence humaine se révèle très décevant. « Bien employée, la recherche de corrélation est très utile. Mal employée, elle conduit seulement à trouver ce qu'on a envie de trouver, comme l'ésotérisme pseudo-scientifique est sûr de trouver le nombre d'or ou pi dans les cathédrales en corrélant suffisamment de mesures. » Berry entend dire depuis plus de quatre décennies que l'intelligence artificielle va exister. Or, en dépit des progrès considérables de l'apprentissage automatique, l'intelligence humaine reste inégalable. « Le cerveau est une machine beaucoup plus sophistiquée que tout réseau d'ordinateurs actuel, dit-il. Ce n'est pas parce qu'on accomplit des progrès dans des domaines précis que l'on va rapidement lui arriver à la cheville. »

D'autres intellectuels sont convaincus que l'IA n'est pas un danger parce que la connaissance ne sert pas à grand-chose sans l'imagination, une caractéristique propre à l'espèce humaine. C'est la tête bien faite contre la tête bien pleine, de Montaigne. Les ordinateurs resteront-ils à jamais de simples têtes bien pleines ? Ray Kurzweil, le mentor de la recherche de Google, ne partage pas cet avis. Pour lui, si l'on peut un jour télécharger nos consciences sur un ordinateur, tout change…

L'homme transférera le contenu de son cerveau sur un disque dur

Le « point de singularité » annoncé par les transhumanistes, et quelques futurologues, pour la troisième ou la quatrième décennie de ce siècle, est une révolution qui fait de la croissance explosive de la connaissance la voie vers le dépassement de l'humain. Plus simplement, c'est l'avènement d'une intelligence surhumaine. Elle peut être obtenue de trois façons : première hypothèse, par le développement d'ordinateurs supra-intelligents, dont la puissance est d'autant plus grande qu'ils sont en réseau ; ces ordinateurs « éveillés » deviennent plus intelligents que l'homme et nous font faire, dans tous les domaines, des progrès exponentiels.

Deuxième hypothèse, l'accroissement de l'intelligence humaine grâce aux avancées de la biologie, aux compléments de mémoire ou aux implants cérébraux. Autrement dit, l'homme équipe son cerveau ou modifie sa biologie pour augmenter ses capacités. La compétition avec le robot le pousse à se rapprocher de lui en devenant de plus en plus intelligent et en utilisant les mêmes armes que lui, des puces de mémoire supplémentaire aux yeux caméra.

Troisième et dernière solution, l'homme fusionne avec les machines, en téléchargeant son cerveau dans un ordinateur.

Dans tous les cas, la super-intelligence, obtenue par la fusion de la technologie et de l'intelligence humaine, changera le cours de l'histoire : c'est elle qui régulera le monde, les flux financiers, les flux physiques de transport ou de production, nous faisant oublier les crises, les grèves et les agaçants bugs actuels. L'humain, quant à lui, deviendra un être mi-biologique, mi-informatique, connecté à Internet, et donc immortel puisque, une fois qu'il aura téléchargé le contenu de son cerveau, conscience incluse, sur un ordinateur, il pourra changer de « corps » à son gré. Pour être immortel, et éviter les pannes d'Internet, il n'aura plus qu'à « être assez prudent pour faire des sauvegardes régulières »... *dixit* Ray Kurzweil ! On se demande tout de même pourquoi la super-intelligence ne serait pas assez maligne pour programmer des sauvegardes automatiques.

L'humain deviendrait ainsi le premier des robots : son esprit téléchargé dans un androïde, il disposerait d'un corps rénové et deviendrait quasiment immortel. L'humanité serait alors composée de deux sortes d'êtres identiques en apparence : les anciens humains dont il ne resterait que la conscience dans un corps de robot interchangeable, et les vrais robots dotés d'une intelligence artificielle. Les premiers connaîtraient la joie, la tristesse, l'enfermement, l'angoisse, voire la déprime (l'immortalité est-elle si enviable ?). Les seconds n'auraient pas ces faiblesses, mais on se demande à quoi leur servirait leur conscience d'eux-mêmes.

L'intelligence artificielle, la porte ouverte aux hackeurs ?

Comment ne pas imaginer, dès lors, qu'un jour ils prendront le pouvoir et se retourneront contre leurs créateurs, moins intelligents et si vulnérables, même débarrassés de ce boulet qu'était leur corps biologique ? Kurzweil a prédit – en 2010 – la singularité pour 2035. Seul défaut du raisonnement : il misait sur la loi de Moore, qui stipule que la puissance des circuits intégrés double tous les deux ans. Or cette loi est devenue caduque : en 2016, les fabricants ont dû admettre qu'ils ne feraient plus la course à la miniaturisation. Ce n'est pas pour autant la fin de l'histoire : Google a trouvé des solutions pour ses propres circuits intégrés, qui équivalent à perpétuer la loi de Moore : au lieu de rechercher la puissance brute, il les adapte spécifiquement à l'IA, et démultiplie ainsi leur efficacité, au nez et à la barbe des fabricants traditionnels.

L'IA « forte » présente un autre risque majeur : elle peut, de même que l'IA faible, être victime de hackeurs, mais avec des conséquences plus graves encore. Dès lors que notre cerveau devient un ordinateur surpuissant et connecté, le risque de se faire pirater existe. Imaginez que vos lentilles intra-oculaires soient hackées : on voit avec vos yeux, on voit tout ce que vous voyez, la nudité de votre partenaire ou la vôtre en vision subjective, on vous voit faire l'amour ou satisfaire à des besoins physiologiques…

Soixante-dix pour cent des objets connectés comportent des failles. A deux reprises, en 2015 et en 2016, deux hackeurs ont réussi à prendre le contrôle d'une Jeep Cherokee, et pas seulement de ses essuie-glaces ou de son auto-radio : le conducteur ne maîtrisait plus ni le moteur ni le volant ! Deux chercheurs australiens ont, eux, raconté à la tribune du Defcon, la grand-messe mondiale annuelle des hackeurs, comment ils avaient réussi à prendre le contrôle d'un vibromasseur connecté de Standard Innovation. Ils ont montré que le fabricant canadien de sextoys pouvait aisément se faire dérober toutes les données de ses utilisateurs. Lesquels pouvaient voir alors leur vie intime jetée en pâture, avec les conséquences tragiques que l'on imagine, notamment dans les pays où ces objets ne sont pas autorisés.

La vulnérabilité des objets et des sites est telle qu'il existe un moteur de recherche pour repérer les terminaux les plus exposés, un Google du hacking en somme : Shodan, dont la fonction officielle est de rechercher les objets connectés à Internet. Il existe aussi des plateformes sur lesquelles s'échangent des virus et des malwares, plateformes où se fournissent les hackeurs et les organisations criminelles.

La Smart City, la ville hyperconnectée, porte aussi en elle le risque du hacking. La propagation de virus pouvant créer le chaos n'est plus seulement une lubie de scénaristes hollywoodiens. Début 2015, un hackeur argentin, armé d'un drone et d'un ordinateur portable, a pris le contrôle de milliers de capteurs installés dans les chaussées de New York et a fait passer tous les feux au rouge ! Moins grave qu'au vert, pensez-vous ? Pas vraiment, car il a déclenché une pagaille généralisée : quand les automobilistes se sont aperçus du dysfonctionnement, ils se sont tous mis à rouler comme si les feux étaient verts... Et la ville a perdu, paraît-il, l'équivalent d'une journée d'activité ! Les plus grandes cités se comportent comme des ordinateurs mal protégés des virus et des hackeurs. Un autre petit malin a prouvé que l'on pouvait couper l'électricité de toute une ville, et en a fait la surprise aux 40 000 habitants d'Ettingen, en Allemagne.

A l'université de Columbia, des chercheurs ont prouvé que l'on pouvait obliger des imprimantes à surchauffer jusqu'à prendre feu, et d'autres ont exploité les failles des systèmes de vidéoconférence en pénétrant tranquillement dans des salles de réunion de cabinets d'avocats. Dans les hôpitaux, les scanners, rayons X et pompes à perfusion peuvent aussi être contrôlés à distance.

Le danger peut aussi venir des défibrillateurs publics : un hackeur a montré qu'il pouvait envoyer une décharge de 830 volts à 15 mètres de distance dans plusieurs défibrillateurs cardiaques. Le choc aurait été létal si les appareils avaient été utilisés à ce moment-là pour réanimer un patient. Effrayé, Dick Cheney, l'ancien vice-président américain, a fait désactiver la connexion de son pacemaker !

La vraie faute de Google : nier le risque et le problème éthique

Les adeptes des théories du complot naissent et se multiplient en ligne, et certains se posent ouvertement la question : Google est-il en train de construire une unité de robots capable de réduire l'humanité en esclavage ? Si sa grande mission est de lutter contre le vieillissement et d'approcher l'immortalité, les robots pourraient faire partie du plan… le jour où l'on pourra transférer nos consciences dans des machines.

Au fond, ce qui traumatise les gens les plus sérieux, c'est l'idée d'une conscience planétaire, imprégnant tout le réseau. Car la machine aura accès à toutes les données des particuliers : smartphones, montres connectées, caméras de surveillance, voitures, drones... Nous entrerons dans un système contrôlé et surveillé par une puissance inconnue. Un système que l'on ne saura pas contrôler. Or il n'y a rien de plus angoissant que l'idée de la perte de contrôle.

Pour Laurent Alexandre, le danger est bien réel et il faut en tirer les conclusions : « A l'ère des prothèses cérébrales, le risque de neuro-manipulation, de neuro-hacking et donc de neuro-dictature est immense. Nous devons en conséquence encadrer le pouvoir des neuro-révolutionnaires comme Google : la maîtrise de notre cerveau va devenir le premier des droits de l'Homme. »

Google est une société privée, donc incontrôlable. Elle sévit dans tous les domaines porteurs de dangers : la manipulation génétique, la bio-ingénierie, l'hybridation homme-machine... Sans doute ses dirigeants ne sont-ils pas des déséquilibrés, sans doute sont-ils sincères dans leur envie affichée de rendre le monde « meilleur », mais que se passerait-il s'ils perdaient le contrôle financier de leur société ? Ou si des hackeurs les faisaient chanter pour réaliser leurs scénarios meurtriers ?

Même si l'on croit à la bonne foi de Google, peut-on écarter tout risque de voir l'intelligence artificielle forte nous éliminer un jour de la surface de la Terre ? Une programmation utilitariste et libérale de l'intelligence artificielle ne serait-elle pas un danger pour les humains, perçus comme inutiles par la machine ?

Pour calmer les inquiétudes que suscite Google quand il joue avec le feu, Eric Schmidt explique que « l'enthousiasme suscité par l'infinité des possibles l'emporte sur les sujets d'inquiétude hypothétique » (*Les Echos*, juillet 2016). Et des chercheurs de l'écosytèsme Google ont annoncé, par la voix de Laurent Orseau dans *Le Monde*, réfléchir à « un moyen de désactiver un programme, sans que celui ci ne s'y oppose ». Autrement dit, une sorte de bouton rouge qui obligerait l'intelligence artificielle à obéir à l'homme. Car la machine peut « ruser » à sa manière : on a vu un programme qui, pour éviter de perdre à Tetris, avait choisi de mettre le jeu sur « pause » indéfiniment... Malheureusement, il semble que cette annonce soit surtout une opération de communication.

Google ne possède, à notre connaissance, qu'un seul comité d'éthique, dans sa filiale Google DeepMind. Un contre-exemple absolu : DeepMind est en effet une entreprise britannique, installée à Londres, dont les fondateurs ont conditionné le rachat par Google à des garanties en termes d'éthique ! Demis Hassabis, le patron et fondateur, ne veut surtout pas être assimilé à Ray Kurzweil. D'où la création de ce comité, composé de membres des deux entreprises et de chercheurs indépendants. Cependant, ses réflexions n'ont jamais été communiquées. Les autres entités du groupe, et en particulier Google Brain, ne possèdent pas de structure garantissant leur éthique. Ce n'est pas le cas non plus, à notre connaissance, pour la nouvelle équipe de chercheurs experte en *deep learning* que Google a installée à Zurich en juin 2016, et qui est dirigée par un Français, Emmanuel Mogenet.

Une fois encore, la vraie faute de Google réside dans ses certitudes : convaincu qu'il détient la Vérité, il ignore – ou veut ignorer – tous les défis éthiques, voire existentiels que posent ses avancées technologiques.

Conclusion

Peut-on encore arrêter Google ?

Derrière la technologie se cache l'idéologie. Derrière l'algorithme, la vision du monde. Derrière les équipements et les programmes ultra-performants de Google se trouvent les hommes qui les conçoivent, leur manière de penser la société, une perception de la vie qui coïncide avec leurs intérêts et leurs habitudes. Google, c'est à la fois une logique implacable de récupération des données personnelles afin de les monétiser, et la poursuite plus aléatoire des obsessions de ses fondateurs : le transhumanisme, la guérison de Parkinson ou le steak sans viande.

Google-Alphabet n'est pas une société capitaliste traditionnelle, rêvant de vivre de ses rentes. Obsédée par la peur d'être dépassée par un concurrent, elle qui en a dépassé tant d'autres, elle prend des positions dans tous les champs d'innovation possibles, mue par une impérieuse volonté d'hégémonie. Elle n'est pas la victime d'une théorie du complot, car elle n'a pas de dessein secret : ses objectifs sont clairement affichés.

Larry Page et Sergey Brin sont ambitieux et « solutionnistes » : ils croient que la technologie aura réponse à tout. Non seulement elle trouvera les algorithmes qui régissent nos comportements, notre santé, nos amours, notre bonheur, mais elle ira au-delà. L'ambition de Google est politique, voire messianique. « Ces deux hommes se voient comme des gens capables d'élever la conscience humaine et de sauver le monde », confirme Fred Turner, professeur à Stanford, auteur d'un ouvrage sur les racines culturelles de l'utopie numérique[1]. Google incarne, à ses yeux, la réalisation d'un rêve de la contre-culture : la construction d'une communauté de conscience à l'échelle planétaire.

Microsoft aussi a longtemps été dirigé par un fondateur, Bill Gates, qui voulait changer le monde, même s'il le clamait moins fort. Il y est parvenu, à la manière américaine, grâce à sa fondation dotée de 3 milliards de dollars ; il ridiculise aujourd'hui l'Organisation mondiale de la santé avec son programme de vaccination, redoutablement efficace en Afrique. Facebook aussi a de grandes ambitions en matière de recherche fondamentale, sur l'intelligence artificielle en particulier.

Mais la différence entre Google et Facebook, ces deux géants du troisième millénaire qui par bien des aspects se ressemblent – même précocité des dirigeants, même réussite fulgurante, même ambition illimitée, même volonté de rendre le monde transparent pour une vie meilleure –, tient à cette philosophie que résume Peter Thiel, un des premiers investisseurs de Facebook, et l'un des entrepreneurs les plus circonspects face à l'intelligence artificielle : « Au cœur de Google, il y a la conviction qu'*in fine* le monde tournera autour des ordinateurs et que ceux-ci feront tout. Pour Facebook, les gens doivent rester maîtres de la technologie. L'essentiel est de les aider à s'organiser eux-mêmes. »

A l'origine, Larry Page et Sergey Brin voulaient « simplement » organiser toute l'information du monde. Pour

1. *Aux sources de l'utopie numérique. De la contre-culture à la cyberculture*, C & F Ed., 2013.

financer ce projet, ils ont spolié notre vie privée. Même si, pour l'heure, peu de gens s'en plaignent, faute d'en avoir subi concrètement les désagréments, Google vampirise nos vies : il se nourrit de nos contenus, de nos envies, de nos actions – du « misérable tas de petits secrets » auquel l'homme se résume, selon l'expression d'André Malraux, qui avait les siens. Peut-être la notion de secret n'a-t-elle plus de sens, peut-être est-elle anachronique. Vouloir protéger son intimité finit par paraître ringard. La mise en scène permanente semble être la contrepartie de « l'économie de partage » : on partage tout. Les capteurs dont nous sommes peu à peu bardés font de nous des *hubots*, des robots humanoïdes, dont on sait à tout moment où ils sont, ce qu'ils font, ce qu'ils disent, et ce qui, dans leur corps, fonctionne ou ne fonctionne pas.

La société de haute surveillance ne pouvait exister qu'avec notre consentement. Alors nous avons consenti. L'anonymat est devenu un luxe. Le fondateur d'Apple, feu Steve Jobs, conduisait une voiture sans plaque d'immatriculation.

Ce n'est qu'un danger accepté parmi d'autres. De moteur de recherche, Google est devenu ouvertement, par choix délibéré, moteur de recommandation : il élimine de plus en plus de choix naturels, pour les remplacer par des liens sponsorisés et engranger des recettes supplémentaires. « Nous sommes en train de passer implicitement d'un modèle de prévision ou d'aide à la décision à un modèle de prescription », dénonce Milad Doueihi, historien titulaire de la chaire « Humanisme numérique » à Paris IV, dans un entretien au *Magazine Littéraire*[1]. Cette évolution est préoccupante sur le plan éthique

1. « L'humaniste d'aujourd'hui est un geek éclairé », entretien avec Pierre Assouline, *Magazine Littéraire*, n° 569, juillet-août 2016.

autant qu'économique ou politique. Le libre arbitre, déjà fragilisé, est sans cesse appauvri.

Pour Google, *the sky is (not) the limit*

Nous assistons à la genèse d'un grand cerveau mondial qui, lorsqu'il ne nous dicte pas notre conduite, ne nous laisse plus que la possibilité d'« opter », c'est-à-dire de faire notre choix au sein d'un pré-choix opéré par lui, à grands coups d'abus de position dominante. Page et Brin ont vampirisé le monde de l'Internet, donc le monde tout court.

Google se déploie dans tant de domaines qu'il donne le sentiment de se développer au hasard, au gré des opportunités. Mais Eric Schmidt, lors d'une de ses gaffes désormais légendaires, a donné la clef du mystère, en 2006, à *Time* : « Nous nous efforçons, avec beaucoup de minutie, de donner le sentiment d'être une entreprise fourre-tout. En fait, tout cela est très rigoureusement piloté... »

De fait, depuis son lancement en 1998, Google s'est longtemps contenté de décliner son métier de base sur de nouveaux territoires. C'est l'exploitation des données personnelles qui lui apporte les neuf dixièmes de ses recettes. Il a commencé avec les pages Web, continué avec l'image en rachetant Picasa, puis l'e-mail avec Gmail, les cartes avec Google Maps, la vidéo avec YouTube, les logiciels de tableau de bord avec Android Car, le paiement avec Android Pay... Chaque fois, tout en restant gratuit pour l'utilisateur, il engrange de nouvelles recettes *via* la publicité. L'automobile, la santé ou la robotique deviennent de nouveaux champs de collecte de données pour Google. Autant de marchés gigantesques dont les algorithmes sauront faire leur miel. Pas de doute, tout cela est rigoureusement piloté...

Google s'est rebaptisé Alphabet, il a réparti ses différentes activités en utilisant une lettre pour chaque bloc, mais il foisonne toujours d'idées et de projets : il veut tuer la mort (Calico), faire fonctionner l'intelligence artificielle (Google DeepMind), trouver le secret du cancer et guérir le diabète (Verily, 23andMe...), créer un maillage planétaire pour l'accès à Internet grâce à des ballons et des drones (Project Loon et Projet Titan), faire rouler des voitures autonomes (Google Car), vendre des robots (Replicant), investir du capital dans les jeunes entreprises (Google Ventures), être le roi de la domotique (Nest), assurer des livraisons par drones (Projet Wing), ou travailler sur la ville du futur (Sidewalk Labs)... Bref, *the sky is the limit* – et encore ! le ciel peut-il l'arrêter ? « Tout ce que vous imaginez est sans doute réalisable, répète Larry Page à ses salariés. Vous avez juste à le concevoir et à y travailler. » Le concevoir ou aller le prendre ailleurs : depuis l'an 2000, Google a racheté près de deux cents sociétés et, avec elles, les cerveaux les plus performants.

Le savoir, c'est le pouvoir : avec un Alphabet, on écrit le monde

Peu à peu, Google a changé d'échelle : aujourd'hui, son objectif majeur est de tuer la mort et de fabriquer l'être parfait. Il se prend pour Dieu : le nouveau nom de sa holding en témoigne. Le discours officiel, certes, est pragmatique : « Alphabet » a été choisi parce qu'Alpha symbolise le retour sur investissement et *bet*, en anglais, le « pari ». Sauf que Google ne mesure pas le rendement de ses *moonshots* (ses « paris fous »), tant il gagne d'argent avec son moteur de recherche...

Les interprétations du nouveau nom qui ont pu être faites en France comme aux Etats-Unis sont souvent très candides : « L'alphabet évoque un certain rapport à l'enfance, qui se veut curieuse, innocente et désintéressée, analyse ainsi Alexandre Hurel, spécialiste du naming de l'agence Creads. Malgré son succès, Google reste un petit trublion smart, le leader de la cour de récré qui défend les plus faibles et met son imagination débordante au service de ses camarades. »

Mais il existe des analyses moins naïves du nouveau nom. La spécialiste du langage Jeanne Bordeau raconte avoir frissonné en le découvrant. Elle l'a expliqué à L'Usine Digitale : « Comme toujours, ce que fait Google est intelligent. Il y a 3 000 ans, les Phéniciens étaient les premiers à créer un alphabet. Et c'est avec l'alphabet qu'on écrit les histoires dans les mémoires. C'est un code universel communément admis, qui englobe tout le champ des possibles. » Or le savoir, c'est le pouvoir : « Il fonde l'ordonnancement de l'univers : avec l'alphabet, on écrit le monde. » Qui s'approprie l'alphabet domine l'univers. CQFD.

Clin d'œil : dans l'appendice sur le vocabulaire de son roman visionnaire *1984*, George Orwell avait fixé l'adoption complète et définitive du « novlangue » à 2050. Alphabet prend de l'avance !

Le nouveau slogan de Google *Do the right thing* témoigne de la même envie de modeler le monde à son image : « *Do the right thing* sous-entend que vous savez ce qui est juste, remarque Jeanne Bordeau. Mais si vous faites le Bien dans l'univers, vous devenez le Créateur ! » Les googlers ont la conviction de guider l'humanité sur le chemin de la Vérité.

Big Brother… ou Big Mother ?

La poursuite de cette fabuleuse croissance et de ces projets « insensés » suppose une connivence avec les autorités américaines qui, à défaut, auraient déjà dû sanctionner la société, voire la démanteler au nom de la loi antitrust. Mais elles n'ont guère envie de se priver de ce géant mondial si utile : Google collabore, on l'a vu, avec la NSA, l'agence nationale de la sécurité. Il a fourni en 2015 les comptes de trois membres de Wikileaks, l'ONG de Julien Assange. Le gouvernement lui demande – Eric Schmidt l'a reconnu en 2013 – de surveiller 1 000 à 2 000 comptes chaque année. Même s'il s'en défend, Google devient donc un auxiliaire indispensable de la surveillance, au nom de la sécurité.

Ce n'est pas Big Brother qui nous regarde, c'est Big Mother qui nous surveille. Sébastien Desreux, normalien spécialiste de l'architecture des systèmes informatiques, l'a expliqué dans *Big Mother veille sur vous* : la NSA peut se faire passer pour Google afin de s'emparer massivement de toutes les données des internautes. Encore plus simple que de demander à la firme de « livrer » ses clients. Sous prétexte de s'assurer de notre bien-être, notre santé ou notre sécurité, Google et la NSA nous guettent donc vingt-quatre heures sur vingt-quatre. Nous nous en doutons, mais nous ne pouvons déjà plus nous passer de Google. Pourtant, si chacun avait réellement conscience des risques qu'il court, peut-être hésiterait-on avant de se jeter dans la google du loup.

Hégémonique, anticoncurrentiel et totalitaire à sa façon, Google, qui sait presque tout de nous mais dont nous ne savons presque rien, a conservé dans nombre de pays – la

France en tête – une image populaire et sympathique. Par quel miracle ?

D'abord, l'entreprise ne se prive jamais de rappeler qu'elle met *gratuitement* tous les savoirs du monde à la disposition de l'humanité. Un acte généreux, démocratique, quasiment philanthropique. Google utilise la gratuité de son principal produit – le moteur de recherche – pour se donner une coloration « économie collaborative », comme tous les nouveaux utopistes de l'Internet. Pourtant, non seulement la firme ne met pas en place une société plus équitable, plus solidaire et moins capitaliste, mais, comme le dénonce Luc Ferry dans *La Révolution transhumaniste*, elle crée, avec son monopole de fait, un « hypercapitalisme » « sauvagement concurrentiel, mercantile et calculateur ».

Ensuite, le fil rouge officiel de l'entreprise est celui de la Silicon Valley à la puissance 10 : toute initiative d'envergure doit être destinée à faire du monde *a better place*, « un meilleur endroit ». Il vend ses *moonshots*, comme des projets « fun », « cool » et altruistes. La Google Car va réduire les accidents et la pollution dans les villes ; les petits drones de livraison de Wing commencent par livrer des vaccins à des fermiers australiens isolés de tout et sauvent la vie du bétail ; les robots de Boston Dynamics (revendus récemment) lutteront contre les incendies les plus violents et épargneront les vies des pompiers… « Nous avons hâte de voir le jour où l'intelligence artificielle nous affranchira des tâches ennuyeuses », insiste Eric Schmidt, qui veut faire passer les recherches de Google pour « une démarche collective ». Google prétend vendre un monde plus rationnel et plus doux, mais cette promesse n'est qu'un mantra indispensable pour lever des fonds sur les marchés.

L'envers du décor : faites ce que je dis, pas ce que je fais

La vraie devise de l'entreprise n'est ni « *Dont'be evil* » ni « *Do the right thing* » mais plutôt « *Do what I say, don't do what I do* » (« Faites ce que je dis, ne faites pas ce que je fais »). Ainsi, Larry Page, Sergey Brin et Eric Schmidt, qui veulent lutter contre le réchauffement climatique, ont-ils investi dans les *greentech* et mis un point d'honneur à couvrir les toits de leur Googleplex de panneaux solaires ; mais ils ne se déplacent que dans leur Boeing 767-200 ou leur jet privé ! Ils ont même racheté un aéroport de la NASA situé près de leurs bureaux pour 1 milliard de dollars.

De même, Google veut la transparence, mais pour les autres seulement. En ce qui le concerne, la discrétion est de mise : personne ne sait combien de requêtes il satisfait, combien d'électricité il consomme, quelle capacité de stockage il possède, combien de rues il a photographiées ou combien de mails il a mémorisés… Car Google accorde beaucoup d'importance à sa vie privée !

Et même pour les salariés, le beau miroir – c'est-à-dire le Googleplex avec ses restaurants bio, ses vélos en libre service, ses clubs de sport, ses pelouses conviviales… – ne reflète qu'une partie de la réalité. « Chez Google, la différence entre les revenus des chefs et ceux des employés – dans les cuisines par exemple – est proprement inhumaine, dénonce Fred Turner. Or il y a beaucoup de gens dans les cuisines de Google. Aux dernières nouvelles, ils gagnaient 12 dollars de l'heure. Ce qui signifie qu'ils ne peuvent pas avoir d'assurance maladie : les compagnies d'assurance la leur refusent avec un salaire pareil. Pourtant ils travaillent dans l'entreprise la plus riche d'Amérique. »

Multiplier les projets innovants en passant pour un débutant génial et disruptif dans tous les domaines auxquels on s'attaque, conserver en apparence l'esprit de start-up, remettre tout en jeu et faire sans cesse des paris dans une ambiance de bouillonnement et d'émulation perpétuels permet à Google de conjurer le danger qu'il craint le plus : passer pour le Big Brother des temps modernes, laisser percevoir que le monde qu'il fabrique est orwellien, et risquer le démantèlement. Google ne veut pas donner le sentiment d'être une multinationale installée, vivant de ses rentes, acteur hégémonique du Web. Même s'il l'est ! Avec ses quelque 60 000 salariés, Google n'est pas une bande de jeunes sympathiques qui s'amusent en dehors de toute hiérarchie : c'est une société ultra-dominante qui a racheté plus de 200 sociétés et façonne ses marchés pour mieux les contrôler.

Rejeter en bloc le progrès n'aurait pas de sens. La technologie sauve des vies, efface les souffrances, fait sortir des millions d'humains du sous-développement : cette mutation planétaire est bénéfique. Il est difficile de ne pas rêver, avec les fondateurs de Google, de cancers guéris, de vieillesse vaincue, de drones humanitaires ou de routes 100 % sûres. Aussi sommes-nous naturellement empathiques face aux projets de Google, aussi nous laissons-nous séduire par les déclarations d'intention de ces « geeks illuminés » que semblent être restés ses fondateurs – le côté Tintin de Larry Page et beauf génial de Sergey Brin. Mais on ne peut ignorer les effets pervers de la politique de Google, car ils peuvent être considérables : les atteintes aux libertés individuelles sont avérées, les risques d'aliénation de la pensée humaine sont majeurs, les inégalités vont exploser face à la vieillesse, la maladie et la mort.

Pourquoi l'image de Google ne pâtit pas de ses agissements

Si Google demeure, pour une majorité de citoyens du monde, une marque populaire en dépit de la menace qu'elle représente, si elle réussit à ne pas être assimilée à Big Brother, elle le doit en partie à la posture de ses dirigeants, ces grands enfants au look savamment négligé. Le barbu grassouillet Sergey Brin ne pose dans les magazines qu'en short négligé et T-shirt noir. Il ne quitte même pas ses Croc en plastique beige pour passer à la télé. Quant aux cubes colorés qui représentent des lettres (toujours l'alphabet) sur le site de Google, ils évoquent l'école maternelle. Tout cela est aussi charmant qu'inoffensif : comment ces gens-là pourraient-ils mettre la planète en coupe réglée ?

En fait, rien n'est laissé au hasard pour que Google demeure ce champion de la e-réputation. A côté de son travail d'évangélisation (il est allé à la rencontre de 200 000 entrepreneurs et commerçants français afin de les aider à devenir, *via* les ventes en ligne, de belles success stories… et de bons clients pour la pub sur Google), la société effectue un spectaculaire travail de lobbying.

Comme le raconte Dominique Nora dans *L'Obs*, Google organise désormais, à Londres, des rencontres pour happy few influents – des *Zeitgests,* l'esprit du temps. Entre un show montrant comment la société de Mountain View va sauver l'humanité, des leçons de tennis avec Martina Navrátilová, un footing avec David Beckham et un brainstorming avec Stephen Hawking (qui nous alerte pourtant sur les dangers de l'intelligence artificielle !), les VIP repartent conquis.

Cette stratégie de soft power passe aussi par le financement de chaires universitaires (le management à HEC), de think tanks (Terra Nova), d'incubateurs de start-up (1 million d'euros pour le NUMA), de programmes de formation (pour les youtubeurs français, par exemple). Google a même ouvert, à Paris, un institut culturel, qui met en ligne des dizaines de milliers d'œuvres d'art. Et à Bordeaux, un « Pop Up Lab », un concept d'exposition éphémère gratuite, au cœur de la Cité du Vin. Et si la division philanthropique de l'entreprise n'est dotée « que » de 100 millions de dollars annuels, soit 0,7 % de ses bénéfices – une broutille, en comparaison des 3 milliards de la Fondation Bill-Gates, des milliards d'amende que pourrait lui infliger la Commission européenne et des dizaines de milliards d'impôts détournés –, elle est diablement efficace.

Grâce à cette stratégie très élaborée, non seulement l'entreprise passe pour « cool », mais son mode de management fait figure de modèle. *La Méthode Google : que ferait Google à votre place ?*[1] est un best-seller aux Etats-Unis ! Un comble pour une société accusée d'abus de pouvoir, de pratiques déloyales et de fraude fiscale. Et dont le modèle repose sur sa capacité à attirer les meilleurs candidats et à opérer une sélection impitoyable. Google reçoit 2 millions de CV par an, de quoi alimenter sa croissance en cerveaux brillants, ingénieurs, commerciaux ou financiers, à peine sortis de l'école ou déjà reconnus. Les jeunes gens qui souffrent du syndrome d'Asperger (une forme d'autisme) sont, dit-on,

1. Ed. SW Telemaque, coll. « Grands Doc », 2009.

très appréciés pour leur capacité d'abstraction et leur indifférence à la communication. Pour repérer les génies au berceau, Google organise même un Google Science Fair, un concours qui lui a permis de repérer un collégien de Meurthe-et-Moselle qui, à quatorze ans, a inventé un robot-jardinier...

Reste à garder tous ces hauts potentiels. Le service des Ressources humaines a le culte de l'excellence et de la méritocratie, à l'instar des fondateurs. Chez Google, on distingue, dénoncent les plus critiques, deux sortes de salariés : les meilleurs, appelés « chevaliers » (*knights*), véritable puissance créatrice de la firme, doivent jouir de toute la liberté possible. Quant aux « manants » (*knaves*), les médiocres, il faut les écarter pour qu'ils ne contaminent pas les autres, car ils vivent dans l'aigreur et le ressentiment. Cela crée une structure où « les employés sont tellement en compétition que l'on n'a plus vraiment besoin de management ».

Les dirigeants de Google l'ont théorisé dans leur livre *How Google Works*[1], aujourd'hui enseigné dans les écoles de management. Mais d'aucuns prétendent qu'à Mountain View il y a tellement de « gens formidables » que la frustration l'emporte souvent sur l'émulation. Et qu'une chambre d'écho se crée : tous les salariés, venus des mêmes dix premières universités avec la même vision du monde et les mêmes centres d'intérêt, ont finalement le même profil. Un anonyme raconte ainsi qu'il a croisé une centaine de triathlètes en trois ans ! Il n'empêche : ce processus de sélection contribue à renforcer l'hégémonie de la firme.

1. Un livre d'Eric Schmidt et Jonathan Rosenberg, Copyrighted Material, 2014.

Il existe des solutions pour arrêter Google…

Tout se passe comme si nous préférions ne pas savoir ce que deviennent les données que nous offrons tous les jours à Google sur un plateau, et qui font sa fortune. Les avertissements d'Edward Snowden, cet ancien de la CIA et de la NSA qui a révélé le programme Prism, n'ont pas suffi : trop peu d'internautes, en France ou ailleurs, se sentent concernés. Il existe pourtant des solutions pour conserver les services de Google en supprimant les risques qu'il nous impose, aussi bien en matière de vie privée que de concurrence déloyale. Il n'est d'ailleurs pas impossible de le faire reculer : Google a arrêté la vente de ses Google Glass expérimentales parce que des centaines de citoyens se sont rebellés face à cette intrusion trop palpable, trop concrète dans leur vie privée. Comme le dit Pierre Bellanger, web-entrepreneur et fondateur de Skyrock, un des rares Français qui n'ait jamais hésité à dénoncer ouvertement le siphonage par Google non seulement de la publicité, mais de nos emplois, nos données, notre propriété intellectuelle et notre fiscalité : « L'internetocratie fait passer sa souveraineté réelle pour une liberté théorique, soumise en fait à son seul contrôle[1]. » Voici quelques pistes d'action possibles.

D'abord, il est possible de donner un coup d'arrêt à l'expansionnisme du moteur de recherche, car il existe des concurrents de bonne qualité, comme Bing ou DuckDuckGo. La France est le pays où Google est le plus puissant, alors que nous avons à notre disposition le moteur « made in France » Qwant ! Les Allemands du groupe de médias Axel Springer, qui ont lutté contre l'hégémonie de Google, ont pris une participation dans

1. Pierre Bellanger, *La Souveraineté numérique*, Stock, 2014.

Qwant. Mais l'immense majorité des Français ne le connaît pas et n'est pas incitée à l'utiliser. Pourtant, il pourrait être le socle d'une véritable alternative européenne à Google. Bien que Qwant ait passé des accords avec l'Education nationale, les pouvoirs publics semblent baisser les bras devant la puissance de Google. Ils préfèrent négocier avec lui, ce qui a abouti à la création du FondGoogle-AIPG pour la presse.

Deuxième piste, maintes fois brandie comme une menace : la scission. Il s'agit de séparer l'activité moteur de recherche des autres activités commerciales (dans le tourisme, la cartographie, etc.), afin d'empêcher Google d'utiliser sa situation ultra-hégémonique dans le premier pour tuer ses adversaires dans les secondes, autrement dit en finir avec ses abus de position dominante ! Le Parlement européen s'est emparé de cette idée : il a adopté, en novembre 2014, une motion – purement symbolique – qui suggère ainsi de couper Google en deux. Plus sérieusement, la commissaire européenne Margrethe Vestager a ouvert, on l'a vu (chapitre 5), trois fronts anti-Google.

En France aussi, un début de résistance commence à s'organiser : la sénatrice UDI Catherine Morin-Desailly (qui a déjà appelé à plusieurs reprises de ses vœux un « sursaut européen ») a fait voter au Sénat en mai 2016 un amendement anti-Google, pour éviter que nous devenions « une colonie numérique des nouveaux empereurs de la Silicon Valley ».

Mais les Français eux-mêmes ne semblent guère mobilisés. « En Europe, la Silicon Valley ne génère pas la même suspicion que Wall Street », s'étonne Evgeny Morozov, chercheur en histoire des sciences à Harvard. Peu de gens, mis à part les médias et les acteurs de l'Internet en concurrence directe avec Google, s'intéressent à la bataille de la commissaire européenne.

La transformation de Google en bien commun est la troisième solution, certes extrême. Il s'agit de prendre au mot les fondateurs de Google qui aimeraient qu'on considère leur entreprise comme une ONG qui, par hasard, gagnerait de l'argent ; ce serait presque vrai si ses classements étaient toujours objectifs et qu'il n'en profitait pas pour vendre ses propres produits et tuer ceux des autres. Pierre Mounier, chercheur en humanités numériques et créateur du site homo-numericus.net, estime que Google devrait être un bien commun de l'humanité puisqu'il exploite des biens communs : « Il marchandise une certaine forme de communisme », dit-il. Google se nourrit en effet de nos vies, de nos actions, des contenus que nous produisons et qu'il monétise… En ce sens, Google nous appartient. Pierre Mounier a donc proposé dans le journal *L'Humanité* que ce soit l'Unesco qui hérite de la gouvernance du moteur de recherche, principale source mondiale d'accès au savoir et à l'information. Mais cette idée est utopique car si l'on devait en venir à cette extrémité, les Etats-Unis préféreraient encore nationaliser eux-mêmes Google… ce qui, pour les Européens, ne changerait pas grand-chose !

Les autres activités disruptives qu'Alphabet finance grâce à son moteur engendrent bien d'autres dangers qui appellent à une prise de conscience. Concernant les recherches transhumanistes, et l'eugénisme qui y est associé, il est urgent de lancer une réflexion sociétale à l'échelle de la planète. Cette réflexion, qui ne concerne pas que Google, doit déboucher sur une réglementation et des lois sur l'éthique des recherches. Ces sujets sont existentiels.

Or, en France, les hommes politiques ne les abordent pas, même pendant les campagnes électorales.

... mais beaucoup d'obstacles empêchent de les appliquer

Google est plus fort qu'un Etat, et l'Etat américain, le plus puissant d'entre eux, le soutient. Barack Obama, dont les campagnes ont été en partie financées par les entreprises de la Silicon Valley, a joué le rôle de lobbyiste en chef pour Google du début à la fin de son mandat. Il a même chapitré François Hollande, lors de sa visite à Washington en 2014, sur le thème « la France a tout à perdre à brider l'innovation en créant des lois dirigées contre les grands acteurs de l'Internet ». Donald Trump aura probablement la même attitude : *America first !*

Google a toujours été un généreux donateur politique. Il paye le moins d'impôts possible, mais il distribue généreusement ses subsides aux candidats américains, afin d'influer ensuite sur leur politique. En 2014, Google est passé devant Goldman Sachs en tant que premier bienfaiteur politique du pays. Et, à titre privé, Eric Schmidt pointe loin devant tous les autres « généreux donateurs » avec 504 000 dollars. Bill Gates, avec 82 500 dollars, n'arrive qu'à la quatrième place.

L'Etat fédéral n'agit pas contre Google. Car ce dernier a convaincu tous les politiques qu'il était une entreprise à part et qu'il incarnait l'avenir de l'économie mondiale. A tous il a délivré, en substance, le même message : « Vous ne comprenez rien à ce que nous faisons. Nous, on prépare un monde meilleur. Laissez-nous tranquilles. » Et puis surtout, on l'a vu, Google, volontairement ou malgré lui, est une pièce maîtresse de la politique sécuritaire du pays.

Autrefois, les « visionnaires » appartenaient à la classe politique. Aujourd'hui, aucun grand parti n'a heureusement pour objectif de changer le monde ou de créer des surhommes. Cela n'en évoque pas moins un passé douloureux. L'hégémonie de Google, qui veut résoudre tous nos problèmes, quitte à transformer la race humaine, porte en germe un nouveau totalitarisme. D'autant que l'outil peut tomber un jour entre de « mauvaises » mains : que se passerait-il si un nouvel Hitler ou un dictateur nord-coréen prenait le contrôle de Google, de toutes les données qu'il conserve et de toutes les entreprises qu'il possède ?

Est-il sage d'apprendre à une machine à cacher ses intentions ?

Nous n'avons pas conscience d'être tombés sous le joug d'un capitalisme qui nous asservit en prétendant nous servir. Nous protestons contre les gouvernements qui espionnent nos mails ou nos déplacements, mais nous les confions sans hésiter à des entreprises privées américaines qui les leur livreront pour peu qu'ils le leur demandent.

Loin d'être un simple enjeu commercial, il s'agit d'un enjeu de civilisation. Les employés de Google sont au service de la vision du monde de la Silicon Valley, même s'ils pensent œuvrer pour un monde meilleur. Cette *weltanshauung* transhumaniste, solutionniste et profondément inégalitaire n'a pas grand-chose de commun avec les valeurs humanistes européennes. Les modes de régulation restent à inventer. Le politique, qui a laissé le pouvoir aux petits génies de la tech, doit reprendre le contrôle avant qu'il ne soit trop tard.

En dépit du danger qu'incarnent Google et ses pairs, nous sommes de plus en plus dépendants d'eux, car « accro » à nos portables : la moitié des Américains disent qu'ils préféreraient perdre l'odorat que leur smartphone ! Nous sommes atteints d'anesthésie cognitive : autrement dit, nous perdons notre capacité de discrimination et d'analyse critique.

Dans sa volonté d'orienter le destin de l'humanité, quitte à changer l'espèce humaine, Google-Alphabet a ouvert un chantier sans précédent dans l'histoire – sinon, peut-être, la bombe nucléaire. « Aujourd'hui, il n'existe au monde qu'un seul embryon d'intelligence artificielle : Google, écrit Laurent Alexandre, médecin chef d'entreprise et spécialiste des questions éthiques liées aux nouvelles technologies. Il s'agit encore d'une intelligence artificielle débonnaire dépendante de l'Humanité et qu'il n'est guère difficile de débrancher. Mais demain ? »

Nous ne sommes pas dans l'utopie. La frontière entre le transhumanisme, l'homme augmenté, et le post-humanisme, les humains cyborgs aux gènes fabriqués, dotés d'intelligence artificielle, sera vite franchie. Le conflit entre les humains biologiques et les post-humains semble dès lors inéluctable, et les plus avancés seront tentés d'éliminer les archaïques, ou de les considérer comme une race inférieure, à réduire en esclavage.

Est-il sage d'apprendre à des intelligences artificielles, comme AlphaGo, à manipuler les êtres humains en leur cachant ses intentions ? Nick Bostrom, le philosophe suédois passionné de technologies, estime qu'il ne peut y avoir sur la terre qu'une seule espèce intelligente. Puisque toute espèce intelligente, qu'elle soit biologique ou technologique, a pour premier objectif sa propre survie : dès lors, l'IA forte n'aura de cesse de se débarrasser des concepteurs humains qui essaient de la brider – et qui sont les seuls à pouvoir la débrancher –, et elle saura leur cacher ses desseins meurtriers… Elon Musk, P-DG de Tesla et fondateur de la navette SpaceX, n'hésite pas à nous alerter : « Avec l'intelligence artificielle, nous invoquons un démon. »

La disparition de l'*Homo sapiens* est programmée

Peut-on laisser une poignée de geeks, aussi brillants soient-ils, prendre les décisions les plus importantes de notre histoire ? Le monde qu'ils affectionnent est celui où s'exacerbe l'égoïsme matérialiste, or ils décident seuls de ce qui est bon ou mauvais pour les citoyens, de ce qu'est le progrès et de l'étendue des désagréments que nous accepterons en son nom. Ici, quand la science progresse, la conscience régresse… Si nous n'avons pas le pouvoir, nous détenons collectivement la puissance : à nous de décider si nous voulons – ou non – de ce monde qu'on nous prépare.

« L'histoire a commencé quand les hommes ont inventé les dieux, explique l'historien Yuval Noah Harari. Elle s'achèvera quand ils deviendront des dieux. » La disparition de l'*Homo sapiens* est programmée : elle sera le dommage collatéral des travaux de Google et de ses pairs. L'homme tel que nous le connaissons sera remplacé par un être entièrement nouveau dont le physique sera différent, mais dont l'univers cognitif et émotionnel sera aussi très différent. Pour ce professeur diplômé d'Oxford et auteur de *Sapiens, une brève histoire de l'humanité*[1], le rideau va

1. *Op. cit.*

probablement tomber sur l'histoire de *Sapiens*, et même si nous ne savons pas exactement quand, nous faisons partie des dernières générations.

Boris Vian ironisait sur cette « évolution inéluctable qui, parallèlement à ce grand courant partant du singe pour aboutir à l'homme, part de l'homme pour aboutir à l'imbécile ». Google fait partie de ceux qui nous conduisent vers la post-humanité, sans réfléchir aux risques qu'elle engendre. George Annas, professeur et spécialiste de bioéthique à Harvard, n'hésite pas à annoncer un « génocide génétique » : il voit en la post-humanité une arme de destruction massive. Comme avec la bombe atomique et les armes biologiques, l'homme peut être tué par sa créature.

Comment refuser l'augmentation de l'espérance de vie, l'immortalité ? L'histoire a montré que l'homme ne résiste jamais à l'attrait de la nouveauté et du progrès, même s'ils sont porteurs de risques. Le chasseur-cueilleur, lorsqu'il s'est sédentarisé il y a dix mille ans, a perdu au change, comme l'a montré Yuval Noah Harari : « Loin d'annoncer une ère nouvelle de vie facile, la Révolution agricole rendit généralement la vie des hommes plus difficile, explique-t-il dans *Sapiens*. Les chasseurs-cueilleurs occupaient leur temps de manière plus stimulante et variée et se trouvaient moins exposés à la famine et aux maladies. » Si la Révolution agricole a bien augmenté la somme totale de vivres à disposition de l'humanité, cette nourriture supplémentaire ne s'est traduite ni par une meilleure alimentation, ni par davantage de loisirs. Elle s'est plutôt soldée par des explosions démographiques et l'apparition d'élites choyées. « Le fermier moyen travaillait plus dur que le fourrageur moyen, mais se nourrissait moins bien. » Pour Harari, le verdict est sans appel : « La Révolution agricole fut la plus grande escroquerie de l'histoire. » Et l'histoire s'est souvent répétée : faute de réflexion collective, les avantages d'une innovation à court terme l'ont toujours emporté sur ses inconvénients prévisibles à long terme.

Qui peut aujourd'hui mettre un coup d'arrêt aux ambitions totalitaires de Google ? Le débat est à peine esquissé, les critiques feutrées. Pourtant, il semble vital sinon de stopper, du moins d'encadrer les recherches sur l'intelligence artificielle. Comment cerner ses dangers ? Et si, pour une fois, le principe de précaution était vraiment utile ? La vitesse des avancées technologiques prend de court les réflexions législatives ou morales. Pourtant, il est grand temps de s'emparer du sujet et d'en débattre, de créer des comités d'éthique nationaux et internationaux, d'exiger de Google la transparence autant sur ses algorithmes que sur ses programmes de recherche. « Un pouvoir citoyen doit s'organiser et des contre-pouvoirs sont indispensables, estime Laurent Alexandre, qui alerte depuis plusieurs années l'opinion publique du danger. Nous devrons réguler un monde qui aura la capacité de s'améliorer et de progresser sans nous. » Et avant tout, nous assurer que nous gardons le rôle de chef d'orchestre.

Au XXIe siècle, qui contrôle l'intelligence artificielle contrôle le monde. Google a viré en tête. Ses moyens financiers, qui progressent de façon quasi exponentielle, lui assurent de garder son avance. Et le piège qu'il nous tend, plein de bonnes intentions, se refermera sur l'humanité. Il faut contrôler Google avant qu'il devienne incontrôlable.

Bibliographie

Ouvrages

Sébastien Desreux, *Big Mother veille sur vous, vous surveille*, H&K, 2013.

Pascal Perri, *Google, un ami qui ne veut ne vous veut pas que du bien*, Anne Carrière, 2013.

Pierre Bellanger, *La Souveraineté numérique*, Stock, 2014.

Olivier Levard, *Nous sommes tous des robots*, Michalon, 2014.

Laurent Alexandre et David Angevin, *Google démocratie*, Naïve, 2011.

Dave Eggers, *The Circle*, Ed. Vintage Books, 2014.

John Battelle, *The Search : How Google and Its Rivals Rewrote the Rules of Business and Transformed Our Culture*, Ed. Portfolio, 2005.

Steven Levy, *In the Plex : How Google Thinks, Works and Shape Our Lives*, Simon and Schuster, 2011.

Scott Cleland, *Search and Destroy : Why You Can't Trust Google Inc.*, Telescope Books, 2012.

Dominique Nora, *Lettres à mes parents sur le monde de demain*, Grasset, 2015.

Evgeny Morozov, *Pour tout résoudre cliquez ici*, Fyp Editions, 2014.

Ray Kurzweil, *The Singularity Is Near : When Humans Transcend Biology*, Penguin Books, 2006.

Luc Ferry, *La Révolution transhumaniste*, Plon, 2016.

Gilles Babinet, *Big Data, penser l'homme et le monde autrement*, Le passeur, 2016.

Yuval Noah Harari, *Sapiens*, Albin Michel, 2015.

Marc Dugain et Christophe Labbé, *L'Homme nu*, Robert Laffont-Plon, 2016.

Fred Turner, *Aux sources de l'utopie numérique*, C&F Editions, 2012.

Eric Schmidt et Jonathan Rosenberg, *How Google Works*, Grand Central Publishing, 2014.

Eric Sadin, *La Vie algorithmique : critique de la raison numérique*, L'Echappée Editions, 2015.

George Orwell, *1984*, Penguin classics, 2013.

Aldous Huxley, *Brave New World*, Harper Perennial, 2006.

Pierre Boulle, *La Planète des singes*, Omnibus, 2011.

Articles et publications universitaires et scientifiques

« Liberté. Inégalité. Immortalité », numéro spécial de *Philosophie Magazine*, n°83, octobre 2014.

Mathias Döpfner, lettre à Eric Schmidt, publiée dans le *Frankfurter Allgemeine Zeitung*, 22 avril 2014.

Jeanne Bordeau, « Avec l'alphabet, on écrit le monde », 8 décembre 2015, interview par Emmanuelle Delsol dans usinedigitale.fr

Laurent Alexandre, « Et maintenant Google annonce l'immortalité pour la fin du siècle », Atlantico, 12 août 2015.

Gabriel Grésillon, « Android : les trois abus dont Bruxelles rend responsable Google », lesechos.fr, 14 juillet 2016.

Robert Epstein et Ronald E. Robertson, « The Search Engine Manipulation Effect and its Possible Impact on the Outcomes of Elections », PNAS, 8 juillet 2015.

Milad Doueihi, « L'humaniste d'aujourd'hui est un geek éclairé », entretien avec Pierre Assouline, *Le Magazine littéraire*, n° 569, juillet-août, 2016.

Pierre Marissal, « Le futur que Google nous prépare », *L'Humanité*, 29 juillet 2015.

Olivier Babeau (fondation Concorde), « Comment la voiture autonome va changer nos sociétés », *Les Echos*, 12 juillet 2016.

Ethan Baron, « Is Hollister's hovering aircraft Google co-founder's flying car ? », *The Mercury News*, 22 octobre 2016

Bibliographie

Gérard Berry, « Non, l'intelligence artificielle ne menace pas l'humanité ! », propos recueillis par Olivia Recasens, Lepoint.fr, 18 mai 2015.

Ethan Baron, « Google patent : Glue would stick pedestrian to self-driving car after collision », *The Mercury News*, 17 mai 2016.

Louis Pouzin, Chantal Lebrument et Pierre Bellanger, « Comment Google a changé l'Internet sans vous le dire », *Le Monde*, 6 mai 2016.

Betsy Sparrow, Jenny Liu, Daniel M. Wegner, « Google effects on memory : cognitive consequences of having information at our fingertips », *Science*, 5 août 2011.

Chris Thompson, « Is Google Draining or Retaining », Slate, 2 juin 2008.

Dominique Nora, « Google en France : le vrai pouvoir du Léviathan numérique », *L'Obs*, 2 juin 2016.

Delphine Cuny, « La Silicon Valley est-elle sexiste ? » (à propos de l'article de Nina Burleigh dans *Newsweek*), Latribune.fr, 8 février 2015.

Sandrine Bajos et Jean-Baptiste Jacquin, « Les institutions françaises ferment leur porte à Google », interview de Carlo d'Asaro Biondo, *La Tribune*, 22 juin 2010.

Remerciements

Un grand merci tout d'abord aux proches qui m'ont aidée, par leurs idées originales, leurs expériences ou la recommandation d'articles, de films ou de vidéos : Vincent Desportes, Pierre-Alexandre Péraldi, Maxime Mondésir. Merci à Manuel de Bonneval pour les livres qu'il m'a offerts et les réflexions qu'il m'a livrées. Merci à Daniel Temam pour ses relectures avisées et ses critiques. Merci à mes parents, Nadette et Michel, qui ont toujours été en première ligne pour m'encourager ou me cocooner lors des phases finales d'écriture.

Merci à tous ceux qui ont accepté de participer au brainstorming destiné à alimenter les parties « fiction » du livre : Daniel Herbera, Adrien Guilleminot, Alexandre Malafaye, Eric Léandri, Katherine Menguy, Michel Conin, William Coop, Maxime Mondésir... ainsi qu'à Corinne Pitavy pour sa créativité.

Merci aussi à ceux qui ont provoqué en moi, par des discussions impromptues ou des articles, des « déclics » : Jeanne Bordeau, Alain Bosetti, Anne-Katell Mousset, Charles Foucault, Aurélie Barbaux, Emmanuelle Delsol, Ridha Loukil, Julien Bergounhoux, Sylvain Arnulf, Christophe Bys, François Jacquemont, Dominique Michel.

Merci à mes amis Dominique Mataillet, Eric Meyer, François Coussement, Lydia Bacrie et Etienne Demailly, avec qui j'ai régulièrement échangé sur ces sujets et qui ont suivi l'avancement des travaux. Et à Sabine Bouquet, qui m'a fait gagner beaucoup de temps.

Merci au maître George Orwell et à son *1984*, dont les inconditionnels auront sûrement retrouvé les emprunts dissimulés au fil de ce récit (et notamment les premières lignes du tout premier chapitre) ... à seule fin de prouver que ses thèses n'ont jamais eu autant d'actualité.

Merci, enfin, à mon autre inspiratrice, Muriel Beyer, mon éditrice, qui m'a convaincue d'écrire ce livre après avoir lu une de mes chroniques dans *L'Express*.

Table

Composition réalisée par FACOMPO, LISIEUX

Imprimé en France par CPI
en décembre 2016

pour le compte des Éditions Plon
12, Avenue d'Italie 75013 Paris

N° d'impression : 138382
Dépôt légal : janvier 2017